中国易学文化传承解读丛书

四柱命理正源

刘文元 著

中国商业出版社

图书在版编目(CIP)数据

四柱命理正源/刘文元著. —北京：中国商业出版社，2009.4
ISBN 978-7-5044-6420-0

Ⅰ.四… Ⅱ.刘… Ⅲ.命书—研究—中国 Ⅳ.B992.3

中国版本图书馆CIP数据核字（2009）第044484号

责任编辑　孙启泰

*

中国商业出版社出版发行
010-63180647　www.c-cbook.com
（100053 北京广安门内报国寺1号）
新华书店总店北京发行所经销
北京龙跃印务有限公司印刷

*

2009年4月第1版　2009年4月第1次印刷
710×1000毫米　16开　16.5印张　221千字
定价：35.00元

****

(如有印装质量问题可更换)

《中国易学文化传承解读丛书》
出版前言

  中国传统文化以诗、书、易、礼、春秋为源头经典。《三字经》上曾讲"诗、书、易，礼、春秋，号六经，当讲求"，又说"有连山，有归藏，有周易，三易详"。在这六种（其中礼，有周礼、礼记二种）经典中，又以易经为最重要的经典。儒家将其列为群经之首，道家将其列为三玄之冠。因此，武汉大学哲学学院博士生导师唐明邦教授将易经称之为"中华文化的源头活水"。

  易经文化的传承，一向分为两大部分，一部分是义理的传承，主要从哲学、政治学、社会学、伦理学等人文科学的方面进行阐释、发挥，以指导现实社会发展的方方面面；另一部分就是数术的传承，主要从未来学、预测学、咨询文化的角度进行阐释、发挥，乃至创新、改造，以适应现实社会生活和各色人等的心理咨询需求。

  该套丛书，虽然也有部分文章着重从义理方面进行阐发解读，但大部分著作主要是从数术角度进行传承，进行解读。这十几部书涉及到数术中的绝大部分种类，既有古代称之为"三式"的太乙、奇门、六壬，又有八卦、六爻、梅花易数以及四柱命理等，都是作者近几年最新的研究和实践成果。

  数术文化，源远流长。中华传统文化从本质上讲是一种没有宗教的文化（所谓本土宗教道教，也是在佛教等外来宗教传播的形势下，才以道家老子为鼻祖而新创的一种宗教），而易经数术文化在中国历史上在一定意义上发挥着"准宗教"的作用，起着抚慰广大人民心灵的作用，换言之，发挥着社会心理学的作用。这就是它"野火烧不尽，春风吹又生"，能够顽强生存下来，得到持久传承的原因。即使到现代科学如此昌明的今天，有人称之为电子时代，信息化社会，但它不仅未能消亡，反而仍然在生生不息地传承着。

当今社会上人们对数术文化有着不同见解和看法。有人将它斥为"封建迷信"，有人将其视为"预测学"或"民俗学"，也有少数人盲目痴迷它，但大多数人处于不了解的状况。

为了使广大读者能够深层次地了解传统文化中的数术文化，以便独立地确定自己的意见和见解，我们出版了这部"中国易学文化传承解读丛书"，参与解读的作者都是个人研究的心得和实验的成果，正确与否，只是一家之言，一得之见。广大读者可以从中辨别真伪，或赞同，或批判，或质疑，或否定。

本丛书的很多内容讲的是预测及占筮技术。对此，我们比较赞同著名作家柯云路先生的观点，他在给本丛书之一的《梅花新易》一书的序中写到："占筮技术在当今的实际应用则是该谨慎的。一个，是因为这种占筮技术本身的作用还是有其限度的，现代人该更多依靠科学决策。另一个，这一行良莠不齐，很容易给各种江湖骗子可乘之机。所以，对于一般大众来讲，我的告诫常常是：命一般不算，起码要少算。算错了，被误导，就真不如不算，那很有损害。而要真正使自己活得好，倒是该从大处掌握《易经》中的道理，那就是乾卦讲的'天行健，君子以自强不息'，还有坤卦讲的'地势坤，君子以厚德载物'。大的道理是十分简易的，再加上做事中正，为人诚信，与时偕行，知道进退，《易经》的大道理就都有了"。

目 录

序 ……………………………………………………………… (1)

前 言 …………………………………………………………… (1)

内容简介 ………………………………………………………… (1)

第一章 基础篇 ………………………………………………… (1)

　一、论阴阳 …………………………………………………… (1)

　二、论五行 …………………………………………………… (1)

　三、论阴阳与五行之关系 …………………………………… (2)

　四、论五行旺衰 ……………………………………………… (2)

　五、论五行生克 ……………………………………………… (2)

　六、论天干 …………………………………………………… (3)

　七、论地支 …………………………………………………… (4)

　八、论六十花甲 ……………………………………………… (4)

　九、论十天干生旺死绝 ……………………………………… (6)

　十、论空亡 …………………………………………………… (9)

　十一、论神煞 ………………………………………………… (10)

　十二、论天干与地支作用关系 ……………………………… (11)

　十三、论原命局 ……………………………………………… (14)

1

十四、论大运 …………………………………… (15)

十五、论宫位 …………………………………… (16)

十六、论运限 …………………………………… (17)

十七、论用神 …………………………………… (18)

十八、论六亲 …………………………………… (21)

十九、论十神及其寓意 ………………………… (22)

二十、论流年太岁 ……………………………… (27)

二十一、论动静 ………………………………… (27)

二十二、论内外 ………………………………… (28)

二十三、论气数 ………………………………… (28)

二十四、论时序先后 …………………………… (29)

二十五、论合化 ………………………………… (29)

   1. 天干合化 ……………………………… (29)

   2. 地支合化 ……………………………… (30)

二十六、论　刑 ………………………………… (31)

二十七、论　冲 ………………………………… (33)

二十八、论　破 ………………………………… (35)

二十九、论　害 ………………………………… (35)

三　十、论断命要略 …………………………… (38)

三十一、论形貌性情 …………………………… (39)

三十二、论三元 ………………………………… (40)

三十三、论六甲纳音法 ………………………… (40)

三十四、论断命纲要 …………………………… (49)

第二章　四柱具体信息类象 (54)

一、天干信息类象 (54)

二、地支信息类象 (55)

三、四柱原命局中的信息类象 (58)

  1. 年　柱 (58)

  2. 月　柱 (58)

  3. 日　柱 (58)

  4. 时　柱 (58)

四、四柱动态信息类象 (59)

  1. 大　运 (59)

  2. 流年太岁 (59)

  3. 小　运 (60)

五、组合后的信息及状态语言的解读 (60)

  1. 单柱组合信息解读 (61)

  2. 两柱或多柱组合信息解读 (64)

第三章　分类占断 (66)

一、论财运 (66)

二、论官运 (71)

三、论婚姻 (76)

四、论疾病 (81)

五、论意外灾难 (87)

  1. 车祸 (88)

  2. 水厄 (88)

3. 火灾、触电 …………………………………… (88)

　　4. 兵刃、刀伤之灾 ……………………………… (89)

六、论父母 ……………………………………………… (92)

七、论兄弟姐妹 ………………………………………… (99)

八、论子女 ……………………………………………… (104)

九、论性格 ……………………………………………… (109)

第四章　断四柱实践经验与判断技巧 …………… (121)

1. 如何判断年月日时完全相同的四柱 ……………… (125)

2. 迁徙、变动之信息 ………………………………… (127)

3. 岁运并临真的会"不死自己,也死他人"吗? ……………………………………………… (128)

4. 关于从格的判定 …………………………………… (128)

5. 要特别重视天干与地支之间的作用关系 ………… (129)

6. 重点关注四柱中主流能量的走向 ………………… (130)

7. 排四柱要用太阳时 ………………………………… (131)

8. 如何确定新一天的开始点? ……………………… (131)

9. 要注重地支所含卦象与六亲关系形成的综合判断 ……………………………………… (131)

10. 重点考虑原命局干支在大运、流年上所起的作用 ………………………………………… (132)

11. 大运、流年干支所对应的六亲、属相是命主这一阶段主要面对的人和事物 …………… (133)

12．如何看一生中对命主影响最大的人或事？……(134)

第五章　命例详解……(137)
　　实例一：为吴艳华女士综合预测……(137)
　　实例二：为马育堂先生测运……(142)
　　实例三：为毕成进先生综合预测实例……(149)
　　实例四：为陆同彬先生综合预测……(156)
　　实例五：为汪学凯先生综合预测……(162)
　　实例六：为迟恩禄先生测运实例……(168)
　　实例七：为庞秀杰女士测运实例……(176)
　　实例八：为田骏先生综合预测实例……(184)
　　实例九：为张春莉女士预测实例……(190)
　　实例十：为牟文霞女士预测实例……(198)

第六章　四柱命理预测技术问答……(206)
　　一、上海易友张显鹏来信问……(206)
　　二、山东淄博易友董学斌来信问……(207)
　　三、江苏函授学员陈晓东来电问……(208)
　　四、湖北易友张丰林来信问……(208)
　　五、上海易友姜晓达来信问……(209)
　　六、云南函授学员马运超来信问……(210)
　　七、上海易友张磷来手机短信问……(211)
　　八、安徽函授学员邱美玲来信问……(213)

九、陕西函授学员贺达来信问 ……………………… (214)
十、厦门易友孙静来手机短信问 …………………… (216)
十一、大庆市函授学员邢志伟来信问 ……………… (218)
十二、四川成都函授学员赵杰来信问 ……………… (220)
十三、西安函授学员程亦娟来信问 ………………… (222)
十四、北京瀚林学院易友郭万春赋诗三首 ………… (223)

第七章 百年诀 …………………………………………… (226)

一、推算日辰干支 ……………………………………… (226)
   1. 百年诀 ………………………………………………… (226)
   2. 应用说明 ……………………………………………… (230)
   3. 阳历日推阴历日 ……………………………………… (231)
   4. 推算日辰干支举例 …………………………………… (231)

二、推算阴历节气 ……………………………………… (233)
   1. 推节口诀 ……………………………………………… (233)
   2. 详细解释 ……………………………………………… (233)
   3. 推算节气举例 ………………………………………… (234)
   4. 推四柱举例 …………………………………………… (236)

三、百年诀编后说明 …………………………………… (236)

后　记 …………………………………………………… (238)

序

"四柱命理学"从东汉末年确立概念形成雏形后，经过唐朝李虚中的发展，已基本形成体系，后来又经过五代宋初的徐子平作了完善发展，将李虚中推算年月日干支的方法进一步演算为年月日时同时测算的四柱法，用来对一个人的一生吉凶祸福进行推测，标志着中国古代四柱预测法正式成熟，致使无后学者能改变其基本定律。宋、元、明、清朝代，四柱命理预测又得到了蓬勃发展，著作层出不穷，其代表作主要有宋代徐子平命理研究成果的《渊海子平》，至今仍在香港和国内流行。元朝李钦夫所著《子平三命渊源注》，明朝的《滴天髓》相传为明初开国元勋、著名军事家刘基所著，其影响很大。此外，沈孝瞻的《子平真诠》、万育吾的《三命通会》、张神峰的《神峰通考命理真宗》等，清代有陈素庵的《子平约言》、《滴天髓辑要》、任铁樵的《订正滴天髓征义》以及无名氏所撰的《穷通宝鉴》等多种著作。民国以后此术江河日下，大多成为江湖术士手中谋生的手段。明于理、通于儒的人稀少，以文人韦千里编著的《千里命稿》为代表作。至于最近几十年港台出版的命理著作却愈演愈烈，可谓汗牛充栋，其中有优有劣不加多述。

刘文元先生所著《四柱命理正源》一书，结构新颖，观点正确，分析透彻，可谓心得独具，对目前四柱队伍存在的一些混乱现象，无疑将起到正本清源的作用。如此通俗易懂、学术价值颇高的命理著作，目前国内并不多见，这与作者博学多才、治学严谨、拥有根基深厚的基础知识分不开的。

本书的第一个最大的优点也是有别于其他命理著作的特点，就是作者把多年来苦心研究的核心学术成果，毫无保留地奉献给读者，这不仅对四柱命理将起到正本清源的作用，而且表明作者的无私无畏的品格，治学严谨的学者风度，这在研究四柱的队伍中是罕见的事情。

众所周知，四柱命理中的用神是个十分关键而又容易出错的地方，用神选错，一错全错。作者从传统经典出发，凭借着深厚的基础和大六壬的功底，提出在原命局定局用神的正确观点，并且总结了在实战中行之有效的九条提取用神的原理和方法。又如大运干支五行的旺衰必须由原命局月令衡量的秘诀，四柱中天干地支之间五行生克路线，干支气数以及气数与旺衰的根本区别，具体流年的诀窍与技巧等鲜为人知的重点和难点，书中一一加以公开披露，读者们可以认真推敲，这也说明了刘文元先生的讲课水平与实战能力为什么得到广大学员们的高度评价、同行们赞扬的原因。

本书的第二个优点是结构独具一格，至简至易。由于四柱命理以天人合一和阴阳五行哲学、古代天文星象的一些现象作为立命的理论基础，又经过历代学者的大加发挥，从而形成一套完整而复杂的学术体系，加之历代命书浩如烟海，文辞古典，义理深奥，不仅使初学者望而生畏，如此研究下去，够你一辈子研究的，有的仍是不深不透，面对如此庞大的体系，作者打破常规，抓住"易者象也，象也者像也"的易学精髓，以"四柱具体信息类象"为纲，统率全书内容，结构新颖，既简单又明了，将复杂的体系简单化，真是大道至简。书中对各种具体信息类象，精选从实践预测中得到的典型案例，从理论上进行详细的分析，使读者易学易懂。处处予人以新鲜有益的启迪。

本书的第三个优点是理、象、数融于一炉的命理详解，对读者加深对命理概念的深入理解，培养灵活应用知识的技能技巧，起到了十分良好的作用。作者从日常大量的真人真事的实战中，精选概念性强，技巧大的命例有法可依，有理可推，有象可察，有数可演，惟妙惟肖。使读者有举一反三的启发诱导功效，令水平较高的读者留有独立思考的广阔余地。总之，作者准确的高超命理预测术有令人拍案叫绝之感，读者可细心玩味之。

廖墨香
2008 年 5 月于天津

前 言

本来奇门、六壬、玄空、梅花易、六爻、外应是我的主要研究项目，四柱学在1988年我搞过一段时间，当时感觉到四柱学有以下几点不完善的地方：

一、中国人口众多，四柱相同的人比比皆是，但四柱相同的人命运却不同，这将如何解释？包括一些孪生兄弟或姐妹，不仅四柱相同，长相也几乎一样，生存的环境（风水）也一样，然而各自的命运却千差万别，四柱预测模式如何解决这些矛盾？

二、有些四柱五行不全、六亲不全，比如一气专旺类的四柱，在预测过程中如何寻找这些不见面的六亲？

三、四柱八个字中，五行生克从哪开始？到哪结束？

以上这些问题，困扰了我很长时间而未能得到解决，于是看了两年时间便放弃了。把主要精力放在奇门、六壬、梅花易、玄空风水、六爻、外应等项目上了。经过数年研究、实践，有了些心得。

1993年，我再次翻起四柱经典，主要看的书有《三命通会》、《渊海子平》、《五行精纪》、《珞琭子》等。因该时有了奇门、六壬、梅花易、六爻等方面的一些研究心得，读四柱命理著作比1988年初学的时候感觉轻松易懂了。于是边看书边实践，将周围亲朋好友的四柱拿来一一实践对照，从中找寻规律，慢慢地便找到一些窍门，有些心得了。

因为我学四柱没有老师教我，全是自学，凡是能找到的有关命理方面的资料、书籍我都收藏。那段时间主要阅读的命理著作有《三命通会》、《渊海子平》、《珞琭子》、《神峰通考》、《滴天髓》、《子平真诠》、《三车一览》、《壶中子》、《玉照定真经》、《千里命稿》、《命理探原》、《五行精纪》等。

经过多年的学习、实践，于四柱预测方面有了些经验、心得。然而不久，我的四柱研究再次陷入窘境。原因是国内易界近些年来冒出许多"新派四柱"理论，这些"新派理论"在很短的时间内便席卷了易学界，一些与传统经典理论格格不入的新理论、新方法成为了主流，很多易友（包括一些专家、学者）也都跻身于新派理论的研究中去了。这使得我与他们交流过程中感到十分吃力，新派讲的那些新鲜词儿令我无所适从，诸如"百神论"、"明暗论"、"虚实论"、"多从格"、"真从格"、"假从格"、"格局转变"、"用神转变"……等等一系列的经典著作上从没有见到过的新名词。这些新生事物的产生，使我显得有些"跟不上形势"了，有些易友（包括我的几个学生）说我不懂四柱。

无奈之余，只能靠实践来印证。我找来一些有代表性的四柱给几位"新派四柱"学者来看，经分析后，这些四柱竟然全都变成"从格"四柱了。有的被定为"真从"，有的被定为"假从"，还有的被定为"多从"。这些四柱原本在我眼中全都是正常的普通格局的四柱。

尽管如此，我还是坚信实践是检验真理的唯一标准。于是把这些四柱用新派理论来进行判断、论证，结果准确率并不高，有些四柱结果都给断反了。由此，我对新派的一些理论产生了怀疑。为了考证真伪，在2002年这一年的时间里，我收集了近年来几乎所有新出山的易界新人所撰著的有关四柱命理方面的著作，通读几遍之后，发现这些新派命理理论有很多东西是不规范的，有些新观点、新理论是根本不符合易理的。可以不客气地说，是胡乱编造出来的！

我翻阅了大量的古籍命理经典，发现新派搞出的众多理论在大量的古籍经典命理著作中居然找不到一点影子！

我并不反对创新，但创新必须有一个前提：那就是创新的理论必须符合易理，并在符合易理的前提下，经过大量的实践检验取得较高的应验率之后，才可以上升为理论。

翻阅近年来市面上出现的新派命理著作便会发现，这些作者学易时间并不长，多数都是在某大师那里参加过学习班之后才起步的，短短几年的易经学习，便急于著书立说，创编出那么多的新理论、新观点，草率地否定古人留下来的经典理论，令人不可思议！

我不相信经过短短几年的学习实践便能搞创新。古人做学问是很认真的，留下来的经典著作与经典理论是不可废的。古贤人写一本书都是用毕生的心血来铸就的，易友们不妨认真看看《三命通会》、《渊海子平》自会有体验的。古人做学问是十分严谨的，处处讲易理的。每一个观点的提出，都紧扣易理，无懈可击。

坦诚而言，古人留给我们的易学宝藏，只要能够较完整地继承、并能原本地、原汁原味地传承下来，就已经很不容易了。想通过搞创新、超越古人，那绝非是轻而易举的事情！

现今易学界有些人不认真阅读经典，学点入门的东西便急于搞创新，随便妄自否定古人的定论，自己闭门造车，将一些很不成熟的、根本不符合易理的、未经过大量实践检验的"新理论"草率推出，著书立说，以"新派大师"自居，其结果只能是自欺欺人，昙花一现，最后留笑柄于后人。

鉴于易学界"新派理论"的无端漫延，令众多初学易经的易友们步入泥潭这一现实状况，我用了近两年的时间，来不断地完善《四柱命理正源》这本拙作。旨在弘扬传统经典命理原本精神，以达正本清源之夙愿。该书从下笔之日起，几经易界同道的反复斧正，又经几位权威人士点评，最后于2007年6月定稿，决定公开出版。

该书公开出版的目的有三：一是对社会上近年广为流行的一些不符合易理的"创新理论"给予坚决的否认。并提出合理的、正确的学术观点，从易理角度给予权威解释；二是大力弘扬传统经典命理理论，使传统经典命理的学术观点重新放出光彩，还传统命理理论的本来面目，以达到清正源本之最终目的；三是引导易友重易理、重实践，不盲目搞创新，把主要精力放在对传统经典著作的研读上，是为正路。

《四柱命理正源》在成书过程中受到众多易学同道的鼎力相帮，尤其是我的学生于桂花、孟晓文、韩丽等人，在书稿的打印、排版、文字校对过程中，都倾注了大量时间、心血。在此，我向这几位学生表示深深的谢意！

同时我还要感谢一位非常重要的人物——我的恩师廖墨香教授。廖墨香恩师于百忙中把《四柱命理正源》通阅后，给予了极高的评价，并为该书写了很长的序言，并彭励我一定要将这本书推向社会，在如何出版该书的问题上给予了指点。这对我来说是一个莫大的鼓舞。该书能得到廖墨香教授的赞誉与认可，更坚定了我将此书推向社会的信心与决心。在此，我向尊敬的廖墨香恩师表示衷心的感谢！

刘文元

2009年3月于瓦房店市周易文化研究会

内容简介

本书定名为《四柱命理正源》，是因近年来出版的命理著作中虚假理论、创新理论太多，这些未经大量实践检验的、离传统经典理论相差甚远的创新理论漫延于易界，导致大量易学爱好者们感到思路混乱、无所适从，不少易友开始对传统命理理论体系产生怀疑，有的易友甚至认为，在四柱中找用神是件毫无意义的事情，不找用神照样可以断事。还有的易友干脆放弃传统的取用神方法，直接改学盲派命理了，并认为命学精华都在盲派命理体系中……

产生这些现象的根源在于，国内近些年来所出版的命理著作中，绝大多数的立论、观点是不正确的，甚至是错误的。这些著作内容的普遍特点是：没有从真正意义上弄懂"用神"是怎么回事，不能用准确的语言把传统经典命理学术体系中的本原思想精神表达出来。加之有些以商业炒作为目的的蓄意编造，导致了整个四柱界一片混乱，各种创新理论漫天飞扬，广大易友们面对这种混乱局面而无从选择，不知哪种理论是正确的？

针对这一现实情况，《四柱命理正源》一书将给广大易学爱好者们展现出一幅真正传统经典的、权威性极高的、理论体系完整的四柱命理预测体系，该体系的主要精华内容如下：

一、必须在原命局中找用神，不能在原命局八个字以外的大运、流年干支中寻找用神。

二、用神不变论。用神在原命局中定准后，一生都不会改变。用神决不会随着大运、流年的变化而重新选取用神。这一点是与现代新派的一些用神转变理论是格格不入的。笔者认为，用神随着大运、流年的变化而发生改变的理论是伪理论，是不符合易理的。

三、原命局的格局不会随着大运、流年的改变而改变，这一点是与现代新派的一些格局转变理论相反的。笔者认为，原命局格局随着大运、流年的变化而转换格局这一说法，是伪理论。

四、干与干作用，支与支作用，隔不作用这套理论是错误的。现代派的很多四柱著作都这样认为，在命局中，是同柱干支可以直接生克，异柱之间，是干与干作用，支与支作用，本柱天干不能和异柱地支发生作用。相邻的两柱可以有生克，隔柱不作用等。对于这些新派理论，《四柱命理正源》都给予了坚决的否认。并提出，原命局八个字中，任何天干、地支之间可直接有生克关系。生克的条件在于是否同气、通气。只要有通气、同气，年柱可以和时柱直接进行生克。年干可以和时支直接进行生克。

五、重视神煞系统的作用。现代派的很多作者认为，神煞没有太大作用，只要搞好五行生克制化就能断好命局，这是错误的。笔者认为，只有重视神煞系统，才能将信息锁定到一个具体的点上面。

六、重视十二长生状态的具体运用。现代的诸多四柱著作中，没有一本书把五行的旺衰与十二状态讲明白。笔者认为，旺、相、休、囚、死是讲五行旺衰的，长生、沐浴、冠带……是讲五行气数状态的，旺衰与气数状态是两组不同的概念。

七、重视天干在四柱命局及大运、流年中的作用。很多四柱著作都注重地支的作用，而忽略天干的作用，这是极端错误的。天干与地支具有同等重要作用，在预测过程中必须重视天干。

八、重视纳音的作用。现代版的四柱著作中，没有一本书明确讲明纳音在预测过程中如何运用，有的作者甚至认为纳音是没有用的。《四柱命理正源》一书将纳音的重要作用与具体运用方法讲述得淋漓尽致。

九、重点推出身弱而不从的人照常当官、发财类的命学理论。并指出，身旺、身弱与当官、发财没有直接关系，不论身旺身弱，只要组合好，就能当官、亦有财运。

十、重点讲解大运干支与原命局干支之间的关系，并权威地指出：原命局八个字是相对静态的，大运干支是绝对动态的。大运干支只是由月柱派生出来的一组动态干支，大运干支只具有调动、引动原命局干支的作用。大运不能用来作为衡量原命局干支五行旺衰的标准。原命局干支旺衰亦不会随大运的变化而发生变化。

十一、详细推出四柱动态信息类象及组合后的信息与状态语言的解读，其中包括单柱组合信息解读、两柱或多柱组合信息解读，通过解读使易友们的实战能力有质的提高。

十二、分类占断。本书通过分类占断，详细推出财运、官运、婚姻、疾病、意外灾难、父母、兄弟姐妹、子女、性格等方面的详尽论述，通过大量的实例分析，使读者们对各类占断有了更加本质、深刻的理解，以提高易友的实战能力。

《四柱命理正源》于2007年元月曾以内部学术资料的形式面向全国推广，受到广大易友们的高度评价与赞誉。绝大多数易友们对该书中的学术观点给予了高度肯定。并建议将该书以正规出版的形式推向社会，让更多的渴望学到传统命理精髓的易学爱好者们受益。北京瀚林学院易友郭万春在反复阅读《四柱命理正源》一书后，赋诗三首，以表达其读后感想，现摘录如下：

（一）

确有真知灼见，
自悔相识恨晚！
八字解读不一，
幸君以本正源。
篇篇皆有新意，
例例都是神断。
廓清是非曲直，
又是碧海蓝天。

(二)

再读"命理正源",
仿佛救星再现。
四柱纳甲大六壬,
铸就易坛魁元。
八字瀚海多沉浮,
全赖巨手擎天。
固本清源显真谛,
千舟正扬帆。

(三)

三读命理正源,
回望易道弯弯。
皓首穷经十三载,
举步正维艰。
丁亥春风起辽南,
送来雄文一卷,
去伪存真是非晓,
希望一灿然!

郭万春躬献刘老师

  字里行间,反映了广大易学爱好者们对《四柱命理正源》一书的高度认可。国内著名易学专家廖墨香教授在阅读《四柱命理正源》一书后,对书中的学术观点给予了高度肯定,认为该书"结构新颖,观点正确,分析透彻,可谓心得独具,对目前四柱队伍存在的一些混乱现象,无疑将起到正本清源的作用。如此通俗易懂、学术价值颇高的命理著作,目前国内并不多见。"并建议将《四柱命理正源》一书尽早地推向社会,服务于广大四柱爱好者们。对弘扬祖国传统经典命理学文化,将起到不可估量的作用。

廖墨香教授不仅对该书的学术观点、立论观点给予了高度肯定，而且在该书的出版途径上都给予了指点和帮助。可以说《四柱命理正源》一书的公开出版，廖墨香教授功不可没。

笔者坚信，《四柱命理正源》一书的公开出版，定会在易学界产生较大的、深远的影响。

第一章 基础篇

一、论阴阳

大千世界，莫不以阴阳而分之。大而言，天为阳，地为阴。日为阳，月为阴。星为阳，辰为阴。

小而言之，男为阳，女为阴。上为阳，下为阴。雄为阳，雌为阴。左为阳，右为阴。明为阳，暗为阴。前为阳，后为阴。动为阳，静为阴。进为阳，退为阴。外为阳，内为阴。于五行中，木、火为阳，金、水为阴。世间万事万物皆可分之阴阳，仿此理万事万物之阴阳同理尽之。

二、论五行

古人的世界观以金、木、水、火、土五种物质来表万物之构成。细察地球上万千事物，莫不是由金、木、水、火、土五种而成，除此五行之外，别无他物。尽管于科技高度发达之今日，众多新生事物总可归属于金、木、水、火、土这五行范围之内。

五行者，五种不停地运动着的物质。由于金、木、水、火、土这五种物质连续不停地运动，才构建了我们生存的动态世界。

五行中以水生木、木生火、火生土、土生金、金生水为顺。

五行中以金克木、木克土、土克水、水克火、火克金为逆。

五行相生为顺，为德；五行相克为逆，为刑。

五行相生与相克，是事物发展中不可分割的两个方面，没有生克，就没有事物的发展。就不能维持万物正常协调的变化。《类经图翼》曰：盖造化之机，不可无生，亦不可无制。无生则发育无由，无制则亢而为害。生克循环，运行不息，而天地之道，斯无穷矣。

三、论阴阳与五行之关系

阴阳和五行在时空运动变化中既是可分的，又是统一的整体。阴阳中有五行，五行中亦有阴阳。

五行即阴阳之质，阴阳乃五行之气。气非质不立，质非气不行。天地乃阴阳对待之定体，一、二、三、四、五、六、七、八、九、十为天地之数，阴阳流行之次序。对待非流行不能变化，流行非对待不能自行。此五行以流行于天地中而为用也。

阴阳是五行的基础，五行是阴阳的具体化。阴阳是五行的灵魂，五行是阴阳的躯体。

四、论五行旺衰

以全年论之，春季（寅、卯、辰月）木旺、火相、水休、金囚、土死；夏季（巳、午、未月）火旺、土相、木休、水囚、金死；秋季（申、酉、戌月）金旺、水相、土休、火囚、木死；冬季（亥、子、丑月）水旺、木相、金休、土囚、火死。土旺于四季（辰、戌、丑、未月）最后18天。

五、论五行生克

五行相生是有条件的，旺、相之五行有"生"其他五行之能力；囚、死之五行没有"生"其他五行之能力。状态处于"休"之五行是否能"生"其他五行，要视周围组合而定之。

五行相克亦然同理：旺、相之五行有"克"其他五行之能力；囚、死之五行没有"克"其他五行的能力。状态处于"休"之五行是否能"克"其他五行，要视周围组合而决之。

盖旺、相之五行犹如人之青壮年，生育能力极强，故喜"生"。因其旺相能量大，故战斗力、杀伤力亦大，故亦喜"克"。

囚、死之五行犹如人之老年、暮年，生育能力几乎没有了，故不"生"。亦因其处囚、死状态，能量太弱，故战斗力、杀伤力几乎没有了，故不喜"克"，亦不能"克"。

六、论天干

天干共十位：甲、乙、丙、丁、戊、己、庚、辛、壬、癸。

其中甲、丙、戊、庚、壬为阳，乙、丁、己、辛、癸为阴。

《史记·律书》云：甲者，言万物剖符甲而出也。乙者，言万物生轧也。丙者，言阳道著明，故曰丙。丁者，言万物之丁壮也，故曰丁。庚者，言阴气庚万物，故曰庚。辛者，言万物之辛生，故曰辛。壬者，之为言任也。言阳气任养万物于下也。癸之为言揆也，言万物可以揆度，故曰癸。

《黄帝内经》素问·六微旨大论曰："天气始于甲，地气始于子，子甲相合，命曰岁立，谨候其时，气可与期。"

《皇极经世》云：十干，天也。

天者，乾也。乾为天，天是无形的。由此可知，古人早就把天干看作是无形的、一种气态的。此"气"不是空气之"气"，而是一种流行于天地万物之间的肉眼看不见的隐态能量，犹如现代物理学所言的电能、场能、电磁波之类。

因天干是"气"，如电磁波类，故其具有穿越障碍物，可自由通达任何方所之性能，具有极强的主观能动性。所以天干具有调动、引动之性能。天干好比是人的精神、灵魂，没有形质，却可支配有形有质的肉体进行各种运动。

七、论地支

地支共十二位：子、丑、寅、卯、辰、巳、午、未、申、酉、戌、亥。
其中：子、寅、辰、午、申、戌为阳；
　　　丑、卯、巳、未、酉、亥为阴。

《史记·律书》曰：子者，滋也。滋者，言万物滋于下也。丑者，纽也，言阳气在上未降，万物厄纽未敢出也。寅言万物始生螾然也，故曰寅。卯之言为茂也，言万物茂也。辰者，言万物之蜄也。巳者，言阳气之已尽也。午者，阴阳交，故曰午。未者，言万物皆成，有滋味也。申者，言阴用事，申贼万物，故曰申。酉者，万物之老也，故曰酉。戌者，言万物尽灭，故曰戌。亥者，该也，言阳气藏于下，故该也。

《归藏》曰："复子，临丑，泰寅，大壮卯，夬辰，乾巳，姤午，遁未，否申，观酉，剥戌，坤亥。"此为十二消息卦，动态地反映了宇宙万物的阴阳消长、生生不息的全部过程。由此可知干支与周易有密不可分的关系。

《皇极经世》云：十二支，地也。

坤为地，坤主静，故地支是静态的。地是有形有质的，故地支能代表一切有形质的万物。地支好比是人的有形肉体，其本身并不具有运动能力，必须在灵魂、精神的引导下做出各种运动。

八、论六十花甲

甲子、乙丑海中金，丙寅、丁卯炉中火

戊辰、己巳大林木，庚午、辛未路旁土

壬申、癸酉剑锋金。甲戌、乙亥山头火

丙子、丁丑涧下水，戊寅、己卯城墙土

庚辰、辛巳白蜡金，壬午、癸未杨柳木

甲申、乙酉泉中水，丙戌、丁亥屋上土

戊子、己丑霹雳火，庚寅、辛卯松柏木

壬辰、癸巳长流水。甲午、乙未沙中金

丙申、丁酉山下火，戊戌、己亥平地木

庚子、辛丑壁上土，壬寅、癸卯金箔金

甲辰、乙巳覆灯火，丙午、丁未天河水

戊申、己酉大驿土，庚戌、辛亥钗钏金

壬子、癸丑桑柘木。甲寅、乙卯大溪水

丙辰、丁巳沙中土，戊午、己未天上火

庚申、辛酉石榴木，壬戌、癸亥大海水

《渊海子平》曰：夫甲子者，始成于大挠氏，而纳音成之于鬼谷子，象成于东方曼倩子。时曼倩子既成其象，因号曰"花甲子"。然甲子者，自子至亥，十二宫皆有金木水火土之属。始起于子，是一阳，终于亥，为六阴。其五行所属，但如人之世事也。

天干与地支的组合，象征天地交媾、生化万物之理象。其为一对不可分离之阴阳组合，犹如人的灵魂与肉体之组合，天干为灵魂，地支为肉体。于具体事物言之，天干代表事物的功能，地支代表事物的质地。例举一杯热水，则水可用地支来表其形质，而水中的热能以天干示之。表现组合为丙子或丁亥。明此理则万事万物之理尽之矣！

有关六十花甲纳音的具体用法及其易理所在，古今有许多易学著作阐述过，但没有一本书真正地讲透纳音在判断中的具体用法。现代很多四柱研究者根本就否认纳音在四柱预测中的作用，甚至认为纳音根本就是古人造作出来的、在实际判断过程中没有任何意义的一些东西。

我不以为然。古人做学问是很认真的，凡是能流传至今的学术、观点，必然有其存在道理。今日易界，"大师"多多，真正脚踏实地做学问的人可谓凤毛麟角。关于纳音的易理，我是这样理解的：按道家的宇宙观，世界万物是由"气"（炁）构成的。"气"（炁）聚则成形（万物），气散则成风（空间）。

我们人类对宇宙的认知是靠六识（眼、耳、鼻、舌、身、意）来进行的。因人之灵魂（精神）囧囿于肉身，故障碍重重，诸多谋求意（精神）到而身（肉体）难达。

现以人身为例讲解之：甲坐乙对面，甲用嘴向乙吹一口气，乙必会觉之。说明"气"可以直接穿越甲乙二人之间的空间进行作用。若甲乙依然对面相向而坐，而于中间置一大块透明玻璃，甲向乙再吹一口气，则乙不会有任何感觉，说明气这种物质不能穿越玻璃这层障碍，但甲、乙双方通过玻璃可以相互看见对方，"看"是通过眼睛来进行的，视觉必须借助"光"来完成，因此，"光"具有比"气"更强大的穿越能力。假如于甲乙双方中间放置的不是玻璃，而是放置一堵墙，此时甲、乙双方均看不见对方，而甲向乙大喊一声，则乙会听到甲的喊声，却看不见甲方，此说明"光"无法穿越的障碍，"声音"却可以穿越过去。

由此，道家将物质能量分为三个层次：音、光、气。这三个层次中，"音"的层次最高，能量也最强，其穿越能力也最强。

其次是"光"，其能量较强，穿越能力也较强。最后是"气"，其能量较平常，穿越能力一般，受许多障碍物限制。

由此，有这样的结论成立：音>光>气。这个结论充分说明"音"是宇宙万物中能量的最高表现形式。

由上面可知，纳音是干支五行精华能量的最高表现形式。

九、论十天干生旺死绝

甲木长生在亥，沐浴在子，冠带在丑，临官在寅，帝旺在卯，衰在辰，病在巳，死在午，墓在未，绝在申，胎在酉，养在戌。

丙火、戊土长生在寅，沐浴在卯，冠带在辰，临官在巳，帝旺在午，衰在未，病在申，死在酉，墓在戌，绝在亥，胎在子，养在丑。

庚金长生在巳，沐浴在午，冠带在未，临官在申，帝旺在酉，衰在戌，病在亥，死在子，墓在丑，绝在寅，胎在卯，养在辰。

壬水长生在申，沐浴在酉，冠带在戌，临官在亥，帝旺在子，衰在丑，病在寅，死在卯，墓在辰，绝在巳，胎在午，养在未。

乙木长生在午，沐浴在巳，冠带在辰，临官在卯，帝旺在寅，衰在丑，病在子，死在亥，墓在戌，绝在酉，胎在申，养在未。

丁火、己土长生在酉，沐浴在申，冠带在未，临官在午，帝旺在巳，衰在辰，病在卯，死在寅，墓在丑，绝在子，胎在亥，养在戌。

辛金长生在子，沐浴在亥，冠带在戌，临官在酉，帝旺在申，衰在未，病在午，死在巳，墓在辰，绝在卯，胎在寅，养在丑。

癸水长生在卯，沐浴在寅，冠带在丑，临官在子，帝旺在亥，衰在戌，病在酉，死在申，墓在未，绝在午，胎在巳，养在辰。

十天干生旺死绝表所列的12种状态，反映了某种天干五行的气数状态，不是衡量五行旺衰的标准。

现代版的诸多四柱著作中，多数不论天干的十二气数状态，只论旺、相、休、囚、死。有的干脆不论阴阳了，比如某个大师认为甲、乙木都旺于冬季，甲乙木都长生于亥，丙、丁火都长生在寅……不论阳顺阴逆了等等。这些只能说明这些大师、作者根本不懂易理，对祖国传统文化中的精髓部分妄加篡改，其结果只能是自欺欺人。

现代研究易经的人群中，有相当数量的人把五行旺衰与五行气数混淆在一起。动辄就搞出个旺极了、衰极了……之类的"术语"来，再者就整出些"真从格"、"假从格"之类的新名词来，搞得易友们无所适从。

五行的旺、相、休、囚、死与五行的十二生旺死绝有着本质上的区别。旺、相、休、囚、死是以月令为基准来衡量每种五行的旺衰程度的一种标准。而十二状态（长生、沐浴、冠带……）是确认某种五行的气数状态的一种标志。

旺、相、休、囚、死是从宏观上来衡量某种五行在某个季节中的旺衰情况。十二状态（长生、沐浴、冠带、临官……）则细致地反映了某种五行（指天干）在某个具体时空点上的气数状态，它不受季节影响，周而复始地循环于四时。现举例讲解之：

假如一个人的日柱为壬子日，从十二气数状态来查，壬到子为帝旺，为自坐帝旺。壬子日如果生在冬季，则为旺中之帝旺；壬子日如果生在秋季，则为相中之帝旺；壬子日若生于春季，则为休中之帝旺；壬子日如果生于夏季，则为囚中之帝旺；壬子日若生在四季月（辰、戌、丑、未），则为死中之帝旺。

明白了上边所述道理，其余五行的旺、衰、气数存在状态一理可通。

这里需要重点说明一下的是：旺、相、休、囚、死反映的是五行的能量级别大小，而十二状态（长生、沐浴、冠带……）则是反映了在一定能量级别下的某种五行的活泼程度。现举例讲解：

巳月　丙子日　日干丙火生于夏季巳月本是火旺，能量级别很高，但丙坐子上，从丙火长生在寅，沐浴在卯、冠带在辰……胎在子，故丙火自坐胎地。"胎"如婴儿在母腹中怀胎之状，只能静静地吸收营养，但不会有什么作为。此丙火从月令看虽处旺地，但自身却坐胎地，此为能量级别虽高，但却不作为。此丙子的丙火，主要有受生能力（如柱中有甲乙寅卯木），却没有生其它五行之能力，亦不能克其他五行。因为处于"胎"这种状态的丙火，自身尚需要吸收更多的能量用以成长身体，故没有多余能量去生别的五行，也没有足够能量去克其他五行了。

总之，**巳月　丙子日**　之丙火虽得令旺相，本应该具备生克其它五行之能力，但偏偏坐在了令自身能量难以展现的子水胎地。其活泼程度大打折扣。其能量难以正常发挥。

明此理则其它天干五行的状态、作用关系同理尽之。

十、论空亡

有关空亡的论述,古今论之者甚多,说法各异。如某大师是这样认为:从日柱干支来查,如果月支是空亡的话,整个四柱干支的旺衰不以月令来论,而是以年支来论整个柱中干支旺衰。

我不同意这种观点。现举例抨之:

如一四柱为:**丙午　庚子　甲寅　甲子**

此四柱从日柱甲寅来查,子、丑空亡。月令子水正临空亡。按传统的以月令来论柱中五行旺衰的话,此日主甲木为旺。若以某大师的观点来论,因月令子水空亡,则要以年支午火来论日主甲木的旺衰,甲木长生在亥,死在午,则从整个四柱来看日主变得失令、变得很弱了。寒冷的子月因此也变成鲜花烂漫的夏季五月了……

相信稍有些易学基础的易友们不会相信假大师所编造的这些"新理论"。

这里有关月令空亡的问题,我是这样认为的:不论从年柱、日柱来查,如果月支为空亡的话,并不影响以月令为基准来衡量四柱中各五行的旺衰。即照常以月支(空亡的月支)为基准来衡量四柱中各五行的旺、相、休、囚、死,但论柱中五行生克关系时,一定要考虑空亡问题。如上面这个四柱:**丙午　庚子　甲寅　甲子**,月令子水不能生日支寅木,但月支子水却能克年支午火。原因何在?因日柱甲寅旬中空子、丑,故不受子水生扶。而年柱丙午属甲辰旬,空寅、卯,而子水于甲辰旬中并不空亡,故年支午火受月支子水之克。

空亡有年柱空亡、月柱空亡、日柱空亡、时柱空亡。而通常人们只知道从年柱、日柱两组来查空亡,不考虑月柱、时柱也要查空亡。只有把年、月、日、时四柱的空亡都考虑全面了,才能从真正意义上搞懂五行之间的生克路线。

十一、论神煞

现代派的多数四柱学者们并不重视神煞的重要性,甚至有的四柱大师干脆否认神煞的作用,并认为只要搞好五行的生、克、制、化、刑、冲、合、害、破等就可以断好四柱。

凡是持以上观点的四柱学者,只能说明其对神煞系统没有真正理解透彻,不了解神煞系统在判断中所起的重要作用。

这里可以不保守地告诉大家:古人创造的神煞都是有用的,都是有易理依据的。神煞的重要作用主要体现在能够具体锁定四柱中一些细致的信息。现举例说明:

男,其四柱为:癸卯 己未 丁巳 辛亥

此男二岁起大运,在39岁那年出了车祸受伤住院三个多月,那一年正是辛巳年。他是于2003年前来找我预测的。我根据他四柱原局信息对其讲:你在公家单位里开过车,后来自己家又养了车,你开公家车时没赚到多少钱,而自己家养的车赚了些钱。开单位车肇过事,开自家的车很平安。

该男评价:测得十分准确。2001年夏天出的车祸就是开公家单位车出的事。自己家养的出租车生意还挺好的。晚间经常开自家车出去,但很平安,开单位车是白天肇的事。

这里的信息我是这样提取的:从年柱癸卯为基准来查,亥卯未马星在巳,巳为马星,正坐在日干丁火之下,我把其称之为"岁马",意即从太岁查出来的马星,这个马星是代表公家车的。而从日柱丁巳为基准来查,巳酉丑马星在亥,亥在时柱,我把其称为"日马",意即从自身日柱查出来的马星,这个马星亥代表求测者自家的私有车。

在整个四柱里,日元丁火生于夏季末,最热的季节,故身旺。此四柱取时柱亥水为用神,日主丁巳为自身坐羊刃,巳又是岁马,巳为贴身之忌神,这样组合起来便可解读出这样的断语:开着公家车(岁马)出车祸(丁羊刃在巳)了。同时羊刃又为比劫，所以开公家车收入不好。而时柱马星亥水代表私家车，在夏季亥水起着调候的重要的作用。亥上乘天干辛金，辛为日干之偏财，辛、亥俱为喜用，故开私家车既平安又赚钱。再从日干丁来查，丙丁猪鸡位，为天乙贵人，如此可以这样来解读：私家车经常拉一些当官的、有社会地位的人，并能赚到一些偏财（辛）。因亥既是日干的官鬼，又是日干的天乙贵人，又为日之马星，且又是原命局之用神。由此，神煞的重要性在这个四柱中得到了淋漓尽致的体现！

如果不讲神煞系统，在这个四柱中哪个代表公家单位里的车？哪个代表自家的私有车？假如这些都分不清楚的话，后来的其他断语也就出不来了。因此，神煞系统在断命时是必不可少的一个极其重要的参照系统。

十二、论天干与地支作用关系

关于天干与地支之间的作用，从古至今没有一本书真正地把其写明白了。绝大多数易友总是停留在干支五行乱生乱克乱作用这个层次，要么就是被所谓的"新派四柱理论"所蒙蔽，搞什么"干与干作用，支与支作用，同柱干支可以直接作用，本柱天干不能和异柱地支作用，本柱地支不能和异柱天干作用。异柱之间，必须是相邻的两柱可以作用，隔不作用……"

这些不符合易理的所谓"新派四柱理论"不知蒙蔽了多少易友们的眼睛。国内有不少新出山的"大师"就靠这些胡编乱造的假理论大肆办班讲学。

不符合易理的理论是没有生命力的。干支之间的作用关系绝对不是"大师们"所造的那样！

大家知道，四柱是由年柱、月柱、日柱、时柱组合而成，从书写排列这个角度来看，似乎是年柱与时柱相隔距离最远，但天地间的五行并不是按排四柱那个样子书写出来的呀！

五行是以能量态布满天地之间的，相当于电磁波、光能之类的物质。易友们都知道，光能、电磁波一秒钟走 30 万公里，能绕地球赤道七周半，这样遥远的距离一秒钟就走完了，"新派四柱大师"书写的年柱到时柱的这点距离，应该不会阻碍五行的流通吧？也不会阻碍年柱与时柱直接交流、作用吧？

天干是能量态的，没有什么固定形态，只有依附在有形质的地支之上其功能才得以显现。古云天无形而地有质，说的就是这个。讲得更透彻一些，天干好比是人的灵魂，地支好比是人的肉体，二者是不可分开的。灵魂（天干）必须借助肉体（地支）来表达其功能；肉体（地支）必须依靠灵魂（天干）的能动性才能有所作为。

在一个排好的四柱中，从理论上讲，任何一柱之间都可以相互作用，关键点在于组合与气的流通路线。掌握了气的流通路线，从四柱的组合里，便会找到契机点。气的流通路线，主要是看某种五行气数的旺衰与柱中的组合来确定其走行的方向、路线。

一种五行在通常状态下要做两件事情，一是去生其他五行，再者就是受其他五行之生，此两种情形统称之为"顺"。当周围的环境（组合）不允许这种五行按正常的"顺"的道路运行时，此种五行能量无处宣泄，那么这种五行就要对周围五行进行"克"。若没有克的对象，则喜"被克"，此情形称为"逆"。

如果一种五行周围组合有生我者，又有我生者，还有我克者，并有克我者之几种情形，那么这种五行的走行路线应当是怎样的呢？

在通常状态下遇到这种情形，最先论生，即我去生其他五行，这是大自然最本源之理。我去生其他五行了，所以我之体力、能量消耗最大，此时最需要补充能量，补充能量的最直接途径是受生。

当四柱中有生我、我生这种组合时，生我与我生这两种运动状态是同时进行的。此时的我不会去克其他五行，即使柱中有"我克"的五行这种组合，我也不会去克。这便是贪生（受生、我生）忘克的来源。

一般来说，胎、养、长生之类的五行，最喜受生。不具备克其他五行的能力，这类五行最主要是吸收能量，犹如胎儿、婴儿般，只管吸收母亲营养,以成长身体,并不会像成年人那样去竞争、拼搏、战争。

同理,冠带、临官、帝旺之类的五行,由于其能量比较强,能量强了首先要宣泄出去,而宣泄最直接的渠道是"生",于是这类旺相的五行最本能就是去生其他五行。如果没有相生其他五行的组合,那么这些旺相的五行能量得不到及时宣泄,就会本能地去克其他五行,以消耗自身过旺的能量。

死、墓、绝之类的五行,犹如暮年老人,其生扶能力与受生能力都很弱。即这种五行的吸纳、受生能力很差,生扶其他五行的能力也很差,同时最怕受到另一种五行的克制。并且也没有克其他五行的能力。

在一个排好的四柱中,干支是一对最基本的组合,是一对阴阳关系。天干为阳,地支为阴。宇宙中阴阳之间的作用是最根本的作用。在排好的四柱中,干(阳)与支(阴)之间的作用才是一对最根本的作用力量,即使是异柱干支之间,只要天地通气,其相互间的作用力也是很大的。距离不是阻碍相互间作用的关键。

如一四柱为:**甲戌　壬申　丁亥　庚戌**

此四柱年柱为甲戌,时柱为庚戌,按通常流行的观点来看,年柱甲戌与时柱庚戌距离远,不会有生克作用。

我个人的观点是:年柱甲戌与时柱庚戌可以直接进行生克作用,不受月柱壬申与日柱丁亥的"阻隔",易理何在?很简单,甲木坐在戌上,庚金也坐在戌上,甲与庚同坐一个"板凳",故甲与庚距离甚近,这样近的距离必然要相互作用,所以时干庚金可以直接克制年干甲木。

同样,在这个四柱里,年支戌土不能生月支申金,月支申金亦不能受年支戌土之生。易理何在?因甲戌旬中空申酉,壬申所在的甲子旬中空戌亥,年柱与月柱地支互换空亡,即使从表面看来年支与月支距离"很近",属邻柱,戌土也生不了申金。

在这个四柱里,日支亥水可以直接生年干甲木。这一点可能多数易友们不会认同,并认为不可能。其实认为不可能的易友们仍然是受距离说——"隔不作用"的错误理论所误导,才会有日支亥水不能生年干甲木这样的错误结论。大家知道,甲木长生在亥,亥里藏有壬水、甲木两种五行,说明年干甲木通根于日支亥水，今年干甲坐戌上，从气数状态来看甲到戌为养地。前边讲过，气数状态处于胎、养状态的五行犹如婴儿、胎儿一般，最喜受生。而日支亥水在申月秋季正旺相，旺相之五行最本能的会去生其它五行，以宣泄自身过多的能量。如此这般，年干甲木最喜受生，日支亥水最喜去生其它五行，又甲为天干，亥为地支，甲又通根于亥，这样以来天地通气，日支亥水旺相之能量源源不断地通过亥中遁藏的甲木输送到年干甲木之上了。

如果上述内容易友们都看懂了的话，那么对干支之间的作用关系便会有了更加深刻、更加本质的理解。

十三、论原命局

原命局指的是一个人出生时的八个字，是一个人一生的所有信息的仓库存储。可以这样说，一个人一生中所有的经历，在原局中都有相对静态的信息标志。四柱原命局相当于一种稳定的结构，这种稳定的结构从出生脐带剪断那一刻至死亡前最后一口气为止，是不变的。我把一个人从呱呱落地、脐带剪断的那一刻至死亡前最后一口气这个整个过程，比作是物理变化，而从死亡点开始是化学变化，这是我用的一个比喻。

易友们知道，物理变化指的是物质形状、形态发生变化，而组成物质的基本结构的分子并没有变化。举例来讲，水的分子式是 H_2O，水这种物质会随着温度的变化而改变其存在状态。常温下水是液态的，高温时变成气态的水蒸气。低温零度以下时又可变成固态的冰。尽管水这种物质随温度变化会出现液态、气态、固态三种不同的物质形态，但组成这三种不同状态的最基本的保持其物理性质的仍然是 H_2O，并没有因为水的不同形态而分子式 H_2O 发生改变。

人的四柱原命局就是一个组织，一个结构，这个组织结构（四柱原命局组合）是一个生命最基本的、不可改变的表现形式，就如一个分子式一样，它不会改变其基本结构的，当一个分子式结构发生改变了，就意味着这种物质从此消失不存在了，而变成另外一种物质了，相当于化学变化了。

十四、论大运

大运是从月柱干支派生出来的一种动态五行。大运好比是六爻卦中的动爻，而四柱原命局就好比是六爻卦中的静爻。大运干支是一组动态五行，对原命局具有生、克、制、化、刑、冲、合、害、破等作用。但原命局中的任何干支都不能制约大运干支。这就像在一个六爻卦中，动爻可以制约静爻，而静爻再旺相，也不能伤害动爻的道理一样。

这里要重点说明的是：大运只是一组动态干支，不能用大运来衡量原命局五行的旺衰。

很多新派四柱理论认为：在原命局要以月令来衡量日元旺衰，当进入某步大运时，则以这步大运的地支为基准来衡量日元旺衰。这样以来，在原命局中身弱的日元，当其走比劫或印的大运时，则变得身旺起来。在原命局中身旺的日元，当其走官杀、食伤的大运时，则会可能变得身弱了。

这些新派理论观点的提出，是十分荒谬的，是不符合易理的。这里我要郑重地告诉易友们：大运只是从原命局月柱派生出来的一组动态的干支，这组动态干支只能对原命局干支进行生、克、制、化、刑、冲、合、害、破，另一种作用就是引动、调动原命局中通气、同气的干支，使原命局中通气、同气的干支做动量较大的运动。而绝不能以大运为基准来衡量原命局五行的旺衰。因为大运只是从月柱干支派生出来的一组动态干支，并不像月柱那样秉赋了大自然赋予的天然的当令之旺气。

月柱干支派生出来的大运干支既然是一组动态的干支，那么，这组动态干支有无旺衰呢？大运干支的旺衰由什么来衡量呢？

这是一个非常尖锐的学术问题。我和国内数位四柱大师交流、探讨过这个问题。得到的大师们的回答是这样：大运本身就是动态的月令，自身就是旺相的。不需要再来衡量大运的旺衰。在原命局中，以月令来衡量日干及其他五行的旺衰，当进入大运时，日元及柱中其他五行的旺衰要以大运地支来衡量。

对于以上观点，我是持否认态度的。其实大运干支是月令旺气的延伸，它本身并不像月令、太岁那样由大自然直接派生出来，故大运干支并不具备大自然的普遍性，只是个人动态信息的标志。由于大运干支根源于月令，所以大运干支五行的旺衰必须由原命局月令来衡量。这个观点我本是不想公开讲出来的。无奈国内易界鱼龙混杂，冒牌大师如雨后春笋般接踵诞生，虚假理论漫天飞扬，误导易友们步入歧途。为了正本清源，我首次披露这些鲜为人知的学术观点。望易友们认真推敲、揣摩。

十五、论宫位

易友们都知道，年柱为父母宫，月柱为兄弟宫，日柱为夫妻宫，时柱为子女宫。

那么，这些宫位在实际预测中有什么具体意义和操作方法呢？

宫位指的是柱中具体六亲栖息的场所，举例言之：对男人而言，柱中偏财代表父亲，年柱的年干为父亲之宫位。父亲星（偏财）不一定落在四柱中的哪一个位置。但父亲的宫位永远在年干这个位置。

在原命局中，如果偏财为忌神，而年干位置也为忌神，同时年干位置又不能克、耗、泄偏财，或年干位置来生、助忌神偏财，则其父必凶。

在原命局中，如果偏财为忌神，而年干位置为喜神或用神，同时年干位置又来克、耗、泄忌神偏财，则其父由凶转吉，凶而不起。

在原命局中，如果偏财为喜神，年干位置也为喜神，而年干位置与偏财之间不相互克害，则其父大吉。

在原命局中，如果偏财为喜神，年干位置为命局忌神，同时年干位置又来克、耗、泄偏财，则其父必喜中有忧，吉中藏凶矣。

同理，其他宫位与六亲之间的相互作用关系仿上述内容即可类推。

总之，六亲星的作用大于六亲宫位之作用。在判断中以六亲星为纲领，以六亲宫位为辅，来进行全面判断为正宗法门。

十六、论运限

在古法中，有年柱管少年运，月柱管青年运，日柱管中年运，时柱管晚年运之说。

细致分段，年柱干支管1~16岁运程，月柱管17~32岁运程，日柱管33~47岁运程，时柱管48~64岁运程。

这些运限分段，在实际预测过程中参考价值很大，有的高手拿来原命局一看，不用排大运，就能直接断出某年出何事了等等，用的就是分段运限。

那么，运限在实际判断过程如何具体操作呢？在这里笔者可以向易友们披露端倪：

以年柱为例来讲解，年柱主管1~16岁运程，在测一个人16岁以前的吉凶时，主要参看年柱干支在全命局中所起的作用来进行论断。当年柱干支为原命局喜用神时，即使16岁之前行忌神大运、流年，对命主所产生的坏作用也相对较轻。命主不会有大的灾咎。

当年柱干支为原命局忌神时，即使在16岁以前行喜用神大运、流年，亦不可轻易断之以吉。

当年柱干支为原命局喜用神时，命主在16岁以前又行喜用神大运、流年，则为双喜临门，百福降祥，好事连连。

当年柱干支为原命局忌神时，命主在16岁以前又行忌神大运、流年，此为破屋又逢连雨天，祸不单行，灾厄连连。

总之，在断命主16岁以前吉凶时，以年柱干支为体，大运、流年干支为用，进行综合参断为正法。其余月柱、日柱、时柱仿此同理。

十七、论用神

　　一个人的原命局被古人称之为"四柱",犹如一栋房子。四柱由八个字组成,这八个字如一座房屋各处不同的支撑点。由于这八个字的旺衰各异,力量大小各不相同,相互交织在一起,便会产生合力的作用。当这些合力相互交融作用后平衡稳定下来,便会产生一个合力点,这个合力点便是整个原命局的用神所在。

　　大家皆知,在一座建成的房屋内搞装修,只要你不损坏房屋的主梁,房屋是不会塌陷的。如果你动了主梁,整个房屋都要塌下来。在四柱中,用神就好比是一座房屋的主梁。

　　由于用神就相当于一个合力点、平衡点,所以在一个四柱中只能有一个用神。不存在"第一用神、第二用神"之类的假说。

　　用神是四柱中八个力量不均衡的五行相互作用平衡后产生的合力点,这个合力点必须落实在某个具体的天干或地支上。

　　用神所在的天干或地支,必须具有通达全局、贯穿全局的能力。用神就好比是一个国家的元首,其具有调动、管理、安抚整个国家的重任。用神旺相有力量,不受伤害,则整个命局档次高,命主命运必佳。用神休囚无力,又受伤害,则整个命局档次低,命主必厄运连连。

　　用神在原命局中定位以后,一生都不会改变。大运、流年只能对原命局中的用神起着增减气数的作用。当大运、流年来增加原命局用神气数时,为上好之流年、大运,喜事多多;当大运、流年来减弱原命局用神气数时,为凶运、凶流年,必然灾厄连绵。

　　原命局属于体,大运、流年属于用。原命局是相对静态的,大运、流年是动态的。原命局中用神一旦确定,这一生都不会改变。不论走什么大运、流年,一定要用在原命局中已经确定好的用神来进行判断。社会上流传的"用神随大运、流年的变化而变化"这种说法是十分荒谬的。这套理论是这样的：一个人的四柱原命局是普通格局，后来随着大运、流年干支的变化，原命局的格局也发生变化，由普通格局变为从格或专旺格局了，当换一个大运或流年时，又由从格或专旺变成普通格局了。在这些转变过程中，用神的选取方式也要不停地改变：当命局为普通格局时，要按普通格局的取用方法来选取用神。当走到某大运、流年命局由普通格局转变成从格或专旺格局时，要按从格或专旺格局的取用原则重新选取用神。再换另一个大运或流年时，命局由从格或专旺又变成普通格局了。

另一种情形是原命局为特殊格局（专旺、从格等），当走到某大运或流年时，转换成普通格局，取用神的方法由特殊格局取法变成普通格局的取法。再走到某大运和流年时，命局又转成特殊格局。如此变来变去的，用神也在不停地变来变去。

如此下来，一个人的原命局随着大运、流年的不断变化，其一生中命局格局不知要变换多少次！用神不知也要变化多少次！

曾有一次我和国内某四柱大师见面，他谈到原命局随大运和流年的变化而产生格局转换、继而命局用神亦要随之变化时，我笑着问：如果你的理论成立的话，那么从理论上来讲，原命局格局在随着大运、流年的变化而转换格局时，也必须随着每年的流月变化而转换格局，因为月令是季节变化最根本的来源，也是旺衰的根本来源。继而命局也应当随着流日的变化而变化格局。最后还要考虑流时，因一日之中五行旺衰的变化也大不一样，中午火旺，子夜水旺，这些因素都应该对原命局产生不同的影响。所以按你的这套理论，应该是原命局的格局和用神要随大运、流年的变化而变化，还要随着每年流月的变化而不停地变化。继而还要随着每日的干支变化而变化，最后还要随每日的每个时辰变化而变化！这样才叫做真正到位，是吧？

四柱大师无言以对。

大家仔细想想：如果四柱的格局和用神真如一些大师所讲的那样转来变去的话，神仙也无法去批四柱了！

为了正本清源，笔者在这里将19年的研易心得公开给广大易学爱好者们：

人的四柱就是一个组织，一个结构，这个结构（组合）是一个生命最基本的、不可改变的表现形式。就好比一个分子式一样，其不会改变基本结构的，当一个分子式的结构发生改变了，就意味着这种物质从此消失不存在了，而变成另外一种物质了，相当于化学变化了。

一个人从出生脐带剪断那一刻起至死亡前最后一口气，相当于一个物理变化过程，在这个过程中其基本结构（原命局四柱）是不会改变的。大运、流年都是环境。一个人无论行哪步运、哪个流年、其外在状态发生变化了（比如从少年到青年、青年到中年、中年到老年），但其本质（这个人及其四柱）是不会改变的，好比水一样，无论外界环境温度怎样变化，其状态如何变化（液态、气态、固态），但其本质永远是水，永远是 H_2O。由此，有关四柱中对于用神的观点我是这样来看的：

1. 四柱原命局是一个稳定的全息结构，其中蕴藏了一个人一生中所有的信息。这些信息以静态存储的方式记录在原命局的组合之中。

2. 用神在原命局中确定以后，一生都不改变。以每个大运、流年对原命局中用神所起作用的大小来定位这步运或流年的吉凶程度。

3. 四柱原命局中的用神、格局不会随着大运、流年的变化而变化，用神不随大运、流年的变化而重新选取。

4. 四柱原命局是一个稳定的结构，无论行任何大运和流年，原命局结构都不会发生改变。四柱原命局的八个字是相对静态的，大运和流年是绝对动态的。

5. 大运和流年只做动态的干支和五行来看，不是用来衡量原命局五行旺衰的标准。原命局中五行的旺衰由原命局月令来衡量，不随大运的变化而变化。

6. 原命局中所存储的静态信息，不一定都会在现实生活中出现，只有被大运、流年引动了的原命局信息，才会动态地展现于现实生活中。

7. 用神的选取并不是日主身旺时以食伤、官杀、财为用神，日主身弱时以印、比为用神之类的想当然。身旺时仍可以印比为用神，身弱时照旧以食伤，官杀，财星为用神。这种取用方法的关键在于全局的平衡，流通，以及原命局的组合。

8. 在判断过程中，财星损害了用神，应财方面凶事；官杀损害了用神，应官杀方面凶事；食伤损害了用神，应食伤方面的凶事；比劫损害了用神，应比劫方面的凶事。应凶程度大小，由用神损伤程度定之。

同理，财星帮扶了用神，应财方面吉事；官杀帮扶了用神，应官杀方面吉事；食伤帮扶了用神，应食伤方面吉事；比劫帮扶了用神，应比劫方面的吉事。应吉程度大小，由用神受帮扶程度定之。

9. 原命局四柱中，身弱（不从）的人照常可以做大官，发大财。关键点是原命局中有财、官帮扶用神的组合。

十八、论六亲

六亲之法，论述颇多，然很多书籍（包括古籍）都有谬误，为正源本，今将六亲体系讲述如下：

对男性言之，偏财为父，正印为母，比肩为兄弟，劫财为姐妹，正官为女儿，偏官为儿子，正财为妻。

对女性言之，正财为父，偏印为母，比肩为姐妹，劫财为兄弟食神为女儿，伤官为儿子，正官为夫。

以上为正法，可以作永久的规范。

古又有变通之法，可以参考运用之。对男性言之，偏印为父，正印为母，比肩为兄弟，劫财为姐妹，食神为儿子，伤官为女儿，正财为妻。

于女性而言，偏印为母亲，正印为父亲，比肩为姐妹，劫财为兄弟，食神为女儿，伤官为儿子，正官为夫。

此变通之六亲法亦非常适用，准确率很高。易友可参而用之。

十九、论十神及其寓意

正　官

以日干为我，阳克阴我，或阴克阳我，为正官。

正官的十神含义为：正统、正规、规范、正规管制、规章制度、正统名份、名正言顺、道德感、正义感、好的名声、一把手、领导、上司、常规疾病、做事认真、刻板、通融性差、官职、官位、功名。对女人而言，正官代表丈夫；对男人而言，正官代表女儿。

正官在原命局中为喜神、用神时，或正官来帮扶命局用神时，表现为有正义感、道德感、做事公道、名声好、遵纪守法、做官正直、身体康健不得怪病、一身正气，对女人而言丈夫体贴、事业兴旺、感情融洽；于男人言之，生有乖巧女儿、学业优异等。

正官在原命局中为忌神时，则表现为正义感不强、道德感不强、做事不公道、名声不好、不遵守法律法规，没有官运官位，或虽有官位而做官不正，身体常患疾病，正气不足，对女人而言无佳夫相配，感情不和；于男人而言，生有愚钝女儿，学业不济等，做事过于认真呆板。

偏　官

以日干为我，阳克阳我，或阴克阴我，为偏官。

偏官的十神含义为：非正统、非正规，不喜欢规章制度、精明强干但攻于心计、疾病、意外灾厄、喜杀好战、公安警察、武装执法部门、强行制裁、黑社会、暴力等。对女人而言，偏官代表情人、第三者；对男人而言，偏官代表儿子。

偏官为命局用神及喜神时，或偏官来帮扶命局用神时，表现为有正义感、讲江湖义气、做事有能力而霸道、江湖名气大、头脑机敏、主意多、于官场掌握实权，对男人而言，生聪慧儿子。

偏官为命局忌神时，或偏官来损伤命局用神时，表现为喜杀好斗、没有正义感、不讲江湖哥们义气、做事蛮横霸道不讲理、惟我独尊，江湖臭名远扬、歪主意鬼点子多、没有官运或有官职亦为昏官、灾难多多、疾厄连连。对男人而言，多生忤逆之子。

正　财

日干为我，阳日干所克之阴干支，阴日干所克之阳干支为正财。

正财的十神含义为：正规的工资收入、劳动所获之报酬、合法的财产，对男人来说，正财为妻子，一切合理的受我支配的人、事物。

正财在原命局中为用神、喜神时，或正财来帮扶命局用神时，表现为财运好、工资收入高、合法财产来源多。对男人来说有贤妻相伴，一切受我支配的属下、佣人尽心做事等。

正财在原命局中为忌神时，或正财来损伤命局用神时，表现为财运差、工资收入低、合法财产来源少。对男人而言，必娶恶妻相伴，婚姻不顺，一切受我支配的属下、佣人等阳奉阴违，做事不遂我意。

偏　财

日干为我，阳日干所克之阳干支，阴日干所克之阴干支为偏财。

偏财的十神含义为：额外的收入、中奖之财、赌博所获之财、别人馈赠之财物、偏门所得之财、无投资而获利之财、靠非正常手段所获取的各种财物。对男人言，偏财代表妾、第三者女人等。

偏财在原命局中为用神、喜神时。或偏财来帮扶命局用神时，表现为：有格外收入，中奖机会多、赌博赢钱，有人馈赠财物，空手求财获利、喜各种偏门求财、有桃花运得女人之助（对男人）。

偏财在原命局中为忌神时，或偏财来损伤命局用神时，表现为：因非正常手段求财而碰壁、赌博输钱、投机生意破财、投资偏门生意而破财、收授财礼而遭弹劾（指官场人）、走桃花运被情人所累或欺骗（指男人）、父亲状况不佳等。

正 印

日干为我，阳干支生阴我，阴干支生阳我者，谓之正印。

正印的十神含义为：智慧、聪明、护佑、爱心、学历、知识、文化、操劳、责任感、使命感、文化用品、图书、房屋、各种证件、服装、衣物、被子，对男人言正印代表母亲。

正印为命局中用神、喜神时，或正印来帮扶命局中用神时，表现为：该命主智慧、聪明过人，有爱心、有责任感、学习上进、有文化喜欢读书、勤劳、帮助别人、学历高、母亲健康长寿等。

正印为命局中忌神时，或正印来损伤命局中用神时，表现为：愚钝、无爱心、懒惰、没文化、不喜欢读书、不愿帮助他人、无责任感、母亲身体欠佳（对男性）、学历低等。

偏 印

日干为我，阳干支生阳我，阴干支生阴我者，称之为偏印。

偏印的十神含义为：悟性、灵感、创造力、逆向思维、善于心计、奇思怪想、不合逻辑的想法、念头、偏门技术、对男人而言偏印代表继母、独特的研究成果等。

偏印为命局中用神、喜神时，或偏印来帮扶命局用神时，表现为：命主具有极好的悟性、灵感与创造力，有特别的技术、手艺等，经常有些不合常规逻辑的奇思怪想、逆向思维等，但常常给人以意外的惊喜、成功，极容易出成果。对男人而言，与继母相处融洽等。

偏印为命局中忌神时，或偏印来损伤命局中用神时，表现为：愚钝而顽固、胡思乱想，悟性、灵感、创造力低下，常有些不合逻辑的想法而不被采纳、虽做偏门技术却不精湛，与继母相处关系不和。

比　肩

　　日干为我，与日干五行相同、阴阳相同的统称之为比肩，如日干为甲，则甲见甲或甲见寅都称之为比肩。

　　比肩的十神含义为：同学、朋友、同行、同事、兄弟（男性）、姐妹（女性）、合作者、竞争、比赛、争夺、破财、克妻（男性）、团体、党派、破损等。

　　比肩为命局用神、喜神时，或比肩来帮扶命局中用神时，为命主社交能力强，人缘好，同学、朋友、兄弟姐妹、同行、同事愿意帮助以成就事业，容易与人合作成功、合作愉快、人气旺等，兄弟姐妹相处融洽，人际关系好等。

　　比肩为命局忌神时，或比肩来损伤命局用神时，为命主社交能力差，人缘不好，与同学、朋友、兄弟姐妹、同事等很难相处，很难与人合作，个性极强，自我中心主义，克妻（男性）破财等。

劫　财

　　日干为我，与日干五行相同、阴阳相反的统称为劫财。如日干为丙，则丙见丁或巳即为劫财。

　　劫财的十神含义为：异性朋友、异性兄弟姐妹、异性同事、异性合作人、赌博、抢劫、非正当竞争、克妻（男性）、固执己见、掠夺、破财等。

　　劫财为命局用神、喜神时，或劫财来帮扶命局用神时，表现为命主得异性朋友、异性兄弟姐妹、异性同事等相帮，或与异性人合作成功，或赌博获利、非正当竞争而获利等。

　　劫财为命局忌神，或劫财来损伤命局用神时，表现为：命主与异性朋友、异性兄弟姐妹、异性同事等难以相处，或受异性朋友、异性兄弟姐妹、异性同事牵累而身陷窘境；赌博输钱、非正当竞争失利，克妻（男性）、固执己见、爱钻牛角尖、破财等。

伤 官

日干为我，阳我所生阴干支，阴我所生阳干支为伤官。

伤官的十神含义为：语言表达能力，肢体语言，才华展现，才艺展现，艺术天赋，人体分泌物，聪明气傲，喜表现、爱出风头，不喜欢被束缚、被管制；富于创新，不服从领导管束、喜自由等，对女性而言，伤官代表儿子。

伤官为命局用神、喜神时，或伤官来帮扶命局用神时，表现为：命主具有极强的语言表达能力，具有良好的肢体语言表达能力，具有多才多艺的潜质。拥有很高的艺术天赋，聪明过人，表现抢眼，富于创新精神，对女性言之，生有优秀儿子。

伤官为命局忌神时，或伤官来损伤命局用神时，表现为：语言多但词不达意，肢体语言动作不协调，或语言少说话结巴，肢体动作迟钝，反应不灵敏。喜盲目表现、张扬自我，吹嘘自我，出言不逊，伤害他人，甚至动手打人，不尊重领导，藐视领导等。

食 神

日干为我，阳我生阳干支，阴我生阴干支谓之食神。

食神的十神含义为：命主内心语言的一种外流、自我的深层外露，言语和气动听，肢体动作协调完美，为人和善，性格内向而聪慧，有艺术天分，能歌善舞，食神亦代表人体各种分泌物，对女人而言，食神代表女儿，食神代表自由自在，不喜束缚，喜理想、喜幻想。

食神为命局用神、喜神时，或食神来帮扶命局用神时，表现为：命主拥有极好的语言能力，内心的想法会用恰到好处的语言表达出来被众人接受。或肢体动作完美协调，能歌能舞，文笔出众，才华横溢，生活于自由自在的环境里。理想能够实现。善于表达情感，女人生优秀女儿。

食神为命局忌神时，或食神来损伤命局用神时，表现为：命主性格内向，语言能力差，内心想法不能用恰当的语言表达清楚，词不达意，很难被众人接受，肢体语言协调性差，文笔不好，幻想多，不善于表达情感，女人生不肖女儿。

二十、论流年太岁

原命局是相对静态的，大运干支是绝对动态的，流年太岁干支是用来衡量大运干支对原命局通气、同气干支引动程度的一种标准。

流年干支可以使原命局中通气、同气的干支直接被引动，被流年引动了的原命局干支的动量级别高于被大运干支所引动的原命局干支的动量级别。

大运干支只具有引动原命局通气、同气干支的作用，却不能使原命局中衰弱的干支变得旺起来，也不能使原命局中旺相的干支变得衰弱。总之，大运干支不能用来衡量原命局中任何干支的五行旺衰。

流年干支不仅具有直接引动原命局中通气、同气干支之作用，并且能使原命局中被引动的干支得气而由衰弱变旺相，而被引动后得气变得旺相之五行并非全年都旺，只是旺于该五行相对应的季节。过此旺季只论动不论旺。

二十一、论动静

《皇极经世》云：静则随方而定，动则依数而行。盖动者，机之先见者也。

于大环境言之，四柱原命局为静，大运、流年、小运为动。
于原命局而言，天干为动，地支为静。于五行论之，纳音五行为动、干支五行为静。又阳干支为动，阴干支为静。

二十二、论内外

原命局中，天干为外，地支为内。年柱、月柱为内，日柱、时柱为外。

冬至后出生之人：子、丑、寅、卯、辰、巳为内，
　　　　　　　　　午、未、申、酉、戌、亥为外。

夏至后出生之人：午、未、申、酉、戌、亥为内，
　　　　　　　　　子、丑、寅、卯、辰、巳为外。

于大环境而言，原命局八个字为内，大运、流年、小运为外。

原命局已有的八个字为内，原命局中没有的干支为外。

二十三、论气数

气数指的是某个干支在一定的时空中所存储某种五行能量多少与大小的一种标志。相当于物理学上所讲的"势能"。势能大的物体，其未来产生的动能也大。势能小的物体，其产生的动能亦小。

在四柱中，某个干支在受生、受比劫帮扶的过程，就是其气数增加、增强的过程。相当于物理学上的"势能"得到了增加，能量由小变大。

若某个干支受到其它干支的克、耗、泄时，就是这种干支的气数在减弱，其"势能"减弱，能量由大变小。

气数大小与五行旺衰完全是两组不同的概念。旺相的五行未必一定是气数足。休囚的五行不一定气数弱，气数的足与不足，完全由柱中组合而定。

气数足的干支、五行具有较强的帮扶其他五行的能力。同时亦具有较强的制约其他五行的能力。并且帮扶或制约的时间较久。

气数弱的干支、五行对其他五行的帮扶能力较小，同时对其他五行的制约能力亦较小。并且帮扶或制约的时间较短。

某干支于命局组合中受生扶（印、比）多，受制耗泄（官杀、食伤、财）少，则该干支五行为气数增加，气数足。

某干支于命局组合中受生扶（印、比）少，受制耗泄（官杀、食伤、财）多，则该干支五行为气数减弱，气数不足。

二十四、论时序先后

天干为先，地支为后；年柱为先，月柱为后；月柱为先，日柱为后；日柱为先，时柱为后。

二十五、论合化

1. 甲己合化土，乙庚合化金，丙辛合化水，
   丁壬合化木，戊癸合化火。此为天干合化。
2. 子丑合化土，寅亥合化木，卯戌合化火，辰酉合化金
   巳申合化水，午未合化土。此为地支六合。
3. 寅午戌合化火，巳酉丑合化金，亥卯未合化木，
   申子辰合化水。此为地支三合局。

在通常状态下，不论是天干合还是地支六合、三合，多数都是合拌，而不是合化。合化成功必须具备足够的条件，下面分述之：

1. 天干合化

天干合化成功的必要条件是：合化后的五行必须是旺相的、当令的、气数足的五行，被合化后而变性的天干五行必须是失令的、休囚的、气数不足的、无根的（包括地支中余气、杂气通根）、无比助的，否则只能论合拌，不论合化。如甲子年的己巳月，虽年干甲与月干己从理论上讲应当合化为

土，土又旺相于月令，但年干甲木自坐子水印地，子水生甲木，甲木有气，尽管甲木失令，但仍以合拌论，不以合化成功论。

又如：**甲戌　己巳　壬寅**

此年干甲木与月干己土看起来似乎可以合化成功，甲木休囚于月令，己土旺相于月令，但日柱干支壬寅却阻碍了合化成功，寅中藏有甲木，故年干甲木通根于日支，日干壬水又来滋润甲木之本气根寅木，故此年干甲与月干己只能论合拌，不能论合化成功。

再如：**甲戌　己巳　丁未　辛亥**

此四柱多数易友会认为年干甲与月干己会合化成功的，其实不然。因时支亥中藏有甲木，亥虽不是甲木的本气根，但仍然对年干甲木有生扶助益作用，故年干甲与月干己只论合拌，不论合化。

再举例：**甲戌　己巳　丁未　辛丑**

此四柱年干甲木休囚于月令，柱中一片旺土，虽日支未中藏有乙木，但乙木不是甲木的本气根，故对甲木没有直接帮扶作用。此年干甲与月干己合化成功，甲己合化为土，甲木于原命局中失去本性。

另一种天干合化的情形为：两种天干均失去本性，合化成另一种五行。合化成功的条件必须是两种参与合化的天干在命局中都不通根，而合化后的五行必须旺相有气。否则只论合拌，不论合化。现举例讲解之：

丁丑　壬寅　己卯　戊辰

该四柱月支寅、日支卯、时支辰三会东方木局，年干丁坐丑为自坐墓地，丁火于月令寅为死地。月干壬水于月令为休囚之地，故年干丁与月干壬合化成木，以就范于命局旺势之木，合化成功。

像这样的两种天干都变性了的合化极不容易合化成功。

2. 地支合化

地支合化成功的必要条件是：合化成功后的五行必须是气数足的，五行旺相的。参与合化并且变性的五行必须是衰弱休囚的、不通根通气的，并且无生扶比助的，否则只能论合拌，不能论合化。现举例说明：

戊午　己未　甲申　戊辰

此四柱中多处有合，年支午火与月支未合化土，合化成功。因整个四柱中土气甚旺，年支午火被年干戊土耗泄，又被旺相月支未土所合，午火难以自立，又无生扶、比助，只能与月支未合化成土，午火变性。

再举例：**丙午　乙未　甲午**

此年支午火与月支未土作合，日支午火亦来与月支未土作合。但年柱为丙午，午有丙来比助，故合而不化，只能论午未合拌，不论合化。日支午有甲木来生扶，故日支午与月支未亦合而不化，只论合拌。

三合局亦然同理，在此不多述了。

二十六、论　刑

子刑卯，卯刑子，曰无礼之刑。卯为日门，子为阳之所生，日出于卯，子卯角立，无尊卑之道，故曰无礼之刑。子中独用癸水，癸用戊土为夫星而败于卯，所以子刑卯。卯中独用乙木，乙用庚金为夫星而死于子，所以卯刑子，此二者因夫而见刑，尤其女命见之不利。

子者，水也，卯者，木也，有子母之道，因二阳之竟不恤，故相生递相刑害。因此曰：无礼之刑。生旺主人威肃，面无和颜，气强性暴。死绝则侮慢忽略，狭劣刻剥，大率主人傲慢，少孝梯，妨害亲子，吴越六亲。入贵格，则多掌兵权，不利近待，位居不久。入贱格，则凶暴多灾，多招刑祸。

总之，子卯之刑，旺相之时，多以相生论之。休囚之时，必以刑论之。百用百验。

寅刑巳，巳刑申，申刑寅，为无恩之刑。盖寅中有甲木，刑巳中之戊土，戊以癸水相合为妻，而癸水者，甲木之母也，戊土既为癸水之夫，又是甲木之父也。父被我而刑之，恩斯忘矣。巳中之丙刑申中之庚，申中之庚刑寅中之甲，与此同理。

生旺主人持重少语，寡欲无情，多招失义忘恩之谮。死绝则面誉背毁，忘恩弃义。入贵格则惨虐好杀，好立功业。入贱格则言行乖越，贪吝无厌。女人得之多损胎、血崩、产厄之灾，一生不利骨肉。

《玉霄宝鉴》曰：寅有生火，刑巳上生金，巳上有寄生之土，刑申之水，申中生水，刑寅中生火，不恤所生，遥相克制，故曰无恩之刑。

丑刑戌、戌刑未、未刑丑，为恃势之刑。盖丑中有旺水，丑乃水中之土也，戌有墓火，丑恃旺水，刑戌中之墓火，戌为六甲之尊，未为六癸之卑，戌恃六甲之尊而刑未，未有旺土，复恃旺土之气，刑丑中之水，各有所恃而相刑，故曰恃势。生旺主人精神，意气雄豪，眉粗面阔，以直攻人。死绝则眼露瘦小，精神乖角，是非贱值，幸灾乐祸。入贵格，则公平清正，人多畏惧。入贱格，则多犯刑责，暗昧之灾，女人得之，妨害孤独。

《玉霄宝鉴》曰：未恃丁火之势，以刑丑中之金，丑恃旺水之势，以刑戌中之火，戌恃辛金之势，以刑未中之木，故曰恃势刑。

辰、午、酉、亥全者，为自刑。辰者，水之墓也。滔则盈。午者，火之旺也，盛则灭。酉者，金之旺也，刚则阙。亥者，木之生也，旺则朽。各禀已甚太过之气，而自致祸也。故曰自刑。生旺则沉静内毒，形容劣弱；死绝则鸩毒轻忽，察见渊鱼，多肢节手足之灾。入贵格，则机权大谋。入贱格，则多忧顽愚，不情自害，自刑又带诸凶煞，非令终人也。妇人主淫荡，凶夭之灾。

以上所举子刑卯、卯刑子，寅刑巳、巳刑申、申刑寅，丑刑戌、戌刑未、未刑丑，辰、午、酉、亥，统称之为三刑。凡三刑须分刑得入，刑不入。命中须分主客，以年为主，月日时为客，如主刑客，刑得入为贵，刑不入为贱。若客来刑主，须是刑不入方为贵，刑得入者即为贱。

例如丑刑戌，要看是何丑刑何戌。比如乙丑刑戊戌，乙丑纳音海中金，戊戌纳音平地木，金克木，故乙丑刑戊戌为刑得入。

再如乙丑刑甲戌，乙丑为海中金，甲戌为山头火，金被火克，乙丑刑甲戌为刑不得入。

又如乙丑刑庚戌，乙丑纳音海中金，庚戌纳音钗钏金，为同类相刑，不吉。

而乙丑刑丙戌，乙丑海中金，丙戌屋上土，为土来生金，此为相生相刑，不以刑论。

二十七、论 冲

子午相冲

寅申相冲

卯酉相冲

辰戌相冲

巳亥相冲

丑未相冲

相冲的理论来源有以下几种：

一是从易经八卦中爻数而得，因每卦只有六爻而无七，七是天的尽数，阴阳的极气，故十天干中每隔七位就相克杀，故曰七杀。而地支每隔七位就相冲。如寅申相冲，从寅数至申正好七位；卯酉相冲，从卯数至酉正好是七位。余仿此。

再者是方向相对而为冲。如丑未相冲，丑居东北，未居西南。卯居正东，酉居正西。辰居东南，戌位西北等等，均为方向相对而冲。

最后是支中暗藏之神相克制为冲。如子午相冲，子中藏有癸水，午中藏有丁火，癸水克制丁火；卯酉相冲，酉中有辛金，卯中藏乙木，辛金克乙木。余仿此。

相冲乃十二支战击之神，大多为凶。然亦有为福之先例。古有君子不冲不发，君子不刑不发之论，此必有条件相配。凡冲处要相生，如庚辰冲壬戌，庚辰白蜡金，壬戌大海水，此金生水矣。应福应吉。而同类相冲不吉，比如辛卯冲辛酉，辛卯纳音为松柏木，辛酉纳间为石榴木，为同类相冲，不吉也。最恶者为相克相冲，如癸酉冲辛卯，癸酉剑锋金，辛卯松柏木，金克木，为凶甚矣。

33

凡相生冲，主人声望播流，高明出众，科甲峥嵘；相克冲，主人神清貌俊，襟韵脱俗，轩昂洒落，上视，仰面而行。死绝则精神峻急，骨气紧实，趋捷便利、语声清爽，轻动易悦，若相克冲生旺，主人神刚貌肃，胆气壮，侗搅敢为，多成败。死绝则寒酸鄙薄，形容乖劣，动招凶辱，多夭折。

如甲子见甲午，乙丑见乙未，多破祖业，平生心不闲，内明有断，假令禄高名重，终有一失也。

如戊午见丙子，癸卯见丁酉，相冲相克，五行不和而破命，再遇者，平生破散，衣食稍足，夭寿也。

相冲还是自相生，集来帝座位无刑，更得华盖兼权杀，为官清显统雄矣。

相冲相去要长生，见旺之时禄便亨，贪武若更临时杀，为官清贵掌权兵。

此论来去相冲生旺，如戊寅冲丙申，癸卯冲辛酉之类，得相生旺，五行气不散，更得福神方妙，如甲申冲庚寅，丙子冲戊午，各生旺，冲不破。

《天元变化书》云：凡五行向旺者，不名破，向衰弱者，名破。如丙辰得丙戌最妙，戊子得戊午亦妙。若戊午火见戊子火，则名破也。

生旺连绵见吉神，更兼一七又为邻，看看直入朝堂去，权握兵符助圣神。四冲生处自贫寒，更值凶神不足看，一种邪心偏作贼，父常嗃恨子常瞒。

凡遇一七杀者，命吉则冲发，命凶则为祸破财。凡遇四柱冲破，如祸聚之地，有他位来冲，即谓之破祸成福。如犯空亡有下位来冲，亦为福也。凡年月日时值此，必作食禄人。如福聚之地逢他处来冲，则破福成祸，必孤困。

凡相生者，不为破，如丁未冲癸丑是也。丁未天河水，癸丑桑柘木，水生木之故。同类者，作破论，如丁未冲丁丑，丁未天河水，丁丑涧下水，皆是水，为同类，以破来论。

相克者最为毒，如丁未冲己丑是也。丁未纳音天河水，己丑纳音霹雳火，是水克火也。

凡命带劫杀亡神相冲，主犯刑，若在死绝处主废病多疾，如带贵杀入局，有秀气科名者，多入台谏，终有恶疾而死，带元辰，空亡，相冲，不是下贱，则是贫寒之士。五行枯瘁则贱，带秀气则虚声，贫士之徒也。

凡诸位冲破，如遇冲空亡，主祸中生福，若月冲日时，时冲年，名曰仇雠杀，主与人无恩，内外多得憎嫌，或长病，或卒暴而死。

凡日时冲年，主人心不平，以己度人，不相信付。凡命生时冲太岁者，支干皆可用也，假令丙午年、壬子时，是也。乙卯年、辛酉时，支干皆冲也。

二十八、论 破

破者，散也，移也。其法以十二地支环列，阳日破后四辰，阴日破前四辰。如午为阳日，从午数一，巳二，辰三，卯四，故午破卯也。又如酉为阴日，阴日破前四辰，从酉数一，戌二，亥三，子为四，故酉破子，是也。余仿此类推。

子破酉，酉破子；丑破辰，辰破丑。

寅破亥，亥破寅；卯破午，午破卯。

巳破申，申破巳；未破戌，戌破未。

凡破，占事多中辍不利，一切主不完全。子破酉，酉破子，主阴小灾悔；丑破辰，辰破丑，主墙墓颓圮；寅破亥，亥破寅，为破中有合，败而复成；卯破午，午破卯，主门户破败；巳破申，申破巳，为破中有合，但亦有克，事败而复成，成亦有疵。未破戌，戌破未，主人物刑伤、破损，破中带刑，尤为不利。

二十九、论 害

害者，阻隔、争斗也。其法以十二支从辰、戌两分，自戌至卯横列于下，自酉至辰横加其上，上下相交相连，即为六害：

子未相害

丑午相害

寅巳相害

卯辰相害

申亥相害

戌酉相害

子未相害，是未以旺土害子旺水，此为势家相害也。故有子人见未则为害，未人见子不为害也。《神白经》曰：未为旺土来害子水，故子人见未，更有真鬼，其害尤重。

《李虚中命书》云：未害子，阴男阳女，尤忌。

丑午相害者，是午以旺火凌丑死墓之金，此为官鬼相害也。故丑人见午则为害，午人见丑则不为害矣。丑人见午，而午更带丑干之真鬼，为害尤深。

《烛神经》曰：午有旺火，害丑中墓金，此鬼贼相害也。

《李虚中命书》云：午害丑，阳男阴女尤忌。

寅巳相害者，各恃临官旺相而进相害也。若干神往来带真鬼者，大凶。又有刑在其中者，不可不加减灾福以断之。

《神白经》曰：若干神有鬼，其害甚重。

《李虚中命书》曰：寅害巳，阳男阴女尤忌。

《三命提要》云：丙寅遇乙巳，是同类相害，为灾亦重。卯辰相害者，谓卯以旺木凌辰死土，此以少凌长相害也。故辰人见卯则为害，卯人见辰不为害也。若辰人见卯，而卯更带辰干之真鬼，则为害尤重。

《烛神经》云：卯恃旺木害辰之墓土，此恃势相害也。

《神白经》云：若更见鬼尤甚。

《珞琭子》云：轻重校量也，申亥相害者，谓各导临官竞嫉，才能争进相害也。故申见亥，亥见申，均为六害，若干头更带真鬼，其害尤重。

《神白经》云：申亥均为六害，更纳音相克尤甚。

酉戌相害者，是戌以死火害酉之旺金，此嫉妒相害也。故酉人见戌则凶，戌人见酉则无灾也。若乙酉人得戊戌则为害尤甚，干见鬼带六害来相害也。

《烛神经》云：戌有墓火，妒酉金气之旺，此鬼妒相害也。

《神白经》云：乙酉人不得见戊戌日时，乙为真金，戊为真火，克金。

六害者，十二支凌战之辰。若纳音相克者凶，各详逐类相害之情，以决吉凶。大忌羊刃、劫杀等凶神恶煞，则灾为尤甚。寅申巳亥此四位相害，生旺则主人神紧貌峻，好争夺，激作。死绝则多谋少成，强学好义。做事兀兀，趋进无厌。入贵格，则有操守善专权。入贱格，则多作贪爱鄙吝人也。卯害辰，午害丑，生旺则主人严毅好胜，死绝则主惨毒倾覆之事。入贵格，则好大权，司刑典兵。入贱格，则谋生于不义之地也。子未相害，生旺死绝皆主不利骨肉，妨害六亲，入贵格则多妻妾之累，入贱格孤独无依之人也。戌害酉，鬼妒相害，生旺，不容物，多刚戾；死绝，妒狠憎能。入贵格则多奸佞及暗昧无辜之讼。入贱格则贱害阴狡。为性不良。凡六害，大率主防害、孤独、淫泆、不利六畜、田财、少骨肉，阴小妇人之命尤忌。

未合在午，午冲子，而子未害生。卯害于辰，辰酉合，而卯冲酉破。亥申重得，五岳当慎伤残；寅巳两关，四肢必忧废弃。

因昼夜阴阳之气，感而为六合，因六合而生六害，因六害而忘昼夜，阴阳之气得之连并，必有折伤，故曰：两关。又曰：重得亥与申，属西北为阳也，气高而并于上，是以言五岳，寅与巳属东南，为阴也。气沉而并于下，是以言四体。

凡人命中得清要之格，而犯六害者，终不显，更有破禄刑冲辅之，必遭贬剥。盖六害亦曰剥官杀，行年亦忌之。

凡看人命，或值一两重六害，或屡转凶杀害冲，如此之人，命有七伤之事。

七伤者不刑六亲，则伤自身矣。六害之人忌日时，老年残疾苦何依，又逢羊刃神相蚀，不中锋芒虎亦欺。

凡命犯六害，大忌支干相伤于日时之上，最为紧要。名曰大害。身命宫次之，既便是贵格，贵自贵，害自害也。大抵值六害，主妨害六亲，少兄弟，纵有亦如无，兼起命宫看之，其害落何宫分，逐宫分断之。六害如逢度岁，终身少乐。

三十、论断命要略

参造化之元机，测五行之妙理，判人命之得失，决一世之荣枯，法则取于日干，兴衰论乎月支。甲乙属木，最喜春生，壬癸属水，偏宜冬旺。丙丁火而夏明，庚辛金而秋锐，戊己两干之土，要旺四季之期。日乃自身，须究强弱。年为本主，宜细推详。年干父兮支母，日干己兮支妻。月干兄兮支弟，时支女兮干儿。后煞克年，父母早丧。前煞克后，子息必亏。马入妻宫，必得能家之妇。煞临子位，当招悖逆之儿。禄入妻宫，食妻之禄。印临子位，受子之荣。枭居祖位，破祖之基，财官月旺，得父资财。所忌财伤禄薄，最嫌鬼旺身。衰食神暗，见人物丰肥。枭印重生，祖财漂荡。咸池财露主淫奢，凶煞合年防自刃。桃花重带合神，花街柳巷。驿马若逢冲物，暮楚朝秦。金火交争，断无礼义。印财两失，少损爹娘。桃花会禄，酒色亡身。财旺枭衰，因财丧命。身临沐浴之年，恐遭水厄。主入战斗之地，必逢火伤。财生官者，用贿求官。财坏印者，贪财卸职。财旺生官，白身荣显。财生煞党，夭折童年。独煞冲破废闲人。诸煞逢刑凶狠辈。天干多煞遇干年，须当夭折。地支多鬼遇支年，必见凶灾。财生官、官生印、印生身，富贵双全。伤党财，财党煞，煞克身，凶穷两逼。酉寅刑害继伤婚，己卯风雷多性急。煞官混逢乃技艺之流，财禄坐马为经商之客。马落空亡迁居漂泊，禄遭冲破离乡萍梗。阴多利于女人，阳盛宜于男子。阴盛于阳，女主兴家。阳盛于阴，男当建府。纯阳男必孤寡，纯阴女必困穷。官贵生年化凶煞，而名垂万古。胞胎临日遇印绶，而禄享千钟。一气为根，秀出群英之表。两干不杂，名出众彦之先。木秀火明，拟作盐梅调鼎客。水深土厚，当为舟楫巨川才。命元生煞，进身旺必主加权，临官岁遇，值贵人重宜进秩。伤官最要去官尽，制煞无如化煞高。倘若化神弱，制神强，施恩有不足之怨。化神旺，制神衰，临事无决断之能。有煞无印欠文彩，有印无煞少威风。煞印两全，文武兼备。衰运发而旺运止，旺运发而衰运终。此乃春秋代谢，天运循环，万古不易之理也。（摘自《络绎赋》）

三十一、论形貌性情

凡人禀五行之气而生者也，形貌美恶，性之刚柔不同，由金、木、水、火、土，今叙五行形性：

金，主人骨肉相应，面上阔下狭，眉高眼深，额平印堂宽，鼻曲耳红，音声清响，刚毅有决，动为尚义，死绝则面有严棱，眼深睛黑，刻薄内毒，喜淫喜杀，自拙无志也。

木，主人形貌瘦长，骨细肉腻，口尖，人中长，美须发，手足纤腻，柔语细声，其色青，遇火而赤，逢金而白，生旺则仁勇气节，死绝则眉眼不正，悭吝鄙啬，肌肉干燥，颈长喉结，行坐不稳，身多欹侧也。

水，主人眉牻目大，鼻曲面圆，顶平声细，生旺黑色，受制黄白，行走紧速，摇头摆腰，为性大宽小急，坐旺莽荡大器，死绝则阴狡内狠，带杀则倾覆阴谋。

火，主人面上尖下阔，印堂窄，鼻露窍，精神闪烁，语言辩急，意速声焦，其色或青或赤，更变不定，坐须摇膝，立不移时，临事敏疾。如死绝则黄瘦，尖小性灵，妒毒有始无终，多妄作，有贵气主之，则大聪明。

土，主人形貌肥厚，背圆腰阔，鼻大口方，眼长眉秀，面犹墙壁，其色黄白，为性重厚，做事不轻易容宽博，死绝则颜色似忧，鼻低面㓟，声音重浊，朴质拗事，孤介吝梗，不容众情沉毒恨事也。

以上五行之情，参以吉凶神杀，所遇于命中日时上，纳音所得五行，或生、或旺、或死、或绝，自可以义推之。

三十二、论三元

立天之道曰阴与阳，曰天道也，自甲至癸十日迭运，而阴阳之义明。立地之道曰柔与刚，辰地道也。自子至亥十二辰更次，而刚柔之义显，然单出为声而已杂比然后为音，故以日辰错宗，纳甲以成音，于是三才备，而五行无余蕴矣。

干为禄，定贵贱，支为命，定修短，纳音为身，察盛衰。夫人生处得禄，命身居旺相宫，三才有气，则为快乐长寿之命，若禄、命、身值死绝，三才无气，则为尘埃，困窘之命矣。

凡命先看干神，有无克制，支神有无刑冲，干支纳音有无战斗降伏，如甲以寅为禄，而寅上有何干，甲以辛为官，而辛得何支，干不侵支，则天乃能高。支不犯干，则地乃能卑，五行不相贼，则人乃能顺，四孟不相害，则马乃能驰。李淳风曰：五行生旺，观福气之往还。五行死绝，在吉神之救助。

三十三、论六甲纳音法

《黄帝内经》·六微旨大论曰：天气始于甲，地气始于子，子甲相合，命曰岁立。

以十干配十二支，周而复始，则六甲成矣。凡欲知纳音者，谓子午数至庚，丑未数至辛，寅申数至戊，卯酉数至己，辰戌数至丙，巳亥数至丁，得七者，西方素皇之气，纳音属金也；得三者，南方丹天之气，纳音属火也；得九者，东方阳九之气，纳音属木也；得一者，中央总统之气，纳音属土也；得五者，北方玄极之气，纳音属水也。故颂曰："七金三是火，九木一中央，得五皆为水，纳音宜审详。"假如甲子甲午，从甲至庚，乙丑乙未，从乙至辛，其数皆七，所以纳音俱属金也。丙寅丙申，从丙至戊，丁卯丁酉，从丁至巳，其数皆三，所以纳音属火也。戊辰戊戌，从戊至丙，己巳己亥，从己至丁，其数皆九，所以纳音属木也。庚子庚午辛未辛丑，其数皆一，所以纳音属土也。丙子丙午，从丙至庚，丁未丁丑，从丁至辛，其数皆五，所以纳音属水也。余皆仿此。以上只数其干，不数其支，假令从丙至庚，即丙丁戊己庚，是其数五也。又如从甲至庚，即甲乙丙丁戊己庚，是其数七也。（三历会同）

甲子从革之金，其气散，得戊申土，癸巳水相之，则吉。戊申乃金临官之地，土者更旺于子，必能生成，癸巳系金，生于巳，水旺于子，纳音各有所归，又为朝元禄，忌丁卯丁酉戊午之火。

阎东叟云：甲子金为进神，禀沉潜灵中之德，四时皆吉，入贵格，承旺气，则术业精微，主魁夺之荣。

乙丑自库之金，火不能克，盖退藏之金，苟无刑害冲破，未有不显荣者，独忌己丑戊午己未之火。

阎东叟云：乙丑金为正印，具大福德，秋冬富贵寿考，春夏吉中有凶，入格则建功享福，带杀类为凶会，玉霄宝鉴云：甲子乙丑未成器金，见火则成，多见则吉。

丙寅赫牺之火，无水制之，则为燔灼炎烈之患，水不可遇，独爱甲寅之水，就位济之，又名朝元禄。

五行要论云：丙寅火禀灵明冲粹之气，四时生生之德，入贵格，则文彩发应，主科甲之贵。

丁卯伏明之火，气弱宜木生之，遇水则凶，乙卯乙酉水最毒。

五行要论云：丁卯沐浴之火，含雷动风作之气，水济之则达，土载之则基厚，以木资之为文彩，以金囊之，更逢夏令则凶暴。

珞琭子云：丙寅丁卯秋天宜以保持。莹和尚注云：丙寅丁卯举火之类，秋天保持者，言水生于秋也。鬼谷遗文云：丙寅丁卯秋冬宜以保持。注云：木不南奔，火无西旺，火至秋冬，势恐不久。

戊辰两土下木，众金不能克，盖生金，有母子之道，得土生之为佳。

五行要论云：戊辰庚寅癸丑三辰，挺木德清健之数，生于春夏，能转立独奋，随变成功，更成旺气，则有凌霄耸壑之志，惟忌秋生，虽怀志节，屈而不伸。己巳为近火之木，金自此生，于我无伤，忌见生旺之火。

　　阎东叟云：己巳在巽为风动之木，根危易拔，和之以金土，运归东南方成材用。虽外阳内阴，别无辅助，则其气灵散，更为生鬼所克，乃不材之本也。

　　珞琭子云：己巳戊辰度乾宫而脱厄。莹和尚注云：己巳戊辰举木之数，西方金鬼旺乡，纳音之木，至此绝矣，斯谓厄会。若度乾亥之宫，木得水以生长，故脱厄。

　　庚午辛未始生之土，木不能克，惟忌水多，反伤其气，木多却有归，盖归未也。

　　阎东叟云：庚午辛未戊申丁巳，皆厚德之土，含容镇静，和气融怡，福禄优裕，入格则多历方岳之任，有普惠博爱之功。

　　壬申临官之金，利见水土，若丙申丙寅戊午之火，则为灾害。

　　阎东叟云：壬申金，持天将之威，资临官之气，秋冬掌生杀之权，春夏吉少凶多，入格以功名自奋，带杀之刻剥为能。

　　癸酉坚成之金，火死于酉，见火何伤，惟忌丁酉火，就位克之。

　　阎东叟云：癸酉自旺之金，禀纯粹之气，春夏为性英明，秋冬尤贵。入格则功业节概，挺转出伦；带杀则少年刚劲，四十之后，渐成纯德。玉霄宝鉴云：壬申癸酉，金旺之位，不可复旺。旺则伤物；不可见火，见火则自伤。

　　甲戌自库之火，不嫌众水，惟忌壬戌，所谓墓中受克，其患难逃。

　　五行要论云：甲戌火为邱为库。含至阳藏密之气，贵格逢之富贵光大，惟忌夏生，防吉中有凶。

　　乙亥伏明之火，其气湮郁而不发，藉己亥辛卯己巳壬午癸未木生之，则精神旺相。癸巳癸亥丙午水，有之则不吉。

　　阎东叟云：乙亥火自绝，含明敏自静之气，葆光晦路，寂然无形，禀之得数者，为妙道高人，吉德君子。

丙子流衍之水，不忌众土，惟嫌庚子，乃旺中逢鬼，不祥莫大焉。

五行要论云：丙子自旺之水，阳上阴下，精神具全，禀之者天资旷达，识量渊深，春夏为济物之气，多建利泽之功。

丁丑福聚之水，最爱金生，忌辛未丙辰丙戌相刑破也。

五行要论云：丁丑乙酉在数为溪弱之水，阴盛阳弱，禀之者器识清明，多慧少福，橐以水木旺气，则阴阳均协，为贵达崇显之水。

戊寅受伤之土，最为无力，要生旺火，以资其气，忌己亥庚寅辛卯诸色木克之，主短夭之凶。

五行要论云：戊寅丙戌，此二位乘土德厚气，一含生火，一含宿火，是谓阳灵袭中，福庆之辰，贵格得之，道德盖世，贵极人臣。惟亲王贵公子多于此日生，常格得之，亦主福寿遐远，始终安逸。

己卯自死之土，抑有甚焉，贵得丁卯甲戌乙亥己未之火，由合而来，以致其福。

五行要论云：己卯自死土，建于震位，风行雷动，散为和气，德自冲虚，禀之者类有道行，随变而适，有养生自在之福寿，惟不利死绝，则为久假不归之徒。三命纂局云：戊寅己卯受伤之土，不可有木所损，其土无力也。玉霄宝鉴云：戊寅己卯土，不宜见水，见水不为财，不畏木，见木愈坚，戊寅承土德旺气，而含生火，得之主福寿绵远，贵人多于此日生，己卯不宜再见死绝，见则凶。

庚辰气聚之金，不用火制，其器自成，火盛反丧其器，病绝火无害，若甲辰乙巳火，恶不可言，亦不能克众木，益我气亦繁耳。

阎东叟云：庚辰之金，具刚沉健厚之德，禀聪明显通之性，春夏祸福倚伏，秋冬秀颖充实，入格则益资文武，带杀则好弄兵权。

辛巳自生之金，精神具足，体气完备，炎烈炽火而不忌，忌丙寅乙巳戊午之火，盖金生于巳而不能生，败于午，绝于寅而气散，复见生旺之火，焉可当之。

五行要论云：辛巳金为自生学堂，具英明瑰奇之德，秋冬得力十全，春夏七凶三吉，入贵格则主学行英伟，致身清贵，常怀济物之心。玉霄宝鉴云：庚辰辛巳未成器金，宜见火，盖辛巳是自生，巳为火，得之者，光辉日新。

壬午柔和之木，枝干微弱，木能生火，却忌见火多，多则烬矣。虽生旺之金，亦不能伤，盖金就我败，得金反贵，水土盛者亦贵，惟忌甲午金伤之。

五行要论云：壬午自死之木，木死绝则魂游，而神气灵秀。禀之者挺静明之德，抱仁者之勇，以主为功行也。可谓静而有勇，延年益寿。

癸未自库之木，生旺尤佳，虽乙丑金不能冲破，各归其根，而不相犯，忌庚戌乙未金。

五行要论云：癸未木为正印，挺文明吉会之德，禀之者，类抱间世之才，离清华之福。玉霄宝鉴云：壬午癸未谓之杨柳木者，盖木至午而死，至未而墓，故盛夏叶凋，得其时则富寿，非其时则贫夭。

甲申者自生之水，其气流衍，宜有所贵，亦藉金生，不忌众土，特嫌戊申庚子之土。

五行要论云：甲申水自生，含天真学堂，得之入局，主智识聪慧，妙用无穷。

乙酉自败之水，假众金以相之，盖我气既弱，藉母以育，忌己酉乙卯戊申庚子辛丑之土，则夭折穷贱。

丙戌福壮禄厚之土，木不能克，忌见生旺之金，若遇火盛，则贵不可言。

丁亥临官之土，木不能克，嫌金多，须得火以生救之乃吉，忌己亥辛卯之木。

五行要论云：丁亥庚子二土，中含全数，内刚外和，禀之者得有定力，上下济之以水火旺气，能建功立事，敢为威果之行。

戊子己丑水中之火，又曰神龙之火，遇水方贵，为六气之君可也。

五行要论云：戊子含精神辉光全实之气，作四时保生之福，入贵格则为大人君子，气宇含弘，富贵终吉。己丑为天将之火，又为天乙本家，含威福光厚之气，发越峻猛，贵极乘之，为将德，为魁名，而建功。烛神经云：己丑胎养之火，其气渐隆，若遇丙寅戊午之火助之，可成济物之功。

庚寅辛卯岁寒之木，雪霜无以改其操，况金能克之乎？上有庚辛，不假制治，自然成材。

阎东叟云：辛卯木自旺，春夏则气节挺拔，建功立事；生于秋，则狂猖折挫，劲气不伸。

壬辰自库之水，若池沼水积之地，忌金来决破，若再见壬辰，是谓自刑，别辰无咎，遇多水土皆喜，惟畏壬戌癸亥丙子之水，生旺太过，汗漫无归。

五行要论云：壬辰水为正印，含清明润沃之德，禀之者，含容弘大，心识如镜，春夏得之，作大福慧，秋冬得之，类奸诈薄德。

癸巳为自绝之水，名曰涸流，若遇丙戌丁亥庚子壮厚之土，共涸可待；若得三合生旺之金生之，则源泉混混，盈科而进也。

五行要论云：癸巳乙卯自绝自死之水，乃至阴退藏真精，啬养凝成贵气，贵局秉之，类是妙道君子，夙体常德，有功及物。

甲午自败之金，亦曰强悍之金，遇火生旺，其器乃成，忌丁卯、丁酉、戊子之火，凶。

五行要论云：甲午金为进神魁气，具刚明之德，秋冬则吉，春夏或凶，入贵格，主魁场属建统众之功，非时带杀则暴戾，克忍寡恩少义。烛神经云：甲午金伤强悍，或抑之乃沉潜。注云：沙石金刚旷喜杀抑之者，火革之也。革金为柔，有余者损之也。鬼谷遗文云：甲午爱官鬼。李虚中云：甲午金伤强悍，壬子木失之柔，或壬子得甲午或甲午得壬子，阴阳专位，却为炳灵。

乙未偏库之金，亦欲火制，而土生之，则福壮气聚，忌己未、丙申、丁酉之火。

五行要论云：乙未金在数为木库，又为天将，具纯仁厚义之德，无往不吉，贵格得之，是不世之英杰，魁镇士伦。常格得之，带杀冲犯，亦作小人中君子，眉寿人也。

丙申自病之火，丁酉自死之火，其气极微，假木相助，其气方生，忌甲申乙酉甲寅乙卯之水。

阎东叟云：丙申病火，以木为文明之德，以水为旷达之性，以土为福慧之基，惟金为暴虐，纵有吉神，革为不和之气。五行要论云：丁酉火自死，含韬晦寂静之气，外和内刚，贵格秉之，类为有道君子，非自然之德行。

戊戌土中之木，忌重见土，若纳音土多，一生迍蹇，金不能克，盖金气至戌而散，遇金乃能致福，利见水多木盛而为贵格。

阎东叟云：戊戌之木，孤根独立，和之以水火旺气，则有英明秀实之德，入格则文章进达，福禄始终，然乘天将之气，主备历艰险，节操不移，方见晚福。

己亥自生之木，根本繁盛，不忌众金，惟嫌辛亥辛巳癸酉之金，若见乙卯丁未水、癸未木，未有不大贵。

五行要论云：己亥木自生，挺英才秀拔之德，得之于转达处，类皆清贵少达。阎东叟云：己亥之木，得时则清贵，非时则辛苦。

庚子厚德之土，能克众水，不忌他木，盖木至子无气，若遇壬申之金，谓之名位禄，其贵必矣。

辛丑福聚之土，众木不能克，盖丑为金库，丑中有金，见木何伤。

玉霄宝鉴云：庚子辛丑土，爱木而恶水，见木为官，见水不相宜。阎东叟云：辛丑己酉之土，中含金数，德厚性刚，和而不同，上下济以水火旺气，则威名功烈，见于敢为。

壬寅自绝之金，癸卯气散之金，若见众火刚丧气，惟水土朝之则吉。

五行要论云：壬寅癸卯为虚薄之金，具仁柔义刚之德，秋冬则健无凶，凶为吉兆。春夏则内凶外吉，吉乃先凶，入贵格则志节英明，带杀则凶暴不令终也。

三命纂局云：癸卯自胎之金，若逢丙寅丁卯炉中之火不为鬼，以胎金炉中成器，必有高达。

甲辰偏库之火，多火助之吉，所谓同气相救，以资其不足，若见戊辰戊戌木生之为贵格，忌壬辰壬戌丙午丁未水最毒。

五行要论云：甲辰为天将之火，含敏速峻烈之气，入贵格则为特达，为文魁，利秋冬不利于夏。

乙巳临官之火，水不能克，盖水绝于巳，得水济之，则为纯粹，若得二三火助之亦佳。

五行要论云：乙巳火含纯阳巽发之气，光辉充实，春冬向吉，夏秋向凶。

丙午丁未银汉之水，土不能克，天上之水地金不能生也。生旺太过，反伤于万物，死绝太多，又不能生万物也。

五行要论云：丙午至崇之水，体南方温厚之气，禀之者，类有道气灵变，颖异有为，魁众出伦。丁未具足三才全数，得冲和之气，禀之者主精神气全，性根高妙，尽变之道。

戊申重阜之土，木绝于申不能克，若见金水多助，则富贵尊荣之格也。

己酉自败之土，其气不足，藉火以相助之。见丁卯丁酉火则吉，切忌死绝，畏辛卯辛酉木，灾蹇夭折。

庚戌辛亥坚成之金，不可见火，恐有所伤，若得水土相之为贵。

阎东叟云：庚戌火墓之金，有刚烈自悖之暴，秋冬庶几沉厚，春夏动生悔咎，君子执兵刑之权，小人恣犷悍之性。辛亥金禀乾健纯明中正之气，春秋冬三时吉，夏七吉三凶，贵格乘之，体仁守义，若带刑杀，肆暴贪功。

壬子专位之木，癸丑偏库之木，遇死绝则富贵，生旺则贫贱，水多则夭折，金多土盛为佳。

五行要论云：壬子幽阴之木，阳弱阴盛，柔而无立，类从水德用事，惟对于丙午水，则为水木冲粹之德，类入神仙异士标格，非常流也。烛神经云：壬子之木失于优柔，其或扬之仁而高明。注云：壬子木在水旺之乡，假子中得微阳之气而生，柔脆易折，自败木也。扬之者欲得火土之气，益之使敷荣，则仁勇而高明。玉霄宝鉴云：谓桑柘木取之以时蚕衰之月桑柘受生气也。

甲寅自病之水，乙卯自死之水，虽然死病，土不能克，盖干支二木，可以制土，若见壬寅癸卯之金则为优裕。

五行要论云：甲寅壬戌二水，为伏逆之气，阴胜于阳，主奸邪害物，惟济之以火土，损益之，方成大器。

丙辰自库之土厚且壮，喜甲辰恶戊辰，此土木不能伤，盖丙火也。辰为火偏库，土已成器，惟嫌戊戌己亥辛卯戊辰之木。

五行要论云：丙辰土为正印，建五福吉会之德，禀之者，类皆享大有为，不贵即富，惟犯冲者多为僧道。

丁巳自绝之土，又不为绝，盖一土居二火之下，在父母之邦，乘天属之恩，故不为绝，木不能克，火多益佳。

玉霄宝鉴云：丁巳含东南火德，旺数得之者，含容福寿。

戊午自旺之火，己未偏库之火，居离明之方，旺相之地，其气极盛，他水无伤，忌丙午丁未天上之水。

阎东叟云：戊午自旺火，含离明炎上之气，无情治物，动违于众，秋冬得之，济以水土旺气，则豁达高明，福力坚壮，春夏乘之以金木，虽腾光迅速，命非久长。

五行要论云：己未衰火，含余光藏实之气，春冬之月，运入沉潜之乡，则明达峻敏，福庆深远，夏得之非和气也。秋则先吉后凶。

庚申辛酉二金居木上，因金以成器，忌再见金，致毁其器，若见甲申乙酉水入格也。

玉霄宝鉴云：庚申辛酉属木以相克，取之木性辛者惟石榴木，故配之以石榴者，取其性也。他木至午则死，惟石榴木至午而旺，盖得其性故也。庚申自绝木，为魂游神变之气，此生者类非凡器，常格主赋性颖异，豪放不羁，入贵格则是英杰之才，立不世之功。辛酉失位之木，木因金乡乘之者，涉世多艰，惟对以癸卯金，则刚柔相济，挺拔出群，决取巍科。烛神经云：魂贵天游，故庚申之木，不嫌于死绝独坐而守庚申是也。注云：庚申自绝木也，木于脏属肝，肝藏魂，木体绝，则魂游于天，故庚申之木不嫌死绝，所以贵于天游，鬼谷遗文云：辛酉期生旺，注云：辛酉气绝之木，欲生旺以为荣也。

壬戌偏库之水，癸亥临官之水，名曰大海水，盖干支纳音皆水，忌见众水，虽壬辰水库，亦不能当，不忌他土，死绝则吉，生旺则泛滥而无所归也。

玉霄宝鉴云：亥子水之正位，壬戌气伏而不顺，惟以火土损益之，乃成大器，癸亥具纯阴之数，内体至仁，禀之者天资夷旷，志气浩然，发为功业利泽，日时带杀则凶狡之流。

三十四、论断命纲要

人生有命，得失顿殊。富贵贫贱，那能一体。红光满室，五行都聚于贵乡，佳气充庐，四柱并集于福地。先贫后富，生时值禄马同乡。始吉终凶，日时犯空破之处。平生坎坷，基薄与凶运交杂。一世荣华，命高逢好运叠至。刚金遇火方成器，决定超群。旺火得水为既济，必然出众。木须金而不繁，水赖土而不散。戊己见寅卯得位于勾陈，壬癸坐巳午当权于元武。贵神入命，遇奇仪必是公卿。华盖临时，值孤寡定为僧道。玉堂拜相，炎炎火秀在离宫，金阙朝元。洋洋水德宅坎位，重逢水位，断为云水之仙。累犯纯阳，定作空门之子。遇长生而聪明智慧，逢死败而蒙蠢愚顽。父母难靠，年月俱陷空亡，妻子易亏，日时并临孤寡。卯酉生逢克战，败门户而多灾，子午全居死墓，走他乡而为客。子午最嫌巳亥，卯酉切忌寅申。宅墓受煞，门户多破。时落天中子少，合逢干头妻多。年中无气，幼而散失。元基月内逢空，门户消索不立。日临绝位，纵妻无恙亦多离。时在墓中，后嗣有时也不顺。合地秀者贵，得天时者荣。五行无气者贫，四柱有伤者贱。阴阳纯一者孤，支干刑害者疾。用神休囚者难求富，贵秀气浅薄者多是艺术。刑克互见，身旺定作军徒。辰戌相加，有损断为狱吏。金水闲慢，落魄清贫之人。驿马冲击，驰驱红尘之客。魁罡重犯，生于屠宰之家，酉戌重逢，身作奴仆之下。柱中子午双包，尊居垣省。命内干支一气，贵至王侯。一片纯阳，独克命不死也伤，满盘印绶，俱生身不贵即富。年月并伤，父母妻妾难为。年时并伤，怙恃继嗣不保。年冲日兮父母旺妻妾难存，时冲年兮儿女旺父母易损。破命者少失双亲，破月者长克昆季，破日者一身独立，破时者老无结果。破胎者母氏独当,此则论其大略,尚未及乎精细。

先提官贵,回(迥)异常流。甲戊庚引至丑未,贵神有气。乙丙丁处于酉亥,天乙加临。巳逢坎位,乙在坤方,六辛喜乎寅午,壬癸宜于巳卯,此谓暗中得贵。更看官印弱强,甲逢酉位,乙到坤方,丙得子宫必显,丁加亥上荣昌。戊见卯而能秀,巳临艮而声扬。庚到离宫得气,辛临巽位安然。壬投午上既济,癸向巳内财官。此为正官正印,更看禄马朝元。若无刑冲克破,必做鼎鼐神仙。

次论财富养命之源,先看财命有气,次观禄马不贫,木临四季,向禄自然充裕,水到午上,财旺必定丰隆。土逢润下,金遇曲直,火遭金局,三合逢禄库食神,五行值天厨财气。四柱无伤,日时得地。身旺有气,逢财化作官星,身衰失时,财多翻为贫汉。若居煞地多是凶徒。

人有公吏军戎,商贾艺术,四者不同,各有所居。

公吏之命,多带克刑,东西战斗,南北冲击,长生处破了,死绝处生起,五行错杂,象不纯一。倒食逢财,夹贵逢破,财印相刑,引用无气,秀中带鬼,贵气损伤,干支重会,提网悬针,此等之命,不离公门。至若带官禄而可获福,遇贵神而可进步,则又有出仕显达者也。

兵卒之命,与吏大同,局中煞重而干支不等。象内贵轻而主本破伤。甲见卯支,丙临三丁之地。辛向亥地,壬家二癸之乡。乙丁逢蛇,戊土奔马,此乃悬针羊刃,更犯克破刑冲,又带福气,凶中有吉。悬针遇吉煞相扶,羊刃有贵神相助,由是从行伍而有权禄,自兵卒而任总戎。然以煞为重,则不可诬焉者也。

再看商贾,其命何凭。日时并临子午,三元都值寅申。马前无辔,劫上逢财。或偏财身旺复行财运,或六合会财更坐马乡。壬人运南,丙人运北,经营买卖之人。甲人行西,庚人行东,贸迁有无之辈。甲乙居坎,犯壬癸未免萍梗他乡。元武遇亥,无戊己谅必龙断外主。至于得利不得利,则专论财之旺不旺而决之也。

再看艺术,又非商贾。命遇德秀犯刑冲,小道可观。时逢学堂见空亡,多能可鄙。乙庚化金于坎艮,丁壬化木于兑乾。辛丙临乎四季,戊癸居乎一宫。此乃秀而不秀，化而不成。格局破损，禄马不全。原夫秉赋聪明，多因生遇学堂，至于成就淡薄，乃是命无根本（无根本，如水人无金，火人无木之类）。若四柱不相往来，更五行再无气象，天乙闲漫，华盖叠逢，不作飘蓬寻幽之士，必为九流艺业之人。（天乙闲慢，如甲戊庚，上半年以未为贵人不闲，下半年以丑为贵人不闲，与六壬反看）。

再看僧道，又非艺术。五行在无气之乡，十干临死墓之地，年月尽逢孤寡，日时全见元辰，累犯空亡，重临华盖，妻子衰绝，身旺无依，火盛而身心禅定，水多而自在逍遥。若命合贵格，而死绝心乐清虚。命无贵气，而生旺性好空门。月上五行恬和，道行高洁而教门增重。时上五行安静，行果相辅而徒众数多。月上福神得助，则善和法眷，而同衣赞美。日上刑冲带煞，则求化无缘，而行脚漂流。见煞印则当权服众，遇丧吊则苦行伤身。华盖、夹贵与三奇，虽云吉煞，自死、自绝、自生旺，则无吉助。若生旺太过，而兼带干鬼，则名利之心不忘，值克害太甚，而更遇凶煞，则凡俗之还不免。咸池为酒色之星，犯之则耽迷不检，羊刃乃凶恶之物，遇之则财利是图。岁运见丧吊、伏返，在俗人则凶，而僧道则吉。元命遇孤寡亡劫，在常人有妨，而僧道无害。古歌云："两般父母见星孤，四季天上禄也，无辰戌丑未加临着，多是道士及僧徒。"又云："三合生人辰戌时，定为僧道不须疑。若还华盖并临墓，囊橐丰隆定紫衣"。凡论僧道，又当以是质之。

又有先贫后富，先富后贫，二者隔别，全看月日。日时生旺聚福兮，晚景荣华，月令有气储财兮，早年富贵。若月吉而引用多轻，先富后贫，日强而本根不利，先贫后富。生来受荫，年月在财官之乡，末主孤寒，日时犯空破之地。年月逢财无气，幼年窘迫。日时遇食有气，老景欢忻。四柱衰微，平生不遂。背禄逐马，一世恓惶。若夫干头财露，支内不藏，伤劫实地，禄马虚浮。身旺印助，一生破败不聚财。身弱财多，外似有余内不足。或四柱原无财官，遇岁运忽然发迹，似此之命，有名无实。

又有抛乡去井，失土离家。乃年克月兮相制伏，日冲时兮在子午。四煞若冲身命，定应游走他乡。三限再临死绝，未免漂泊外处。重重鬼害，累累刑空，运拙时乖兮，别闾里而跋涉程途。命蹇日衰兮，辞亲戚而往来歧路。

再论兄弟以及妻子，木人春降到寅亥卯，昆仲必多。若生西南必少。金命秋生临巳申酉，兄弟盈门，若逢东地，不靠。水居润下遇乾坎，同气多荣。往来辰戌消洒。火向炎上居离巽，连枝共美。到于酉亥凋零。土临四季，伯叔成行。若论得力不得力，三元不落空亡，四柱不犯孤寡。青龙作子，休婚白虎之妻。火德成男，莫娶亥子为妇。水生子嗣，母忌中央。年合日时犯戊癸，决主三妻。甲逢二己到巳午，不止两妇。丙逢重辛居酉子，多招宠妾。庚与乙合生卯午，定有偏房。壬逢重丁在巳酉，重婚别室。阳合阴盛妻双立，阳合阴衰妻再娶。

又有子多荣贵，亦有子少愚顽。是理何说，要当详论。金居离位逢炎火，儿孙满前。火临坎户遇顺下，后代克昌。木逢庚辛到巳申，土生甲乙见寅卯，水临四季，喜见戊己。时日生逢无克制，子孙多荣。官煞重逢见财生，嗣继必贵。若夫日临衰墓死败，男女须伤。时犯空亡有克，儿孙必少。木为后代，忌逢申午之方。火若为男，休逢酉亥之地。金为子位，怕见坎寅，水作男宫，忌见卯巳。土为后嗣，怕临震东。男取克干为嗣，女取干生为子。四柱归于败绝，五行都在伤官，虽有干支暗合，也须螟蛉作嗣，纵有偏出，实难定姓。古有借妻安子，其理甚玄。木儿见鬼，得北方坎女多存，水子遇煞，赖西方兑妻可养。水制火男，借青龙为姊母，木损土儿，觅朱雀为继娘。五行有损，须借相生，四柱虽克，亦多无害。若不借母安子，岂能后嗣不乏。

至论女命，最怕刑夫。日生木蛇，难成婚配之期，己用金鸡，定是失夫之妇。土为夫婿，寅卯多寡。木作婚期，离宫须害。再犯孤鸾尤甚，更遇八专何说。至于为妇清洁，生而不犯贵合。若要秉性坚贞，长而不逢煞伤。丁壬无气，必犯娼淫。戊癸休囚，多有浊滥。四柱禄合，三元纯一，日时有合，有夫不离私情。桃花劫煞，五行居墓，财禄沐浴，背夫别成暗约。阴遇阳干合多，不娼即妓。比劫分争身弱，匪妾即奴。至有五行失位，四柱休囚，十干上下交战，运行无气空亡，三元在沐浴之中，五行居死墓之地，生为奴婢，将谁怨尤。

间有命犯倒食而无食，能与别人作福。偏财遇比而神旺，甘为富家干仆。

男子舍居，异姓入赘。金居金位遇卯寅，木到木乡逢丑未，日时犯月鬼破门，丙寅别祖宗入墓。魁罡临命见华盖，一生就妻为活。丑未重犯遇寡宿，半世从妇入舍。四柱往来有情，携手为婚。三元重犯阴合，不媒作室。阳衰阴旺，女招别姓子为男,命配成婚，休败克滞。后看相生，多招外婿。支多克滞,定应知汝波涛下上无生，一户岂能坚守？身如显化自无气，本姓全亏，若是假合别成象，孤儿异姓。平生窘迫，岂能得祖宗之财，若得兴丰，因托别房父母。此只论其大概，尚未得其精微，命之理微，悟在心得，若夫疾病死绝，贫贱凶恶，岁运晦显，各有道理，已著以前，兹不重赋。（摘自《金鼎神秘赋》）

第二章 四柱具体信息类象

四柱中的信息类象十分庞大，有天干信息类象、地支信息类象、干支组合后的信息类象、纳音类象，年柱、月柱、日柱、时柱信息类象，组合后信息类象等。现分述如下：

一、天干信息类象

甲：头、胆、树木、第一、首领、领导、功名、科甲、青色、酸味、栋梁、开始、仁慈、东方、毛发、一数、九数、愤怒、帽子。

乙：肩、肝、花草之木、第二、绿色、酸味、仁慈、妻子、辫子、毛发、胡须、乞丐、磕头作揖、善良、东方、二数、八数、毛巾、围巾。

丙：额、小肠、太阳、熊熊烈火、炽热、红色、第三、权威、急躁、礼貌、光明、温暖、南方、苦味、眼睛、大眼睛、笑容、大笑、三数、七数。

丁：心、齿舌、眼睛、小眼睛、玉女、紫红色、苦味、第四、南方、补丁、图钉、钢钉、钉书器、花朵、礼貌、四数、六数、微笑、星星、灯光、烛光、生日蛋糕、南极。

戊：胃、鼻、面、高冈、山冈、高原、军人、甜味、第五、天门、中间、中央、守信用、诚实、诚信、五数、十数、坚强、稳定、稳固、可靠、呆板、城墙、黄色。

己：脾、脐轮、平原、田园、甜味、第六、地户、中间、中央、六数、九数、十数、守信用、诚实、诚信、稳重、可靠、坟墓、地基、做事公正、平均、黄色。

庚：大肠、骨骼、辣味、第七、金属制品、果断、刚强、杀戮、七数、八数、西方、刀具、兵器、仇人、敌人、讲义气、白色。

辛：肺、骨骼、手链、项链、耳环、刀具、辛辣、第八、讲义气、果敢、切割、新生事物、肃杀、八数、七数、白色、尸骨、错误、手铐、针、铁钉、各种精小金属制品。

壬：膀胱、胫、大海、江、湖、河、聪明、智慧、第九、流动、流行、咸味、九数、六数、黑色、血液循环、天牢、习惯、洪流、潮流、主流事物。

癸：肾、足、精、血、人体分泌物、阴私、暗昧、黑色、第十、雨露、眼泪、聪明绝顶、极端、十数、五数、沼泽、水池、浴池、水塘、水库、北极。

二、地支信息类象

子：墨池、第一、燕子、蝙蝠、耳、膀胱、音律为宫、二十八宿为女、虚、危宿、十二宫为宝瓶座、妇女、阴私、暗昧、雨、孩童、肾、血液、鼠、江湖、数目为一、九，水稻。

丑：胞肚、脾、第二、牛、山、手、丑陋、五音为徵、蟹、龟、二十八宿为斗宿、牛宿、十二宫为磨蝎座、田园、堤岸、牛郎星、贵人、蜈蚣、田王类姓氏、牛姓、浅黄色、二数、八数。

寅：胆、手、功曹、青色、须发、第三、老虎、猫、十二宫为人马座、木器、婚姻、文书、财帛、官吏、人、风、宾客、秀才、道士、手帕、发、书籍、椅子、桥梁、三数、七数、二十八宿为尾宿、箕宿。

卯：肝、指、车辆、门户、正门、酸味、第四、五音为羽，二十八宿为氐、房、心宿、兔、十二宫为天蝎座，船只、雷声、雷电、长子、乐器、琴声、歌唱、跑动、桥梁、竹木、笙、笛、箱、棒、驴、骡、左胁、足。

辰：胃、肩、胸、龙、天罗、水库、第五、陈姓、龙姓、五音为商、鱼、二十八宿为角宿、亢宿、十二宫为天秤座、东南方、天牢、狱神、渔民、五数、争讼、打斗、肠道、绳索、寺观、坟墓、长廊、碾碓、缸瓮、盆、皮毛、破衣、军人。

巳：心、面、蛇、第六、五音为角，二十八宿为翼宿、轸宿，十二宫为双女座、妇女、术人、画工、毛笔、文学、诗赋、厨师、心胞络、三焦、咽喉、面上有斑点、齿、筐、盒、砖瓦、砖窑、冶炉、灶、马姓、冯姓、六数、四数、蚯蚓、蝉、口舌、惊忧怪异之事、肠道。

午：眼、小肠、太阳、马、狮子、文书、文章、第七、五音为宫、二十八宿为柳宿、星宿、张宿，十二宫为狮子座、使者、娼妇、僧巫、蚕、信息、词讼、光彩、血光、道路、火烛、旌旗、鸦雀、蚕丝、小豆、红豆、九数、七数、马姓、周姓、许姓、狄姓、冯姓等，苦味。

未：脾、脊梁、羊、鹰、平原、花园、木器厂、第八、风伯、药师、井、枯井、陷阱、五音为徵、二十八宿为井宿、鬼宿，十二宫为巨蟹座，酒

食、婚姻喜庆、祠祀事、庭院、八数、杨姓、朱姓、杜姓、为盘盏、衣物、被子、棉制品、纱、帘、麻、

申：大肠、经络、传送、车辆、猿、猴、僧、第九、商贾、巫医、屠户、疾病、道路、经文、刀兵、大麦、城宇、祠庙、银匠、铁匠、行人、五音为徵、二十八宿为觜宿、参宿，七数、九数。

酉：肺、精血、鸡、形貌端正、门户、后门、女巫、第十、牙人、阴私、酒、酒店、酒客、姜、蒜、十数、六数、二十八宿为胃、昴、毕宿，十二宫为金牛座、右胁、金银、首饰、珠宝玉器、金姓、刘姓、吕姓、辣味、凤凰、少女、口舌官非。

戌：胃、命门、腿足、狱神、地网、网罗、网络、第十一、军人、坟墓、发电厂、锅炉房、牢狱、窑炉、寺庙、二十八宿为奎宿、娄宿，十二宫为白羊座、五音为商、善人、长者、猎人、士兵、强盗、五数、十一数。

亥：肾、头、五音为角、味咸、第十二、二十八宿为室宿、毕宿，十二宫为双鱼座，猪、天门、熊、野猪、雨师、醉酒人、足、厕所、笔墨、盐、十二数、四数、葫芦。

　　四柱中的信息类象种类繁多，组合后形成的状态语言种类就更多了。现笔者将十几年来经过大量实践后总结出来的一些常见的、实用性强的信息及组合后形成的状态语言介绍如下。

三、四柱原命局中的信息类象

1. 年 柱

年柱代表父母、长辈、领导、最高权限、开始、开端、创始、最根本的、一至十六岁阶段、少年时期、中小学阶段、国家级的、最高领导、公家的、最有权威的、于人体代表头部、面部，首位的、第一的、前边的、上面的、房屋顶部、房盖、出生地、原籍、级别最大最高的一切事物。

2. 月 柱

月柱代表兄弟姐妹、朋友、同事、同行业、事物的主体、主干部分、于人体代表胸部、于事物代表发展过程中最核心最关键阶段、十七岁至三十二岁阶段、省级的、位居第二的、副职领导、二把手领导、群众、团体、公众的、队伍、帮派、竞争、拼搏、同窗好友、同学、中介人、中介机构、牵线人、连带部分、牵扯。

3. 日 柱

日柱代表我与妻子、我与丈夫、三十三岁至四十七岁阶段、于人体代表腹部、股部、排行第三的、结婚、婚姻大事、感情、情感、内外交界处、转折点、关系密切的、距离最近的、身边附近的、做得最多的事情、出入最频繁的场所、出现新生事物的时空点、本地的、本单位的、我掌握的、习惯性的、熟悉的、熟人、对我影响最大的人或事物。

4. 时 柱

时柱代表子女、小辈、下一代、学生、徒弟、下属、年轻的、未来的、最终结果、于人体代表腿、足部位、遥远的、下边的、底层的、第四位的、排行最末的、迟到了的、稚嫩的、没有经验的、直率的、做事幼稚、四十八岁至六十四岁阶段的。

四、四柱动态信息类象

1. 大　运

大运是由一组干支组成，这组干支表达了其管辖的十年时间中的一股主流运动。即大运干支为日主财星时，该十年中命主主要动作在以财为主所代表的信息类象的运动中。大运干支为日主官星时，该十年中命主主要动作在以官星所代表的信息为主的运动中，余类推。

这里要说明的是，大运干支是这一时期的主流运动，无论这组干支对原命局是喜是忌，命主都要无条件地服从，大运干支是一种强制性的主流运动。当命主进入大运干支管辖的时空段时，不管命主过去是从事何事的，现在行何大运，则命主必须和何事物打交道，比如说命主身弱，原来是行印绶大运的，印所代表的信息类象方面有很多吉应，当行至财的大运时，命主原来的有关印方面的诸多吉应没有了，接下来要面对的是财来破印这个残酷现实，尽管命主的主观愿望不是这样，由于大运的无情来临，命主无法抗拒财星忌神对命局的作用，只好无条件地接受财运不济、学业受损等不吉之应。由此可知，大运是命主在某个时空段必须面临的、一股不可抗拒的主流运动，其他的运动暂时都要给大运让路。就好比铁路线上，当特快列车与普通列车的行驶路线、时间有冲突时，普通列车必须暂停，给特快列车让行是惟一选择。

2. 流年太岁

流年太岁具有最高的、无上的权力。尽管对原命局而言，大运具有任意生、克、制、化、刑、冲、合、害、破原命局干支的作用，原命局中任何干支无能力对大运干支起作用,但流年太岁的干支却可以轻易地将大运干支制服。故大运好未必就万事皆吉,必须看流年太岁干支是否支持这个"吉",才能最后拍板定论。

3. 小 运

小运于命局中所起的作用,现代很少有人论之,甚至不少人认为小运是没有太大作用的,可以忽略不计。我并不这样认为。凡是古人创造出来的东西,都是有用的。小运是从时柱干支派生出来的,所以小运动态地反映了事物发展的最后阶段的运行状态及结果如何。凡是预测子女状况、小辈人状况、下属状况、学生学员状况如何,必须结合小运来参断,方无差错。

五、组合后的信息及状态语言的解读

这是四柱预测中难度最大,同时也是最为关键的重要环节。我在多年的教学实践中,深深地体会到:多数易友们能够正确地判准日元旺衰,也能正确地在命局中找准用神,可是再往下进行具体判断,把命局中的具体组合用准确、恰当的状态语言来进行描述时,就显得力不从心、辞不达意了,原因何在?我认为主要有以下几点:

1. 对于命局中十神六亲的具体含义及类象事物记忆得不够熟练,或理解的不够透彻、深刻。

2. 由于对单独的十神、六亲的具体含义及万物类象记忆不够牢固、深刻,待到解读组合以后的干支复合信息时,会感到更加吃力。

3. 多数易友只看易象,不究易理。容易随波逐流。人家又创编出一个什么新理论、新方法了,他(她)也不看一看这个新理论、新方法符不符合易理,盲目套用,结果多数还是搞不准。这是现今易界的一大通病,也是多数易友学了很多年,拜了不少师,花了很多钱——结果依旧还是断不准的主要根源。

4. 原命局中本来有很多非常明显的信息，由于易友的悟性不高、灵感思维较差，不能在短时间内将这些信息迅速读出来，待事后反复推敲原命局中的信息组合时，才发现本来命局中都有，只是预测的当时没有发现。

为了提高易友们的实践能力，笔者将19年来的一些常见的、实用性强的信息组合符号及解读方法介绍如下，供易友们参考。

1. 单柱组合信息解读

单柱信息的提取与解读，必须以日干为我，与柱中其他干支形成六亲关系后，结合旺衰情况，视具体情况酌情下断语、定论。下面举例说明：如丙申日柱，若生在夏季日元丙火身旺的季节，则日支申金偏财为命局喜神，可以有以下几种信息解读：

（1）丙火坐申为病地，由于申金为日干丙火的偏财，故可以断命主是大夫、开诊所的，吃治疗病人这碗饭的。由于丙火旺相，申金为命局中喜神，故可以断病人们（申）喜欢来找这位医生（丙）来帮助看病，这位医生的医疗技术、水平很高，很容易把病人的病（申）给治好——丙火克申金。丙火于月令旺相，又能克病（申），故可以断命主的医术高，病人（申）也愿意让这位医生（丙）来治疗疾病，愿意让这位医生赚他的钱（丙申组合，申为丙的偏财，丙申纳音为山下火，纳音五行是人类心灵深处最高层次能量的显现，纳音五行是干支两种五行相互交融作用后发出的共同的声音，丙为火，申为金，交融作用后产生的共同产物——纳音为山下火，与日干丙五行相同，火主心，说明病人（申）的心与医生的心已经心心相印了。申金愿意被丙火同化，以共同的作用产物——纳音山下火出现。

（2）丙申这个组合又可以这样来解读信息：命主很喜欢父亲住到他的家里来，但是父亲来到命主家里后，身体会常常感觉不适，像生病似的。命主的儿子喜欢和爷爷（命主的父亲）同睡一张床，同盖一个被子，儿子喜欢听爷爷讲故事，每次都要爷爷讲新故事听。

只丙申二字，讲出这么多信息，易友们可能一下子看不懂，也看不明白，这里详细讲解如下：

日支申中藏有偏财庚金，代表父亲。日干为人，日支为宅，日干丙火为命主，日支申金为他的住宅房屋。庚金偏财藏在日支申金之中，为父亲住进命主的家里。由于日干丙火旺相，故喜申金、庚金来耗泄其身。因此断命主喜欢父亲住到他的家里来。丙火长生在寅，沐浴在卯……病在申，即丙火与申金一组合在一起，便形成"病"字这个信息。此自然可以解读成父亲来到命主家里后，会感到身体不适，如生病似的。从另一个角度来看，申金为偏财，代表父亲，来到命主（丙）家中后，便会受到旺火丙的克制，以申金为基准来看，丙火便是其偏官了，由于申金衰弱，丙火旺相，丙便成为申的忌神了。故有父亲（申）来到命主（丙）家以后，会身体不适，生病之类的断语信息。

地支申里藏有壬水、庚金、戊土，壬为偏官，代表命主儿子，庚为偏财，代表命主父亲，今偏官壬水、偏财庚金同藏地支申中，申为坤卦、坤为被子，故有命主的儿子和命主父亲同睡一张床、同盖一个被子之判断信息。偏官壬水为儿子，水主肾主耳主听，偏财庚金为父亲，金主声音，申为传送，壬水长生在申，长生代表新的事物。所以有儿子喜欢听爷爷讲故事之信息。长生主新生事物，故有每次要听新故事之信息。

（3）丙申组合又可以这样来解读其信息：由于申为传送，经常代表车辆符号，这个组合便可以解读为命主是搞运输来赚钱的，家里养的车辆经常出毛病，需要进行维修，车的耗油量较大，车的右前灯常有毛病，需要维修等。

易友们对于这样的信息解读可能还是理解不了。下面解读一下：申为传送为车辆，被日干丙火所克，我克者为财，故此车辆运输（申）可以为命主带来财气，因此可断命主是做运输生意的，丙火长生在寅，病在申，申为日干丙之病神，故家里养的车辆常出毛病，需要维修。申中藏有壬水，壬水盗泄申金之气，壬为阳水，阳主大，阴主小，壬水代表油的符号，故汽车耗油量较大，若是癸水，便可断耗油量较小了。丙、丁火代表灯光，今丙坐申上为病地，申为右前方，故断车辆右前灯常出毛病。

通过以上例举的对日柱干支组合后所产生的信息及状态语言的解读，相信易友们会更加深入透彻地理解了对整个四柱中所有信息的解读方法及技巧所在。同时易友们会提出这样的问题：凡是丙申日柱的人都会有以上信息吗？上边例举了丙申日柱出现的三种类型的信息解读方法，会不会有更多的信息解读方法呢？在以上出现的三种方法中，到底取哪一种方法来给求测人下断语？还是把以上三种方法所表达的信息都安装在一个人的身上？

其实，以上所举的三种信息解读方法，只是丙申日柱这组干支所表达的部分信息，远远不能涵盖丙申所代表的方方面面的各类信息符号。也许一个人来求测，其日柱为丙申，但是上面所讲述的三种信息，一种也没有在其身上应验，而应验了此三种信息以外的其他信息。这充分说明，丙申组合所表达的各类信息是众多的，没有边际的，正应了易所言"其大无外，其小无内"的存在状态。

只用日柱干支两字来定位信息类型，是粗糙的，不够细致的。比如上边所举的丙申日柱这个例子，下断语时，是断命主开诊所？还是断命主父亲住进自家为自己的儿子讲故事？还是断命主搞运输来赚钱？

很显然，只用丙申两个字是定位不了的。这个时候必须结合年柱、月柱、时柱等其他信息的帮助、参照，才能最后定位日柱丙申所代表的具体信息。现举例说明：

假如求测人是某个寅年出生的丙申日，那么信息就可锁定在命主是做运输生意的，家里养有车辆，至于能否赚钱，生意好坏，主要由月令来确定了，如果生在夏季火旺的时候，日主丙火身旺，申又为命局喜用神时，必赚钱，生意好。反之则不赚钱，生意不好。因为从年柱寅来查，寅午戌马星在申，申的信息因年柱寅的参与已经定为在马星这个具体事物上了。马星本身就代表车辆、运动等信息符号。

假如求测人是某年午月出生的丙申日柱，那么信息就可锁定在命主是从事医疗工作的，可以断命主是个医生，专门为病人治病的等等。因为午月天医星为申金，申又为日干丙火的病地，日干丙火于午月又为旺地，旺则能胜任克病神申金这个重任，故信息可以锁定在命主是从事医疗这个职业的判定上。

假如求测人是某个年干为庚的流年出生的丙申日之人，则可直接断命主的父亲常住进命主的家里，帮助命主照料儿子。因庚为偏财，代表父亲，年干是父亲宫位，父亲宫的庚来到日支申的里边（申中藏有庚金）则父亲必然住进命主丙的家里，申中藏有壬水偏官，偏官代表儿子，庚金生壬水，则表达了偏财庚金来帮助命主照料儿子壬水之意。

由此可知，要想准确细致地定位一种信息或解读一种信息，必须依靠两组或两组以上的条件组合，才能最后锁定一个固定的信息符号。参考的组合条件越多，最后锁定的信息符号越精确细致到位。

2. 两柱或多柱组合信息解读

两柱或两柱以上组合信息的解读，仍然以日柱为基点，以日干为我为求测人，然后看与其相互作用的那一柱与日干所形成的六亲关系及生克关系，最后进行信息及状态语言的解读。现举例说明：假如一个人的年柱为庚寅，日柱干支为丙申，月令与时柱暂不论，从年柱庚寅与日柱甲申这两组干支中会解读出哪些信息呢？

庚寅年　甲申日　首先以日柱干支为基准来进行信息解读，日干甲木通根于年支寅木，寅木为日干甲木的禄神，由于禄神居于年支太岁位置，故可称之为"岁禄"。又寅为日柱甲申的驿马（申子辰马在寅），马星寅又为太岁，故寅又为"岁马"。这样以来，年支寅既是日干甲的禄神，又是日柱的马星，并且又是太岁，组合起来便可解读为：命主是有公职吃皇粮的，经常开公家车。或者解读为命主经常因公出差，去一些比较大的城市。寅为日柱之马星，寅中有甲，故命主常出差，寅为太岁，又为功曹，故因公出差，寅居太岁位，故去一些比较大的城市，寅木居太岁之位，既为日干之禄神，又为日柱之驿马，六壬学上称之"禄马"，禄马居于年柱位置，贵不可言。

若从年柱干支为基准来看，则又有新的状态语言：从年柱庚寅来查，寅午戌马在申，申正落日干甲木坐下，马星申是从年柱太岁位查出来的，年干庚为日干甲的偏官，代表命主单位里的一把手领导，今日支申中藏有年干庚金，申又为年柱之马星，由于日柱甲申的组合，可以这样来解读：命主单位里一把手领导与命主私下关系很密切,经常暗中与命主一起开车去郊外游玩,通常是领导坐车,命主开车。

这种解读信息的理由在于太岁岁干庚金藏于日支申金之中,故为暗中行动。甲与申同柱,故关系密切。天干主动,地支主静。庚藏申中,申为地支主静,故断领导坐车,日干甲木代表命主,甲为天干主动,故有命主开车之信息。

第三章 分类占断

一、论财运

正财、偏财为钱财之符号，食神、伤官为财源。禄神为变通财。

财为养命之源，原命局中不可无财。然世人只知道有干财，鲜有知道支财的。

何为干财？日干所克者为干财。现在易友们所用的都是干财。

何为支财？日支所克者为支财。现在社会上极少有人知道支财一说。

在与人断命时，干财、支财须通盘考虑周全，方无差错。

在原命局中，无论日主（指日干）身旺还是身弱，只要有财（正财、偏财）来帮扶用神的组合，命主财运必佳。得财时间应在大运、流年来引动原命局中财（正财、偏财）帮扶用神之组合所对应的年月日时。

财运大小，视用神受益深浅来定之。正偏财旺相来帮扶用神，用神受益大，为命主得大财；正、偏财气数弱来帮扶用神，用神受益小，为命主得小财。

同理，在原命局中，无论日主身旺还是身弱，只要有财（正财、偏财）来损伤用神的组合，命主必有破财之患，破财时间应在大运、流年来引动原命局中财星损伤用神之组合所对应的年月日时。

用神在年柱受财星帮扶，少年得财，出生家境好，或得祖业；用神在月柱受财星帮扶，青年得财，人生机遇好，或得兄弟姐妹、朋友、同学相助；用神在日柱受财星帮扶，中年财运佳，或得妻（对男人）相助而发财，或得夫（对女人）相助而发迹；用神在时柱受财星帮扶，晚年财运好，或得子女、小辈人之相助而发财。

反之，用神在年柱被财星损伤，少年贫困，出身家境不济，祖业凋零；用神在月柱被财星损伤，青年时期贫困，人生机遇不好，或受兄弟姐妹拖累，难展鸿图；用神在日柱被财星损伤，中年财运败坏，或受妻（对男人）拖累而败落、贫困，或受夫（对女人）拖累而身陷窘境；用神在时柱被财星损伤，晚年财运不济，或受子女、小辈破败而经济拮据。

下面举几个预测财运的实例详解之：
男，其四柱为：**庚子　辛巳　丙午　丙申**

这个四柱日元丙火生于夏季，自身又坐帝旺，时干丙火帮身，故为身旺，通观全局，取年支子水为用神。

命主6岁起大运，其26岁至36岁行甲申大运，在这步大运里，运支申金通气并引动原命局时支申金、年干庚金，原命局中相对静态的年干庚金与时支申金在大运申金的引动下做动量较大的运动。金动则必然克木、生水，原命局中无木，但有金生水（庚子）之组合，故在流年壬申、癸酉这两年大发其财，一改原来囊中羞涩之窘境。其投资项目为经销轴承，属于金属生意。

这个判断的关键点在于命主当时走的是甲申大运，甲不是原命局内的五行，故其对原命局影响很小，申是原命局中的五行，所以对原命局影响很大。

由于组合的原因，甲与申组成的动态大运中，申金的动量被迫都消耗在克制甲木上了，因申金为原命局里的五行，甲木为命局以外的五行，这样甲申的这种组合便可解读为原命局中的财（申金、庚金）在大运的引动下，由局内向局外传导了，这样的由内向外传导对命主的财运是不利的，只有将动态大运中的财星申金的能量由外耗转入原局内，尤其是转到用神上才是最佳的组合。而甲申大运里流年壬申、癸酉完成了此任务，将动态的金由克木而转变成生水了，原局中有金生水（庚子）的组合，流年壬申、癸酉将金生水这种组合变得明朗化、动态化，成为这个时空中的一股主流运动，于是原命局中偏财庚金、申金在大运、流年主流运动的带动、影响下，产生了金生水（庚子）的主流运动，因金（庚、申）是原命局的偏财。子水是原命局的用神，这样便有了原命局中财星（庚）来帮扶原命局用神（子）的运动，于是命主发财了。

再举一个实例：
女：癸卯　己未　乙丑　丙子
大运：6岁~15岁　　庚申
　　　16岁~25岁　　辛酉
　　　26岁~35岁　　壬戌
　　　36岁~45岁　　癸亥
　　　46岁~55岁　　甲子

此女姓邬，于2004年春季前来求测一生财运如何。我综观全局，日主乙木生于夏季，处于休地，月令未中藏有乙木，年支卯木为日元之岁禄。总而论之，日主偏弱，定年支卯木为全局用神。邬女士26岁~35岁行壬戌大运。在大运戌土引动作用下，与原命局月支未、日支丑构成戌、丑、未三刑之组合，戌、丑、未为命局财星，同时又是原命局忌神。忌神被引动是最坏的事情，大运戌土合住原命局用神卯木，此为财星损伤原命局用神之组合，故我对邬女士讲：你自26岁至35岁这十年里，破了大财，做什么赔什么，还因钱财之事招惹官非。一直到36岁运气才开始有所转变。1999年（己卯）你这一年赚了大钱，从此人生有了重大转折，总的来说，从36岁开始至现在，这段时光是你人生中财运最好的阶段。

说到这儿，邬女士连连称准，向我详细讲述她的过去：1987年（丁卯）她与丈夫结婚，婚前夫妻感情尚可，从1988年（戊辰）逐渐发现丈夫有赌博行为，为此事，夫妻俩三天两头吵个不停。为了刚出生不久的儿子，邬女士迁就丈夫，没有离婚。后来丈夫不习悔改，越赌越大，无奈之下，将夫妻俩结婚时购买的60平方米的房屋变卖还赌债了。邬女士无奈，只能和丈夫办理离婚手续。邬女士来自农村，没有工作，一个人只能做点小生意维持生活。1990年东凑西借借来3万元钱，开了小吃铺，开始二个月生意还算可以，第三个月出事了：由于从私人粮店进的面粉有质量问题，致使一批中学生前来就餐后出现集体严重腹泻现象，此事被学生家长告到卫生局，小吃铺被关闭停业了，邻女士被罚了一万元款，还要包赔学生的医疗费用，从此邻女士的生活更陷入了窘境。

1991年下半年，在亲属帮助下，邻女士在繁华地段租房子开了一个干洗店，干了半年时间，生意刚刚有点起色，因政府统一规划，租的房屋被拆迁了。生意再次被中断，邻女士再次跌入人生低谷。

从此邻女士再也不敢做生意了，也没有做生意的本钱了，只好找了一家私人开的工厂打工，做的是裁缝工作，每月工资只有400元。就这样，邻女士开始了漫长的打工生涯。每个月省吃俭用，还要省出点儿钱来还过去做生意时欠的债。直到1995年（乙亥），邻女士才将过去的债务全部还清了，此时，她的服装制作手艺已经练得相当不错了。自1995年下半年开始至1998年5月，邻女士省吃俭用、积累资金，终于在1998年6月买了几台服装加工机器，白天在单位上班打工，晚间利用业余时间收一些零活自己加工，这样便有了些额外收入。

由于邻女士手艺好，做出的服装质量好，客户越来越多。1999年，一家做出口服装生意的老板看中了邻女士的手艺，将一批出口服装的活交给她来做，由于这批活的量太大，邻女士只好临时请来一些同行，在她的指点下，连夜奋战，终于按期把成品服装交付给对方了，对方对这批活的质量十分满意，同时也按约付给了邻女士较高的报酬，并与邻女士签订了长期合同，从此，邻女士的运气有了飞跃式的转变，收入也好了起来。1999年年底，邻女士纯收入达20多万元。从2000年开始，邻女士正式向原单位递交了辞职申请，然后自己办起了小型服装加工厂，如今，邻女士已经是一个拥有120多名职工的服装加工厂的厂长了。

邻女士自36岁开始行癸亥大运，原命局用神卯木受癸亥生扶，又与原命局月令未土构成亥卯未三合木局，进一步加强了用神卯木的力量。1999年流年己卯，大运癸亥，都为动态五行，己年干与月柱己未天地均通气，月柱干支俱被引动，这样，三个动态的五行便组成亥卯未这样一个强有力的木局，原局财星己未本是忌神，参与合局后用神卯木有力量，财星忌神被合制。又己卯年卯为日元之禄神，故这一年发财，古有一禄胜千财之说，今卯木禄神居太岁位，又为命局用神，同时从年柱查，壬癸兔蛇藏，为天乙贵人，从年柱来查为年上贵人，年贵人大于日贵人。故邹女士于己卯流年遇上大贵人相助，改变了人生。

另举一实例：

2002年，一位姓毛的小伙子慕名前来找我求测。他的四柱为：

乙卯　　乙酉　　乙酉　　乙酉

大运：9岁~18岁　　　甲申

19岁~28岁　　　癸未

29岁~38岁　　　壬午

我一看这是个特殊格局的四柱。整个原局中一点财都没有，全局只有木与金两种五行，日元乙木虽绝于月令，但通根岁禄卯木于年柱地支，柱中比肩林立，失令而不失助，身并不弱，月支酉、日支酉、时支酉为三酉独足，金自旺矣。全局金木自恃旺势。相互交战，一场恶战似乎难免。

细细分析，年柱乙卯纳音为大溪水，月柱、日柱、时柱纳音均为泉中水，全局纳音一片旺水，由于纳音为五行能量的最高表现形式，故纳音五行的能量级别高于普通五行的能量级别。因能量级别高的五行可以通能量级别低的五行的关，所以在这表面看起来金木相战的原命局中却蕴藏着一种更高、更深层次的能量交融。金（酉）生水（纳音），水（纳音）生木（乙、卯），这样，在纳音五行"水"的通关作用下，原局中的金（酉）与木（乙、卯）相战之势被瓦解了。最终形成金生水、水生木的通关组合。

在这个四柱里，能量由金传给纳音水，由纳音水再传给木，故木是最终受益者。

在这个命局里，卯为震卦，震为声音、声响，酉为金为兑，三酉旺金叠加，必出声响，故此四柱亦可称之为金木栋梁格。

此四柱以日干乙为"我"时，则全局无财；若以日支酉为"我"来看，则满盘俱是财星（乙木、卯木）。

经过通盘考虑，我对姓毛的小伙子说："你是一个特殊的人才，年纪轻轻就崭露头角，名气很大了，现在财运相当不错，从19岁开始到现在，特别适合在文艺界、美术界、体育界等部门发展。"

毛听后哈哈一笑：刘老师测准了，我是弹钢琴的，曾在21岁（乙亥）那年获省级钢琴比赛第一名。于25岁（己卯）那一年创办了钢琴艺术学校，发展至今，学员越来越多，我们学校在职钢琴教师有13位，我任校长。

后来我们相聊得知，毛从开办钢琴学校那年开始，每年收入不少于30万元。

二、论官运

正官、偏官为官星之符号，将星、羊刃等为占测官运的参考符号。

在原命局中，无论日主（指日干）身旺还是身弱，只要有官星（正官、偏官）来帮扶用神的组合，命主必有官运，得官时间应在大运、流年来引动原命局中官星（正官、偏官）帮扶用神之组合所对应的年月日时。

官运、官位大小，视用神受益深浅来定之。正、偏官旺相来帮扶用神，用神受益大，为命主得官运，官职高；正偏官气数弱来帮扶用神，用神受益小，为命主虽走官运，但所得官职低。

同理，在原命局中，无论日主身旺还是身弱，只要有官星（正官、偏官）来损伤用神的组合，命主必无官运或当官便有灾厄出现，原已有官位、官职遇此必被撤职、停职。时间应在大运、流年来引动原命局中官星损伤用神之组合所对应的年月日时。

用神在年柱受官星帮扶，出身于官贵家族，或少年有为，功名远扬；用神在月柱受官星帮扶，青年得官职，人生机遇好，或得兄弟姐妹、朋友、同学相助而官运亨通；用神在日柱受官星帮扶，中年得官职，或得妻相助而得官位，或通过个人努力奋斗终得官职，用神在时柱受官星帮扶，晚年得官职，或得小辈人相帮而有官职。

反之，用神在年柱被官星损伤，少年无功名，出身家境贫寒，祖辈无官达显贵；用神在月柱被官星损伤，青年时期仕途颇废，人生机遇不佳，或遭同僚奸谗，鸿图不展；用神在日柱被官星损伤，中年官场失意，或个人努力奋进，终不遂愿；用神在时柱受官星损伤，为晚年官运不济，或受子女、小辈、下属、小人等牵累而难遂青云志。

下面用实例讲解之：

女：其四柱为：**己酉　戊辰　壬戌　辛亥**

大运：6.8岁~15.8岁　　　己巳

16.8岁~25.8岁　　　庚午

26.8岁~35.8岁　　　辛未

36.8岁~45.8岁　　　壬申

此女姓金，于2004年夏季前来求测，她给人的印象是沉稳、话语不多。

四柱、大运列出，我稍加分析，对金女士讲：你是一位女强人，年轻有为。从26岁开始，你就走官运了。在27岁（乙亥年）这一年，你调动了一次工作。于29岁（丁丑年）再次调动工作，并且同年还搬了家。在你32岁那年（庚辰年），职位有所提升，总之，你从26岁至35岁这段时间在工作上一直很顺利，并且拥有较高的权力。

听我一席话，金女士笑了：刘老师真神，测得很细致、很准确。您能否测出我是做什么职业的？

我认真分析了一下原命局及大运，对金女士讲：你从事的是男人的职业，应当是在部队、公安局、法院、检察院等武职部门任职。

金女士此时兴奋地说：易经真是一门了不起的科学！刘老师您测准了，我是在法院工作的。您测的那几年我工作都有变动，1997年不仅工作有变动，同年买新房搬新家了。

后来与金女士同来的亲属告诉我，金女士是某市人民法院执行厅厅长，

24岁毕业于中国政法大学。毕业后直接被某市法院聘任。工作不到3年，便于1995年被提升为厅长助理，1997年被提升为副院长兼厅长助理，2000年被提升为法院执行厅厅长。

金女士这个四柱中，日元壬水虽通根于时柱亥水，年柱有酉金印星，但从全局来看，仍属于身弱。此四柱中官星土多、土旺为患，身弱官星多而旺，本是无官之象。

通盘考虑，取年支酉金为命局用神最为恰当。酉金与日支戌土同藏辛金而相互通气，酉又与时干辛金天地通气，同时酉又与月支辰土相合，可以化泄原命局中过多的土，故酉金具有贯穿全局、通达全局、平衡全局之功能。

在原命局中，官星土是最大的忌神，但局中有土生金之组合，这样，忌神官星被用神酉金给化泄掉了，用神气数得到了加强，全局的平衡、流通性得到了加强，故有官星帮扶用神，命主必有官运之应。命主26.8~35.8岁行辛未大运，因大运干支为动态五行，辛金与原命局用神酉金天地通气，酉金被引动，同时时干辛金亦被引动，日支戌中藏有辛金，戌土亦被引动。年干己土与大运地支未土天地通气，己土被引动，这样，原命局中的土与金在大运辛未的引动下，成为这一时期的主流运动。土动自然生金，用神酉金受到官星土的帮扶，命主自然有官运了。

下面再举一实例来讲解：

男，其四柱为：甲午　癸酉　甲申　癸酉

大运： 5岁~14岁　　甲戌

　　　　15岁~24岁　　乙亥

　　　　25岁~34岁　　丙子

　　　　35岁~44岁　　丁丑

　　　　45岁~54岁　　戊寅

　　　　55岁~64岁　　己卯

此男于2000年前来求测，姓赵。日元甲木生于仲秋，于月令走死地，在日柱甲坐申金，为自坐绝地，从全局来看，日主明显身弱。

由于年干甲木、月干癸水、时干癸水能帮扶日主甲木，故此命造不为从格，只是一身弱的正常格局四柱。

　　今日主甲木置身于一片申、酉旺金之中，本为不吉，幸月干透出有力的癸水来化泄局中旺金，癸水又能生日元甲木，因而取月干癸水为命局用神。

　　赵先生于35岁~44岁行丁丑大运。丑中藏有辛金、癸水、己土，在大运引动下，原命局中癸水、酉金均被调动，大运天干丁火引动命局午火，午火亦处于动态，火逼金行，金行必生水，水来生日元甲木，这样局中官气便通身了。原命局中用神癸水受官星酉金之生扶，在大运丁丑的引动下金生水更明朗化，故这步运必禄爵双至。

　　通盘分析后，我对赵先生说：你是官场人，自35岁以后十年中，你官运亨通，受同学、朋友、同辈人相助，平步青云。尤其是在你39岁（1992年）、40岁（1993年）这两年，更是芝麻开花节节高升。到了45岁（1998年)，你的人生发生了根本性的转折——从此离开官场不做官了，开始忙忙碌碌跻身于商海之中了。

　　说到这里，只见赵先生十分感慨：人生中一切的一切都是命里注定的！刘老师预测得完全正确。

　　赵先生向我讲述了他的过去：1974年进一家银行上班工作。1983年年末、1984年年初，单位因工作需要，派送赵先生到财经大学深造二年。1992年（壬申）被提升为银行副行长，1993年（癸酉）被提升为银行行长。这两年的提升主要是当年读财经大学里的同学帮的忙，同学在省财政厅工作。

　　1998年（戊寅），因为为了帮助朋友而破格发放了一笔手续不全的贷款，被人举报，行长职位被撤下来。幸亏朋友及时返回款项，赵先生才免于刑事责任追究，但已经做了25年的银行工作从此就丢掉了。无奈之下只能跻身商场做起生意来。

　　在赵先生这个命局里，45岁（1998年）开始行戊寅大运，恰巧45岁这一年流年也是戊寅，这样就组成了岁运并临，岁运并临干支重叠双双加力，戊合住原命局中的两个癸水，官星酉金之旺气没有了癸水之宣泄、通关，日主甲木自然再也不能享受官气通身这种美差了。

另举一实例,男,姓钱,其四柱为:

辛卯　乙未　乙卯　庚辰

大运:2岁~11岁　　甲午

　　　12岁~21岁　　癸巳

　　　22岁~31岁　　壬辰

　　　32岁~41岁　　辛卯

　　　42岁~51岁　　庚寅

　　　52岁~61岁　　己丑

此男从外表看起来像一个普通农民,笑呵呵的。细细分析一下命局,则不可小瞧之。从原命局来看,日主乙木自坐卯木禄地。卯木临太岁地支,又为将星,乙木日主于年、月、日、时柱分别通根通气,此四柱为日主偏旺之普通格局的四柱。

通盘分析,取时干庚金为命局用神,年干辛金为喜神,月支未土与时支辰土俱为喜神。

命主自32岁开始行辛卯大运,由于原命局中辛为年干为喜神,今辛坐卯上,日元乙木同坐卯上,为偏官(辛金)与日干同坐一宫(卯),这样以来,偏官辛的能量便来到日主乙木的身旁,因辛为命局喜神,卯又为命局将星,故命主在这步运上开始走官运了。

钱先生自42岁~51岁行庚寅大运,庚为命局用神,为命主正官,故这一步运为人生官运最佳时段。

通过上述分析,我对钱先生讲:你从32岁开始步入官场,有了官职。自42岁至51岁这段是你政治生涯中最灿烂的时光,您应该是个掌大权的领导,并且是正位。

随同钱先生一同来的李女士向我发问:刘老师你能看出他的官职有多大?

我笑着回答:他如果在部队,至少应该是正团级以上干部,如果在地方政府,也应当是市级干部,并且是正位。

李女士笑了:刘老师测得准。钱先生是某某市市长。

三、论婚姻

家庭是社会的缩影,家和万事兴。婚姻组合好,则家庭幸福,社会安宁。婚姻组合不好,离婚率高,则家庭不安,社会不宁。

对男性而言,不论日主旺衰,原命局中有财(正财、偏财)帮扶用神之组合,则必娶贤妻,家庭和睦,婚姻白头偕老。

对女性而言,不论日主旺衰,原命局中有官(正官、偏官)帮扶用神之组合,则必嫁良夫,家庭和睦,婚姻白头偕老。

对男性而言,不论日主旺衰,原命局中有财(正财、偏财)来损伤用神之组合,则必娶恶妻,家庭不和,婚姻难以白头。

对女性而言,不论日主旺衰,原命局中有官(正官、偏官)来损伤用神之组合,则必嫁恶夫,家庭不睦,婚姻难以白头到老。

凡测婚姻,日干为本人,日支为夫妻宫。对男性而言,日支为妻宫,正财为妻星,偏财为妾(第三者,情人)。对女性而言,日支为夫宫,正官为夫星,偏官为第三者、情人。

在原命局中,夫妻星帮扶用神,夫妻宫也帮扶用神,婚姻必美满而长久;夫妻星损伤用神,夫妻宫也损伤用神,婚姻必破败离异,难以长久。

在原命局中,夫妻星帮扶用神,但夫妻宫损伤用神,为夫妻间常有矛盾但感情基础好,一般不能离婚;若夫妻星损伤用神,但夫妻宫帮扶用神,为夫妻间表面和合,但感情基础不牢固,同床异梦。离婚几率大。

下面举例说明:

女,姓孙,其四柱为:**甲辰　丙子　癸卯　癸丑**

大运:　4岁~13岁　　　乙亥
　　　14岁~23岁　　　甲戌
　　　24岁~33岁　　　癸酉

34岁~43岁　　　壬申
44岁~53岁　　　辛未

此女于2005年春季慕名找我预测，观其日主癸水生于子月临官禄地，时干癸水比肩相助，为身旺命局，取日支卯木为命局用神。

正官辰土为丈夫，今辰居年柱地支，上乘甲木伤官，从六亲变通来看，甲木为辰土之偏官，甲辰位居年柱，故其丈夫必在政府部门任职，且有官运。月支子水为日柱之咸池（亥卯未见子）来半合年支辰土正官。子水为兄弟宫之比劫，此组合为丈夫被桃花运合走之象。又从年柱甲辰来查空亡，为寅卯空亡，正应夫妻宫用神卯木，从日柱癸卯来查空亡，为辰巳空亡，应年支正官辰土。这样便可解读为丈夫经常不回家。

夫妻宫卯木虽为命局用神，但夫星辰土与卯木相害，辰土耗泄夫妻宫用神卯木的能量，故婚姻必不和谐。

时干癸水坐于偏官丑土之上，癸水本为日干，今与偏官丑土组合在一起，故必有再婚之应。

考虑周全后，我直接对孙女士说：你这一生婚姻不好，必然要离一次婚，然后再找一个人结婚。你的原配丈夫是国家干部，他经常在外不回家，在外面有了桃花运。在你24岁至33岁这段时间离的婚。离婚后孩子判给男方抚养，你又找了一个男人结婚了。

孙女士听我一席话，眼泪掉了下来：刘老师你全说对了，我的命为什么就这么苦？1984年我与他谈对象，开始家里人都反对我与他谈恋爱，因为我的坚持，父母最终勉强同意了，于1987年举行了婚礼。婚后一年，我就发现他与单位里一个小姑娘来往密切，我问他是怎么一回事，他总是淡淡一笑：同事关系，因工作需要，经常联系，没有其他。

开始我还是相信他的话，后来于1993年夏天，他谎称因公出差要走些日子才能回来，并将买好的火车票递给我看。我相信了。可是在他走后第三天，我家亲戚在本市一家宾馆里见到他和一位年青女子在一起吃饭。于是我查到这家宾馆，终于抓到了现场。

无奈之下我只能和他办理了离婚手续，孩子判给他抚养。当年我刚满

30岁。后来在1995年，经人介绍，我与一个比我大3岁的（前妻已故）男人相识了，当年年底办理了结婚登记。

另举一例：

2004年春节期间，一位60多岁的长年男子和妻子一同前来，为其母亲求测，他报出母亲的四柱：

女：戊午　乙丑　己卯　戊辰

大运：　7岁~16岁　　甲子

　　　17岁~26岁　　癸亥

　　　27岁~36岁　　壬戌

　　　37岁~46岁　　辛酉

　　　47岁~56岁　　庚申

　　　57岁~66岁　　己未

　　　67岁~76岁　　戊午

　　　77岁~86岁　　丁巳

　　　87岁~96岁　　丙辰

母亲四柱一出，日主身旺显矣。夫星乙木透于月令，通根于日支卯木、时支辰土。丑、辰土中分别藏有癸水于根部滋生乙木，年柱有午火暖身调侯。取月干乙木为命局用神，日支卯木为命局喜神。其母亲生于公元1918年，算起来已有87岁高龄了。

从原命局来看，官星乙木为命局用神而通根于夫妻宫卯木，由于夫星乙木、夫妻宫卯木俱为命局用神、喜神，婚姻必和合而长久，夫星根深蒂固，通根时支，夫必长寿。

分析全局后，我对前来求测的长年男子说：你母亲这一生虽经历坎坷，但婚姻还是幸福美满的。夫妻两人恩恩爱爱一生，相互照应，你父亲现在尚在，身体健康，母亲今年虽有小病但无妨。

求测者听后很高兴：刘老师说得很准。我父亲和母亲同岁，至今仍很健康。母亲今年感冒住了一周医院。由于年事已高，我们全家不放心，故前来向刘老师请教。既然刘老师说没事了，我们全家都放心了。

后追访，至今（2006年）老夫老妻依然健在。

再举一实例

1999年秋季，一个姓王的小伙子前来求测。从外表来看，小伙子一表人才，说话彬彬有礼。其四柱为：

庚戌　癸未　乙巳　癸未

大运：5岁~14岁　　甲申

15岁~24岁　　乙酉

25岁~34岁　　丙戌

日元乙木生于季夏，为休囚之地。但乙木通根于月支未土，通根于时支未土，上又有月干癸水、时干癸水生扶，月柱与时柱纳音均为杨柳木，故日主身弱而不从，此为普通格局。取月干癸水为用神。

命局中财星为忌神，夫妻宫巳火亦为忌神，婚姻不顺之信息甚明。命主25岁至34岁行丙戌大运，由于大运是动态信息，大运天干丙引动命局夫妻宫巳火忌神，大运地支戌引动命局正财戌土，原命局中土旺，土旺了自然要生金，命局年柱庚戌为土生金之组合，但在丙戌大运中，丙火坐戌上，命局庚金坐戌上，丙、庚同坐戌上，距离甚近，故丙火对庚金便产生极强的克力，庚金严重受伤，不能完成化泄局中旺土的任务了，又丙火通气夫妻宫巳火，巳中亦藏有庚金，因此庚金内外俱伤。全局旺土得不到宣泄，自然为患，土为妻星，故此步运婚姻必然不顺，用神癸水本赖金生，无奈庚金受丙火大运之克，无力生水，癸又自坐墓地未土之上受克，此为财星来耗伤用神婚必不顺之应。

通盘分析后，我对姓王的小伙子说：你自25岁至34岁这步运中，婚姻必定不顺，这段时间最好不结婚，结婚了就得离婚，由不得你做主。

姓王的小伙子马上验证：刘老师测得十分准确。我在26岁那年（乙亥）下半年结婚。婚后不到一年，于1996年夏天我与妻子办理了离婚手续，当时我们还没有小孩。后来在1997年，我又和一个比我小4岁的女孩子相恋了，1998年春季登记结婚了，到了1998年年末，我们又办理了离婚手续。尽管我已经很努力去维持这个家庭，但终究事不如人意。我已经是30岁的人了，古人言三十而立，可我连个家还没有。刘老师您帮我指点一下，为什么我总是离婚，每一次我都不想离婚，而且我都尽全力挽留，但最终没能保住家庭，难道我真的就不能像常人一样有个幸福的家吗？

我又仔细看了一下他25岁至34岁所走的丙戌大运，对他说："你婚姻不好的主要根源是在岳母身上。由于你这步运经济收入不好，岳母又唆使自己女儿在经济上给你压力（戌为妻子，丙为戌的偏印，为妻子的母亲——即求测人岳母）。这样，你的经济收入与对方的需求相差甚远，于是双方矛盾自然多起来，你这两次婚姻失败都根源于同一个原因。"

"刘老师你说得太对了！我这两次婚变都是因经济的原因导致的。两个岳母都特别看重钱，由于我的收入有限，还要帮助父母一下，因此女方经常为这与我吵嘴，加之两位岳母大人都没有起好作用，只能离婚。"王很惋惜地说。

"你过了34岁以后再谈婚事，就不会这么坎坷了。如果34岁之前结婚，可能还要重踏旧辙。"我认真叮嘱他。

后来于2005年我们相遇，王告诉我，2004年春天又结婚了，如今已经当爸爸了，生了一个儿子，此女家经济条件很好，女方家出钱帮他们买的结婚新房。我笑着说："该你走好运了。"

再举一实例。

2005年冬季，一位打扮十分庄重的青年女子前来求测运程。

她姓傅，其四柱为：**壬子　癸卯　甲寅　乙丑**

大运：7岁~16岁　　壬寅

　　　17岁~26岁　　辛丑

　　　27岁~36岁　　庚子

　　　37岁~46岁　　己亥

从年龄来推，她有34岁了。这个四柱日主甲木生于卯月仲春，为身旺。

原命局中官星不现。只有时支丑中藏有正官辛金。但从日柱甲寅来查，时支丑为空亡。春季之丑土走死地，故为真空。

由于丑土真空，原命局只剩下水、木二种五行，因而此四柱为两气成象格局，局中水的能量不如木旺，故取月干癸水为命局用神。

命主17岁至26岁行辛丑大运，由于大运是动态的，故原命局时支丑土得以填实出空。这样以来两气成象的格局便遭到了破坏。辛丑这组干支便成为破坏原命局两气成象格局的罪魁祸首。因辛为命局正官，故这一步运恋爱、婚姻必不顺利。

傅女士27岁至36岁行庚子大运，子水填实命局年支，同时庚子与时柱乙丑天合地合，原局空亡之丑土被合而填实，命局的两气成象格局又遭破坏，气势驳杂。庚为命局偏官，官主婚姻，故这步运婚亦不顺。

这里需要说明的是：庚子大运帮扶了命局用神癸水，本该应吉，为何断以婚姻不顺？因原命局是在两气成象格基础上定位癸水为用神的。今命局行庚子大运，合起、填实时柱丑土，庚子虽然帮扶原命局用神癸水，但破坏了原局的两气成象格局。因此，这并不是一步真正的好运。

通过上述分析，我对傅女士说：你是一个晚婚的人。在26岁之前，你有过结婚的机会，但没有结成。自27岁以后到现在，对象谈了不少，可总是阴差阳错，没有走向结婚的礼堂。

我说完断语，傅女士腼腆地笑了笑：刘老师说得正确，我还没有结婚。22岁那年（癸酉）谈了一个男朋友，秋天准备结婚了，男朋友因动用银行公款被判刑了，无奈只能分手。从那以后，没少相亲，但总没遇上合适的，一直拖到现在。

四、论疾病

人生在世，吃五谷杂粮，没有哪个人不生病的。一个人什么时间会生病，会生什么病，什么时间能痊愈，四柱中都储存着详细的信息。

传统的四柱中。都是官、杀代表疾病符号，食神、伤官为医生医药的信息。我通过多年大量的实践证明，病症未必一定都反映在官杀这些符号上。能够治疗疾病的医生、医院、医药也未必一定都是食神、伤官这类符号。

一个人为何会生病？原因很简单：就是命局中阴阳不平衡，五行流通受阻，从而导致疾病发生。

明白了生病的原理，自然就会准确地判断命局中病症所在之处了。

在原命局中，先准确定位用神，用神定位以后，凡是原命局中对用神具有损伤作用的五行干支，均可定之为"病"。对用神损伤较轻的五行干支，其对应的病症也相对较轻。对用神损伤较重的五行干支，其对应的病症也相对较重。命局中对用神损伤最重的五行干支，就是命主一生中所患最重的疾病、病症。

得病时间：大运、流年来引动原命局中对用神具有损伤力的五行干支时，为得病之应期。大运，流年引动原命局中对用神损伤较轻的干支时，命主会得病症较轻的小病；大运、流年引动原命局中对用神损伤较重的干支时，命主会得较重的疾病；大运、流年引动原命局中对用神损伤力最重的干支时，命主会得严重疾病，甚至会有生命危险。

所患病症，以命局中损伤用神的干支来定之，天干应人体外部、上部、表症；地支应人体下部、内部、里症；又可参照年柱头部、月柱胸部、日柱腹、股部，时柱下肢腿部来参断。

病愈时间应在流年、流月干支制约或化泄忌神大运干支的年月，或命局用神生旺，临太岁流年、流月之际。

有关十天干与十二地支所代表的人体部位信息，滋述如下：

甲胆乙肝丙小肠，丁心戊胃己脾乡。

庚属大肠辛为肺，壬在膀胱癸为肾。

以上为十天干配人体脏腑之论，又：

甲头乙肩丙额求，戊鼻己面庚为筋。

辛为胸来壬属胫，癸为足来向前走。

此为十天干配人体外五行之论述。

十二地支配人体脏腑：

　　　　寅胆卯肝巳为心，午小肠来辰戌胃。
　　　　丑未脾分申大肠，酉肺亥肾子膀胱。

十二地支配人体外五行部位：

　　　　子为耳来丑胞肚，寅是手来卯为指。
　　　　巳面咽喉辰肩胸，午为眼睛未脊梁。
　　　　申是经络酉精血，戌命门足亥为头。

熟记以上天干、地支所代表人体部位信息以后，便可以对人体疾病进行全方位预测了。

下面举实例进行讲解：

王先生：癸巳　癸亥　丙子　庚寅

大运：4.8岁~13.8岁　　壬戌
　　　14.8岁~23.8岁　　辛酉
　　　24.8岁~33.8岁　　庚申
　　　34.8岁~43.8岁　　己未
　　　44.8岁~53.8岁　　戊午
　　　54.8岁~63.8岁　　丁巳

王先生日主丙火生于孟冬，走死绝之地，年支巳火与日元丙火天地通气，相互照应，时支寅木中藏有丙火，寅木能够生扶日元丙火。通观全局，日主身弱而不从，为正常格局四柱。

全局中明水四重，暗水两重，水为全局之患，年支巳火虽有帮身之功，无奈身置众水之间，其华难展。惟时支寅木有济救之能，一则化泄局中旺水，再则与丙火天地通气，直接生扶日元丙火，可谓雪中送炭。寅木虽被盖头庚金所伤，但孟冬之金锐气已退，况有众水耗泄，故庚金伤木，徒有虚名而已，不足为患。寅木为命局用神理之所然。

王先生于24岁至33岁行大运庚申,引动时干庚金,庚金得大运之气动量加大,对用神寅木加大克制力量,由于大运干支根源于月令,故冬季休囚之庚申不足以伤害局中旺相之寅木,但庚申大运中遇到庚申(1980)、辛酉(1981)流年为之注入大自然的高能量时,则庚的肃杀本性勃然再现。日元丙火行至大运申地正为十二状态之病地,由于病地申金与时干庚金天地通气,大运天干庚金与时干庚金同气相求,流年庚申与大运庚申相遇乃岁运并临,加大庚金旺势,年支巳中亦藏有庚金,在大运庚申引动下,申、寅、巳三刑构成,用神寅木于此过程受重创,故命主该年必有大的病灾。

分析全面后,我对王先生说:你这一生身体总是不太好,常年有病,尤其在24岁至34岁这段时间,身体健康状况最差。特别是在1980年这一年,你大病了一场,可能是做手术了,病在肠道上。

"刘老师神机妙算!我小时候肠胃就不好。24岁以后病情就更重了,天天吃药,1980年秋天,肚子疼痛难忍,肠道被医院检查出病变来,只好做手术,切除了4厘米长的一段。大夫说再晚来些就没命了。"王先生回忆着说。

王先生这个命局从外观来看,日元丙火身弱,受周围一片旺水所克,很容易误导易友们断其肾脏、膀胱有病,或者心脏有病等。这些都是判断中的误区。因此,只有找准了用神,找准了命局中对用神最具有损伤力量的五行干支,并通过大运的引动、流年的加持力量,才能最终锁定病症所在具体位置,以及锁定疾病发生的程度和具体发生时间。

另举一实例:

张先生,四柱为:**壬辰　壬子　丁亥　辛亥**

大运:　10岁~19岁　　癸丑

　　　　20岁~29岁　　甲寅

　　　　30岁~39岁　　乙卯

　　　　40岁~49岁　　丙辰

　　　　50岁~59岁　　丁巳

张先生是某乡的党委书记。于1998年春节期间前来向我求测。

张先生日元丁火生于仲冬，周围一片汪洋，无半点生扶力量，日主衰弱至极，定为从官格。原命局中，年支辰土为命局中损坏格局的最坏的忌神，辛金为命局中生水之源，又来耗日干丁火能量，故为命局喜神。

全局中一片旺水，取日支亥水为命局用神。因日支亥水与年干壬天地通气，与月干壬天地通气，与时支亥相互比助通气，这样便具备了通天达地、贯穿全局的能力，又日支亥水离日元丁火最近，对日主影响力最大，故取其为命局用神最为恰当。

张先生40岁至49岁行丙辰大运，运支辰土为原命局最大忌神辰土的再现，由于大运是动态的，故原命局年支辰土被大运引动，辰土受大运天干丙火生扶，气数增加，丙火又来比助日干丁火，原来的从官格局遭受动荡，大运辰土引动原命局年支辰土，合住命局喜神月支子水，戊寅流年一到，戊与运支辰土、原命局年支辰土天地通气，制住年干、月干壬水，寅木合住命局中用神日支亥水、喜神时支亥水，大运运干丙火通根于流年地支寅木而得气有力，合住时干辛金喜神。张先生此年必有大灾。

分析透彻后，我对张先生说："你今年流年不利，切记要注意安全，还要预防疾病的发生。你今年很可能要大病一场。"

张先生听后哈哈一笑："我的身体素质相当好，练过武术，现在已经47岁了，仍然能做双腿劈叉，从来不喝酒，保养得很好，也从没有住过医院。"很显然，他对我下的断语不屑一顾。

事情凑巧，1998年5月，我突然接到张先生打来的电话："刘老师，求您好好给我测一下，看看我今年能不能死？你看看我得的是不是绝症？"说着说着张先生竟然抽泣起来。

于是我把正月里给张先生测过的四柱底稿从档案中抽了出来，再次仔细认真分析命局，又起了个奇门局、六壬课、梅花易数卦来综合推算。然后给张先生答复："你放心，你没有得绝症，也死不了人，只是身体里长了东西，可能是胃上或肺上长了肿瘤，但不要紧，肯定是良性的，我建议不要做手术。"

我的一席话，给了张先生巨大安慰，他的情绪稳定下来，然后向我讲述了事情的经过：原本是妻子身体不好，张陪妻子去大连一家权威医院做检查，检查后妻子没什么大毛病，全家也都放下心了，随后妻子说：反正都来了，你也全面检查一下身体吧。于是听了妻子的话，在医院做了全方位身体检查，这一查，竟查出张先生肺部长有一个肿瘤，而且大夫说恶性肿瘤的可能性很大，并建议马上手术。这如晴天霹雳般，全家都陷入绝望中。

由于正月里我已测出张先生今年要有病灾，如今已验证，张先生对我说的每句话都开始信服了。所以他坚持不做手术。

后来因子女、妻子及家中亲属的劝谏，张先生勉强地走进手术室。手术后得知，肺部长的是一良性瘤。

我与张先生再次见面时，他后悔地跟我说："真后悔当时没有听你的，你说是良性瘤，可全家人就是不信，坚决要我做手术，这不，留下这么长的刀口。"说着，张掀起衣服，露出长长的术后刀口给我看。

我只能安慰他：就算是良性瘤，切除了也好，不然良性瘤若是长大了，也会压迫肺部影响呼吸的。

下面再举一个实例，2005年秋一女求测。

宋女士，四柱及大运为：**壬子　癸卯　丙午　己亥**

大运：4岁~13岁　　　壬寅

　　　14岁~23岁　　　辛丑

　　　24岁~33岁　　　庚子

　　　34岁~43岁　　　己亥

日元丙火生于仲春，日支坐午火为自坐帝旺，但整个命局中明水四重，故日主受克较重，为得令而身弱之四柱。

整个命局中水多为患，惟月支卯木能耗泄众水而生身通关，应取卯木为命局用神，惜日柱丙午所在旬中卯为空亡，通关不成，日主不受卯木之生，只能自立，取日支午火为命局用神。

宋女士24岁至33岁行庚子大运，子为原命局年支，庚为局外五行，今庚金生子水，能量由外转内加强原局子水力量，同时大运子水又与命局月干癸水天地通气，相互引动。在大运子水的引动下，原命局年支子水、月干癸水均处于动态，由于月支卯木是年柱（壬子）、日柱（丙午）所在旬中之空亡，故子水直接冲克日支午火用神，月干癸水直接克制日干丙火，日柱干支严重受伤。用神被水所伤，故病必应水所代表的病症。

通盘分析后，我对宋女士说："你在24至33岁这段时间里身体不好，总是闹病，在你25岁（丙子年）那一年，病得最重，当时得的是肾脏或者血液方面的疾病。"

宋女士很急切地回答："是的，我小时候就得过肾炎，后来治好了。25岁（丙子年）因婚姻之事上了一股火，再次病倒，这一次病情很重，全身出现浮肿，住了两个多月院才出院。刘老师您帮我测测，这病将来还会再犯吗？"

我分析了一下原命局及大运，对宋说："在你43岁以前病情可能会出现反复，这段时间内最好不要生气上火，遇事想开些。从44岁以后，你的病就不会再犯了。"

按：1996年为丙子年，丙为日元，正坐在了命局忌神年支子水之上，子水冲克用神午火，故此年病重。年柱壬子，年柱代表1至16岁运，而宋女士4岁至13岁行壬寅大运，故小时就得过此病。宋34岁至43岁行己亥大运，亥为原命局时支，亦为命局忌神，此步运亥水克用神午火，故还会出现病情反复。44岁以后行戊戌大运了，命局众水忌神受制，病自然不会再犯了。

五、论意外灾难

人生在世，没有一帆风顺的，小灾小难挺挺就过去了，大灾大难，对人类危害太大，不可不防。然有的大灾大难可以人为进行防范、躲避，有的大灾大难防不胜防，非人力的努力所能防范、躲避得了的。通过四柱预测，可提前预知将要出现的灾难，以便最大限度地进行防范、躲避、化解，意义十分重大。

凡意外灾难的出现，原命局中都储存着比较明显的信息。这些信息通常表现为：原命局中用神较弱，忌神有力，并且原局中有忌神克、制、刑、冲、破、害用神之组合。或原命局中最有力的忌神披刑带煞来刑、冲、破、害命局用神，此都为灾难之信息组合，一旦被大运、流年引动，则大祸临头。

因意外灾难种类繁多，不能一概而论，现将常见的意外灾难种类简述如下：

1. 车　祸

原命局中有驿马来损伤命局用神之组合，则命主一生中必有车灾，车灾大小由命局中驿马对用神损伤程度决之。车祸出现时间应在大运、流年引动该信息组合所对应的年月日时。

又原命局中有卯木来损伤命局用神之组合，则命主一生中必有车灾，车灾大小由命局中卯木对用神的损伤程度来定之。车祸出现时间应在大运、流年引动此信息组合所对应的年月日时。

2. 水　厄

水厄又名水灾。原命局中有壬、癸、亥、子水来损伤命局用神之组合，则命主一生易有水灾。水灾大小由命局中壬、癸、亥、子水对用神损伤程度决之。水灾出现的时间应在大运、流年引动该信息组合所对应之年月日时。

3. 火灾、触电

原命局中有丙、丁、巳、午火来损伤命局用神之组合，则命主一生中易招火灾或触电之灾。火灾、电灾之大小由命局中丙、丁、巳、午火对用神损伤程度而定之。火灾、触电之灾出现的时间应在大运、流年引动该信息组合所对应之年月日时。

4. 兵刃、刀伤之灾

原命局中有庚、辛、申、酉金来损伤命局用神之组合，则命主一生中易遇兵刃、刀剑之灾伤，庚、辛、申、酉若披刑带煞、带羊刃来损伤命局用神时，尤其应验。兵刃刀伤之灾的大小，视命局中庚、辛、申、酉对用神损伤程度决之。兵刃刀伤出现之时间应在大运、流年引动该信息组合所对应之年月日时。

还有很多种意外灾祸种类，在此因篇幅所限而不多论。

下面通过实例来阐述之。

温女士，她的四柱及大运如下：

  癸丑 甲子 乙巳 丙戌

大运：1岁~10岁 乙丑

   11岁~20岁 丙寅

   21岁~30岁 丁卯

   31岁~40岁 戊辰

温女士的母亲于2001年冬季前来求测，她报出女儿四柱后向我发问："刘老师，别人都传言说你四柱批得很准。你看一看我这女儿今年运气怎么样？"

我认真地审视一番命局及大运，日元乙木生于仲冬，月干甲木受月令子水相生，本为旺相，惜从年柱、日柱来查，寅卯俱为空亡，寅为甲木之根，卯为乙木之根，现原命局中寅卯不现，又逢空亡，故局中甲、乙为无根之木，无根之木难以受水之生，局中水旺，却不能为用神，日干乙木、月干甲木虽浮无根，但生于冬季为相地，又甲、乙相互比助，乙木日主虽弱而不从，取月干甲木为全局用神最为确切。

命主21岁至30岁行丁卯大运，卯为日主乙木之根，卯木之根本应吸纳旺水、帮扶日元乙木为端的，今大运之卯木却偏偏生起丁火来，日元乙木于丁卯大运看似通根，实则根部卯木受丁火之耗严重受伤，丁火与时支戌土天地通气，相互引动。运支卯与时支戌因丁火引化而卯戌化火成功，况戌本为火库，上乘天干丙火助火之势，于一片火海之中日元乙木之能量被迫用于生火，用神甲木亦难逃被众火围焚之窘境，甲木用神下虽坐月令子水来救之，怎奈运支卯木刑住子水，年干癸水下坐丑土截脚，自身能量受损，运干丁火前来与癸相冲，丁冲癸，甲木用神孤立无援。辛巳流年，辛金通气于时支戌土，巳火通气于时干丙火，大运丁火亦通气于时支戌土火库，时柱干支于此流年动量达到极至，戌为乙木之墓库，大运丁卯的动态引拔，迫使这个时空点里的木气要全力去生火，并与火库（戌）融为一体，大运卯因天干丁火通气于戌，故而卯戌合化火而成功，乙木必然随根（卯木）直入火库了，甲木用神于众火围困之下难以自立，因而命主此年必有大灾。

　　通盘分析后，我对求测人说："你女儿今年有大灾难，不死也得遭受一场大的威胁到生命安全的大难。"

　　"你说准了。能否看出是哪方面的灾难？"温母亲又一次询问。

　　"肯定是遭受电击或火灾。"我肯定地说。

　　"刘老师你又说准了。这是我的亲生女儿。今年农历四月初八凌晨三点四十分左右，她在单位值夜班，车间里忽然浓烟滚滚，起火了，女儿向外跑了几次都没有冲出去，活活被烧死在屋里，死得好惨呀。"温母亲说着说着泣不成声了

　　"一切都是命中注定的，如果女儿不遇这场火灾，或许也会有电灾在等着她。"我只能这样来安慰这位心如刀绞的母亲。

另举一例：

赵先生，他的四柱及大运如下：

乙卯　辛巳　癸未　癸丑

大运：10.8~19.8 岁　　庚辰

　　　20.8~29.8 岁　　己卯

　　　30.8~39.8 岁　　戊寅

赵先生于 2000 年春节期间前来求测，相聊后得知，他想投资买一辆大

型货运车跑长途赚钱。我分析了一下他的命局。

命主日元癸水生于孟夏，走休囚地，时干癸水虽比肩帮助日元，但自坐丑土截脚受伤。月干辛金虽有生身之功，但自坐巳火之上受克，幸辛金通根于时支丑土，又局中有未土、丑土来化泄旺相之巳火，使巳火暂不克辛金或克辛金力量不大。观全局流通状况，辛金所处为流通之交通要道，取辛金为命局用神。

2000年赵先生时值26岁，其20岁至29岁行己卯大运。卯为太冲为震卦，代表车辆符号。命局中巳为马星，亦代表车辆符号。

在大运己卯的引动下，卯木通气年柱乙卯，年柱处于动态，木动必生火，巳火马星受生旺相，火旺辛金用神自然受损，原局中本能化泄旺火之未、丑二土因受大运卯木之克，暂无生金与耗火之能，用神辛金受驿马巳火之克制，必为大患。流年辛巳，将此信息再度引发，必有车灾。

通盘分析全面后，我对赵先生语重心长地说："你在这步运上千万不要投资买大货车，一则不会赚大钱，二则是明年（辛巳）如果开车，必有很大的车祸出现，那个时侯后悔就来不及了。"

尽管我这样苦口婆心般的劝阻，仍然没有改变赵先生买大货车的计划。终于在2000年年末，赵先生凑了些钱买了一台新车。2001年夏天，在跑往云南的路段上，货车翻到一个五米多深的沟里，赵先生全身四处骨折，险些丧命。这一年住了六个多月医院。

后来于2002年再次见到我时，流下悔恨的眼泪："当初若是听你的劝告，我也不会落到今天这种地步，现在是非但没有赚到钱，还欠下很多债务，因为当时手头紧，没有买保险，后来住院等花销全是自费的，看来人不相信命运是不行的，这一辈子我永远也不再开车了。"赵先生终于在血的教训之后，才真正地对命运有了更加深刻的认识和理解。

再举一实例。

2003年秋天，一位姓陈的小伙子前来预测运程。他的四柱及大运如下：

戊午　　癸亥　　丁丑　　庚子

大运：9岁~18岁　　甲子
　　　19岁~28岁　　乙丑
　　　29岁~38岁　　丙寅

日元丁火生于孟冬时节，身处死地，全局只有年支午火与日干丁火天地通气，相互照应。局中一片旺水，由于月干癸水被年干戊土合拌而有制，年柱戊午纳音为天上火，故此为身弱而不从的正常格局四柱，取年支午火为命局用神。

命主9岁至18岁行甲子大运，在9岁之前有个癸亥流年，这一年正是命主6岁。由于癸亥流年的引动，原命局月柱癸亥被双双引动，流年年干癸水合住命局年干戊土，月支亥水由于流年的引动由静态转入动态，月柱旺相之亥水被流年引动后对年支午火进行强力克制，月干癸水因流年年干癸水合住原局年干戊土而重获自由，于是月干癸水便对日元丁火有了克制力量。

通盘分析完毕，我对姓陈的小伙子说："你小时候有过水灾，应当在你6岁那一年。"

陈听后十分兴奋："太神奇了！刘老师测得完全准确，我6岁那一年（癸亥）夏天在海边学游泳，由于海水涨潮了，我被卷入较深的海水里，当时也不知喝了多少口海水，被救上岸边时已经不醒人事了，后经医院抢救，捡了条命回来。"

癸亥流年纳音为大海水，原命局中月柱干支可以做为起大运之前的行运。故于大海出灾。

六、论父母

对于男性，偏财为父，正印为母；对于女性，正财为父，偏印为母。

年柱为父母宫，年干为父亲宫位，年支为母亲宫位。

于男性而言，不论日元旺衰，命局中只要是有偏财来帮扶用神之组合，则父亲对命主一生相帮必大。偏财于原命局中气数足而旺相，且来帮扶命局用神，父必精明能干而对命主有巨大帮扶，并且健康长寿。

偏财于原命局中气数足但不旺相，且来帮扶命局用神，父虽能力不强但会持之以恒来全力帮扶命主，并且也会长寿。

偏财于原命局中气数不足而自身旺相，且来帮扶命局用神，则父亲在某一段时期能力较强而对命主帮扶较大，过此时段则帮扶力度大大减小，或此阶段父虽心有余而力不足矣。父亲健康及寿命状态中平。

偏财于命局中气数不足自身亦不旺相，却来帮扶命局用神，为父亲能力有限，却总是不辞辛苦地默默地为命主付出、劳作，虽对命主的帮扶有限，然大有春蚕到死丝方尽之势。同时父亲健康状况较差、寿命亦较短。

于男性而言，不论日元旺衰，命局中只要是有偏财来损伤用神之组合，则命主一生中必被父亲所拖累。

偏财于原命局中气数足而旺相，且来损伤命局用神，父虽有能力却对命主所做之事强加阻挠、干扰。父虽健康长寿却与命主不和。

偏财于原命局中气数足但不旺相，且来损伤命局用神，父虽能力不强，但会持久地对命主所为之事强加阻挠、干扰。父虽长寿却与命主不和。

偏财于命局中气数不足却于月令身旺，并来损伤命局用神，为父亲在某一段时间能力相对较强，惟我独尊，强行阻挠命主所为之事，过此时段则阻挠力度大大减少，或此阶段父虽有心阻挠命主所为而又无力阻止。父亲健康及寿命状态中平。

偏财于命局中气数不足自身亦不旺相，却来损伤命局用神，为父亲能力不强，却总是横加干涉命主所做的事情，虽对命主的干涉、阻挠程度有限，但总是对命主所做的事横加指责，又不能完全说服、改变命主的主意，与命主总是不和。同时父亲健康状况差，寿命亦较短。

于女性而言，不论日元旺衰，命局中只要有正财来帮扶用神之组合，则父亲对命主一生相帮必大。反之，无论日元旺衰，命局中只要有正财来损伤用神之组合，则命主一生中必被父亲所拖累。

其余各方面的判断方法同男性一样。

于男性而言，不论日元旺衰，命局中只要有正印来帮扶用神之组合，则母亲对命主一生帮扶必大。反之，无论日元旺衰，命局中只要有正印来损伤用神之组合，则命主一生中必被母亲所拖累。

于女性而言，无论日元旺衰，命局中只要有偏印来帮扶用神之组合，则母亲对命主一生帮扶必大。反之，无论日元旺衰，命局中只要有偏印来损伤用神之组合，则命主一生中必被母亲所拖累。

其余各方面的判断方法可参考前面论父亲之内容，大致相同。下面举几个实例来论之。

实例一：魏女士于 2005 年来求测

其四柱如下：

己酉　　戊辰　　甲寅　　乙丑

大运：9 岁~18 岁　　己巳

　　　19 岁~28 岁　　庚午

　　　29 岁~38 岁　　辛未

　　　39 岁~48 岁　　壬申

日主甲木生于季春之初，木气尚旺，于日支自坐寅木临官禄地，又有时干乙木相帮，实为身旺，命局四土为塞，幸年支酉金贯穿全局而行化泄之功，取酉金为命局用神当之无愧。

命局年柱己酉组合为正财生扶用神，正财己土为魏女士父亲。己土于年干通根于时支丑土，可谓通天达地。己土正财于命局中气数较旺，又来生扶命局用神，则父亲能力强，对命主帮扶大之信息显而易见。

命主 29 岁至 38 岁行辛未大运，辛通根通气于原命局年支酉，未通气命局年干己土与时支丑土。由于大运为未土生辛金的组合，在大运干支的引动下，遵循同气相求的原理，原命局中的己土、丑土被引动而来生扶用神酉金。故于这步大运魏女士受父亲（己土）的帮扶（己土生用神酉金）是最大的。

分析通彻后，我对魏女士说："在你 29 岁那年（丁丑），人生具有了划时代的巨大转折，你的父亲从这一年开始对你有了非常重要的帮助，从此你走进了人生的黄金运段，可谓是名利双收了。"

"刘老师您测得很准确！1997年秋季，我父亲本来做得好好的董事长的位子突然提出辞职，然后经董事会选举，大家一致推荐由我接替这个位置，我有些受宠若惊，开始推托做不了。无奈董事会一再要求由我来做，父亲也强烈要求我必须接任董事长这个位置。我只好恭敬不如从命了。从那以后，公司里大大小小的事情都由我一个人掌管了，遇到棘手的问题时，父亲总会出面，以他多年的经营及社会经验从容地解决之。我29岁便当上拥有一千多名员工公司的董事长，是从来没有奢望过的，因为我上面有哥哥，下边有妹妹，排资论格也应该由我哥哥来做。这件事来得太突然了，父亲事前从来没有跟我提及过。

工作上任一年后，公司一切运营如故，甚至比父亲在位时，有些细节工作做得更出色。此时父亲才对我说：'本来董事长这个位置你哥哥是首选人物，但多年的工作实践我看得出，你哥哥的业务能力比较强。但社交能力及综合管理能力远不如你，况且你的文化底蕴很好，能够胜任现代化的管理工作。更重要的是，你的性格开朗豁达，事业做得再大你也会顾及手足情的，这一点是我把董事长位置移交给你的最根本的理由。'

我非常理解父亲的良苦用心，我也没有辜负他寄予我的厚望。从我29岁下半年接任董事长位置之时起至今，公司的总产值比1997年之前的平均值翻了两番，利润也大幅增长了。开始对于我的上任，哥哥是很有意见的，尤其是嫂子对我的意见更大，我也曾试过将董事长的位置让给哥哥来做，不料被父亲严厉地拒绝了。为了亲情，为了父亲的寄望，每年年底分配利润的时候，我把父亲在位时所订的哥哥与我均等制度改成哥哥每年高出我百分之十，从那以后哥哥、嫂子对我再无意见了，哥哥在工作上也更加敬业了。给哥哥年利润提高的事我没有让父亲知道，后来于2003年父亲向我提到给哥哥年底分成的数量加码时，我笑着对父亲说：'从1998年我就已经给哥哥加码了，一直到现在，每年都是这样做的。'

父亲笑了：这才叫做我的女儿，做事很像我。不，做事做得比我还到位！我没有看错人。也没有用错人，我可以放心地去修身养性了。

从那以后公司里的一切事情完全由我来处理，包括遇到一些麻烦问题时，父亲也不闻不问了。说来也怪，过去很多处理不明白的事情总要找父亲出面才能解决，如今自己也能从容地解决了。"魏女士向我介绍了她上任后的所有情况。

实例二：钟女士 2006 年春季求测

四柱为：**壬戌　甲辰　甲戌　戊辰**

大运：5.8 岁~14.8 岁　　　　癸卯

15.8 岁~24.8 岁　　　　壬寅

25.8 岁~34.8 岁　　　　辛丑

日元甲木生于季春，木仍有余气，然命局财星重重，众土堆积，相比之下甲木日主势单力薄，难以胜众土之财，由于甲木生于春季得令，月干有甲木比助，年干壬水生扶，地支辰中有乙木暗根，故此为身弱而不从的普通格局四柱。观全局财为最大忌神，取月干甲木为命局用神，一则可以制约众土，二则可以帮扶日主，三则可以引年干壬水生扶甲木。

命局年干壬水生月干甲木用神，为偏印生扶用神之组合，但壬水于春季为休囚，又自坐戌土截足受克，柱中没有生扶壬水之组合，故壬水偏印气数不足，又不得令。

命主 15 岁至 24 岁行壬寅大运，壬引动年干壬水，寅引动用神、日干甲木，为偏印生扶用神之动态组合。母亲虽能力有限，却尽全力帮助自己女儿。

分析完毕，我对钟女士说："你是一个读书人，自你读中学一直到大学这段时间，你母亲为你付出甚多，你父亲不支持你读书，母亲拖着带病的身体忙碌着赚钱供你读书，你的父母感情不和，他们俩人可能离婚了。"

"刘老师说得非常准确！在我读小学时，我父母就离婚了。父亲和别人又组成新的家庭，我和母亲在一起生活。

母亲在纺织厂工作，收入不高，为了供我读书，一边上班工作，一边利用业余时间做些炸油条，加工些豆腐脑之类的小生意来增加收入，父亲刚和母亲离婚的两年内每月还给两百元的子女扶养费，之后一分钱也不给了。

后来因不按时给扶养费的事，母亲起诉到法院，可是法院传父亲出庭时，他躲避了，后来连人影也找不到了。

母亲只能靠微薄的收入支撑着这个家的生活，并供我读书。上高二时，母亲积劳成疾，病倒了，住了一个多月医院。我非常心疼，决定退学来家找工作挣钱以减轻母亲的经济负担，母亲知道后痛哭一场，三天不吃饭，并说如果我不继续读书，她就永远不吃饭了。

我深深理解母亲的良苦用心，只能重返校园。2000年参加了高考，我以总分633分的成绩被北京师范大学录取。在我读大学这几年里，母亲依旧白天上班，业余时间做点小吃来增加收入，全力供我读书。在大学二年级的时侯，我便利用星期天、课余时间为一些中学生做家教，搞些收入来减轻母亲的经济压力。就这样，我终于完成了大学学业，如今已经在上海的一所中学当老师了。没有我母亲的坚持，就没有我现在所拥有的一切。"钟女士已泪流满面了。

工作半年后钟女士才得知，母亲于2000年钟女士开学前夕曾到血站献过血，为的是筹集资金送女儿上大学。

实例三：郭女士，于1999年前来求测运程

乙巳　壬午　乙未　癸未

大运：9岁~18岁　　癸未

19岁~28岁　　甲申

29岁~38岁　　乙酉

小运：1岁　　甲申

2岁　　乙酉

3岁　　丙戌

4岁　　丁亥

5岁　　戊子

6岁　　己丑

7岁　　庚寅

8岁　　辛卯

9岁　　壬辰

日元乙木生于仲夏午月，虽为长生，于大气候仍为休囚之地，年干乙木，月干壬水，时干癸水帮扶日主，日干乙身弱得帮扶而不从，此为身弱之正常格局的四柱。取月干壬为用神。

对女性而言，正财为父，偏印为母。今正财戊土父星不现，藏于年支巳火之中，巳火本为命局忌神，今逢日柱空亡，为吉象。但巳火于月建旺相，旺相之五行出空、引动则应事。

偏印癸水坐时支未土墓库之上受重克，虽有帮扶命局用神之意，却无帮扶用神之能。

全面分析后，我对郭女士说："你命硬，克父克母又克丈夫，这一生命运十分坎坷"。

只见郭女士泪流满面："我3岁父亲死于车祸，8岁母亲得病而去世，如今我已和丈夫离婚，刘老师你说我这命怎么就这么苦？"

命局分析：郭女士9岁才起大运，在此之前要看小运。命主3岁正是丁未年，这一年行丙戌小运。在丙戌小运的引动下，年柱巳火与丙火天地通气由静转动、由空转实。地支戌土与月支午火半合火局，戌中藏丁、午中藏丁，月支午被引动，由于月干壬水虚浮无根，被旺相的小运天干丙火对冲冲掉，因丙火通根于年支巳，而巳中有正财戊代表父亲。流年丁未，天干丁亦来合拌用神壬水，如此以来，用神壬水严重受损，喜神癸水因局中无根而被小运天干丁火相冲冲掉。故这一年父亲出事，应车祸者，日柱干支乙未来查马星在巳，巳为命局忌神，巳中有戊，戊为正财代表父亲。又命主1岁至16岁运限在年柱，而小运丙戌引动的正是年支巳火，巳的十二消息卦为乾卦，乾为父，故应灾在父亲身上。

命主8岁行辛卯小运，流年壬子。小运卯与命局未半合木局，流年壬子又为用神到位，本该应吉，何故母亲此年病逝？

小运辛卯，辛金克伤原命局年干乙木、日干乙木，此年（指命主8岁，壬子年）用神壬水虽临太岁，但命局日干乙木、年干乙木均被小运辛金所伤，故不受用神壬水之生。流年壬子中的子水与命局时干偏印癸水天地通气而引动癸水，水动则必生木，因乙木受伤而不受生之故，癸水长生在卯，故癸水之能量转向小运地支卯木之上了，癸水为命局内五行，卯木为命局外五行，今命局内的喜神癸水转向生扶命局以外的卯木了，况年柱乙巳来查空寅卯，即卯木之能量不被年柱所接收。如此以来，命局中的精华能量癸水由命局内部流传至命局外部卯木之处了，然后被辛金克掉，白白浪费了。故此年应母亲病逝之灾。

七、论兄弟姐妹

在命局中，日元为我，比肩、劫财为兄弟姐妹之符号。对男性，比肩为兄弟，劫财为姐妹。对女性，比肩为姐妹，劫财为兄弟。

在原命局中，比肩、劫财气数足而旺相，且来帮扶命局用神，或临命局用神者，为兄弟姐妹成材且有能力，并对命主帮助较大。

在原命局中，比肩、劫财气数足但不旺相，且来帮扶命局用神者，或临命局用神者，为兄弟姐妹虽能力有限，但却尽全力帮扶命主，与命主感情深。

在原命局中，比肩、劫财气数不足且不旺相，但来帮扶命局用神者，为兄弟姐妹能力不大，虽尽力相帮命主，终因能力不强而难以对命主有较大帮助，但兄弟姐妹手足情深。

在原命局中，比肩、劫财气数足且旺相者，但却来损伤命局中用神者，为兄弟姐妹能力强，但对命主忌妒不服，常阻挠、干涉命主的好事，属同根生而相煎急之类。

在原命局中，比肩、劫财气数足但不旺相者，却来损伤命局中用神者，为兄弟姐妹能力虽不是很强，但总是无端地干涉命主的好事，兄弟姐妹之间感情不和。

在原命局中，比肩、劫财气数不足且不旺相，却来损伤、耗泄命局中用神者，为兄弟姐妹能力不强、身体健康状况不好，拖累命主的事业发展。

兄弟姐妹个数有多少，以命局中比劫总数来计（藏干也算），旺相者以多来论，休囚者以少来论。这是古法。我个人的经验是：兄弟宫（月柱干支）为印比组合时，一般兄弟姐妹数相对较多。若命局其他柱有比劫者，可相加总数来论兄弟姐妹数量。

兄弟宫为官杀组合时，即使命局其他柱有比劫多者，也不可轻易论兄弟姐妹多，因官杀是克比劫的，其宫位被克，兄弟姐妹（比劫）难生众多，故以少来论。

兄弟宫为食、伤、财组合时，命局其他柱比劫多者，兄弟数亦不会太多，因宫位来耗、泄比劫之故。

下面举实例讲解。

郭先生，其四柱为：

辛亥　丁酉　辛酉　甲午

大运：8.8岁~17.8岁　　　丙申

18.8岁~27.8岁　　　乙未

28.8岁~37.8岁　　　甲午

郭先生日元辛金生于仲秋得令旺相，日支自坐禄地酉金，年干透出辛金，此为身旺的普通格局四柱。命局中四金为患，幸年支有亥水来化泄之。取年支亥水为命局用神。

命局年柱辛亥为比肩生扶用神亥水之组合，命主28岁至37岁行甲午大运。甲木通气于年支亥水，亥水被引动，午火与命局月干丁火、时支午火同气相求，丁火与午火俱被引动，火动必克金，火逼金行，金被迫而动，金动则必生水，故在甲午这步大运的作用下，命局中的金被火逼动而生水。由于比肩动生扶了用神亥水，故此步运为上好吉运，必有吉应。

分析全局之后，我对求测的郭先生说："你有哥哥在官场上做得很好，对你有很大帮助。尤其在你28岁以后至今，通过你哥哥在官场的优势，帮你承揽了一些公家的有关运输方面的生意，使你在这段时间赚了不少钱。"

"非常准确，我哥哥在市政府工作，确实帮我不少忙。你能看出我具体做什么吗？"郭先生问。

"你在水边做事，还要通过车辆来运输"。我回答。

"太准确了！我哥哥帮我承揽一份填海工程，用大卡车运来一车车砂石、泥土填到海里，以增加陆地面积。我从29岁接手这活儿，干了好几年，现在还做。收入也不错，就是太辛苦了。"郭很满意现状。

按：辛金比肩临岁干且旺于月令，年干为大，故其哥哥有能力，兄弟宫月令丁酉，丁为酉之偏官，亦为辛之偏官，辛又临岁干，故哥哥必为官场人。亥为日柱辛酉之驿马，亥又为水，故于海边搞运输。亥水为年支，亥为乾卦，故为公家项目。亥水为命局用神，亥水又可生时干甲木财星，原命局中财星甲木为喜神，行甲午大运，命主得财理之必然。

另举一实例：

2006年春节期间，冯女士从日本回国，前来求我为她测运程，四柱为：

庚戌　甲申　辛酉　庚寅

大运：0岁~9岁　　癸未

　　　　10岁~19岁　　壬午

　　　　20岁~29岁　　辛巳

　　　　30岁~39岁　　庚辰

日元辛金生于孟秋，又自坐酉金禄地，柱中比劫林立，身旺无疑。月干透出甲木，通根于时支寅木，日柱辛酉纳音石榴木，时柱庚寅纳音松柏木，月柱甲申纳音为泉中水，由此可知，局中木气虽弱，然深处有根，虽然水可化泄旺金之势，可是命局中干支俱无一点水来引拔高能量的纳音之水（甲申——泉中水），通盘分析，取月干甲木为命局用神。命局明暗比劫一共八个，兄弟宫又临旺地，兄弟姐妹数目必多。分析透彻后，我对冯女士说：你兄弟姐妹很多，应该在七、八个人左右。冯女士马上验证：对！我应该是兄弟姐妹八人，有一个在3岁时死掉了。现在兄弟姐妹七个人，刘老师，您能否看出我排行是老几?

这是一个难度较大的提问。我分析片刻后,对冯女士说:"你在男女一起排顺序为老五。"

"太神了!非常正确!我在兄弟姐妹中确实是男女排行第五位。易经真是了不起。"冯女士兴奋地说道。

"这些年你在国外虽然发展得不错,但你的兄弟姐妹对你拖累太大,尤其是你的哥哥,总是花你的钱,特别是在你30岁以后这段时间,你的哥哥从你手中拿走不少钱,搞得你左右为难。"我又从四柱中看出一些信息。

"你就像亲眼看见我们家中的事情一样,说得一点也不差。我的几个哥哥都向我借钱,结果大哥做生意做赔了,还得向我再借,二哥借钱盖房子。三哥赌博输了好几万,还向我借钱,我是坚决不借,可是父母向我借,我把钱借给父母后,三哥再向父母借,总之变着法子跟我借钱。这几年我哥哥们一共借走40多万元,刘老师你说说,难道是我前世欠了他们的?"冯女士很无奈地诉说着她的苦楚。

"特别是2004年(甲申),你的哥哥从你的手中拿了很多钱。"我又看出一些更细致的信息。"是的。2004年秋天我大哥做生意需要投资,一下子从我手中借走17万元。我二哥这一年盖房子又从我手中借走4万元。这一年我一共借出21万元,至今这些钱也没有还给我。"冯女士很无奈。还有很多断语在此不例举了。下面讲一下判断原理:用神甲木于月令坐申金之上受申金来克,年干劫财庚金亦来克甲木,幸甲木通根于时支寅木。冯女士30岁开始行庚辰大运,在大运天干庚的引动下,命局中年干庚金、月支申金、时干庚金俱被引动。金动必克甲木,故此步运便有了命局中比劫旺动来克用神甲木之组合,甲为日主之财星,故有哥哥(庚、申)来向冯女士借钱之应。2004年为甲申年,这一年的干支组合为劫财申金克用神甲木,在流年甲申引动下,原命局月柱干支甲申被引动,兄弟宫被引动,又来克用神甲木财星,自然应这一年钱被哥哥借走。因流年的引动能力大于大运对命局的引动能力,故应甲申这一年被哥哥借走数额较大的资金。至于断冯女士于男女中排行第五,有以下几条根据:

1. 命局中二庚一申，申中又藏一庚，这样，从全命局中来看便会有庚、庚、申、申中所藏之庚这四位，然后才是日主辛金，这样日主便是第五位了。

2. 从年月日时四柱依次来排，年柱庚排第一位，年支戌中辛金排第二位，月支申金排第三位，月支申中所藏庚金排第四位，则日干辛金排第五位。

3. 由于月令是兄弟宫，从日主辛金长在子为第一位，辛金沐浴在亥为第二位，辛金冠带在戌为第三位，辛金临官在酉为第四位，则辛金至月令申金为帝旺，正排在第五位。

4. 于原命局里年支戌土中藏有辛金，戌为辛之母，戌数目为五（甲己子午九，乙庚丑未八……戊癸辰戌五），辛金由数字五（戌土）之处生出来，故排第五。

再举一实例：

2002年，一位姓司的男性易友前来讨教，其四柱为：

甲午　甲戌　甲子　甲戌

大运：1岁~10岁　　乙亥

　　　11岁~20岁　　丙子

　　　21岁~30岁　　丁丑

　　　31岁~40岁　　戊寅

　　　41岁~50岁　　己卯

司先生排好四柱后直接拿给我，然后说："我也是研究四柱十多年了，今慕名特前来向刘老师请教，请刘老师帮我看一下，我应该是男女兄弟姐妹几人？"我认真看看原命局，天干甲木一字连，似乎兄弟成群，细致分析，只有日柱甲子能立，其余全无气。于是我十分肯定地对司易友说："你今天是有意来考我的。但也无妨，你根本就谈不上兄弟姐妹几人，因为你父母只生了你一个人，你没有哥姐，更无弟妹！"只见司易友脸上有些不好意思了，然后，他回答我说："对不起刘老师，我不是有意来考你的。因为这个四柱我找过很多易界高手看过，都说我兄弟四至五人，还有人说我兄弟八人，都没有说准。今天我开眼界了，刘老师您说对了，我父母只生我一个人。听父亲讲，母亲生完我以后身体就生病了，从此再不能生育了。请刘老师给我讲解下，我这四柱四个甲木透在天干，却为何只有我一个人？"

我见司易友态度诚恳向我求教，于是向其讲解了判断理由：日元甲木生于季秋，走死地，秋风落叶乱为堆，日柱干支为甲子，甲子旬中空戌亥。

今月干甲木坐戌土之上，戌为日柱空亡，故不立。年干甲木坐午火之上，甲木长生在亥，沐浴在子，冠带在丑……死在午，为自坐死地，不立。时干甲木亦坐戌土空亡之上，不立。只有日干甲木坐子水之上，子水生甲木，故只有甲木日主一人而已。

八、论子女

对男性而言，正官为女儿，偏官为儿子；对女性而言，伤官为儿子，食神为女儿。无论男性、女性，均以时柱为子女宫。

不论男性女性，命局中有子女星来帮扶命局用神者，或子女星临命局用神者，则子女必为栋梁，成才而优异。子女星旺相而帮扶用神，或临用神，成大器。子女星不旺相但帮扶用神，或临用神，小有成就。不论子女星于命局中旺相还是休囚，只要帮扶命局用神，或临命局用神，必孝顺父母。

不论男性、女性，命局中有子女星来损伤命局用神者，则必生不肖之子女，拖累父母，不成才，或体弱多病，或身有残疾等。

不论男性女性，只要命局中有子女星来损伤用神之组合，则子女必不孝敬父母或拖累父母。

实例一：谭先生于 2005 年前来测运
四柱为：癸巳　甲寅　戊申　壬戌
大运：7.8 岁~16.8 岁　　　癸丑

17.8岁~26.8岁	壬子
27.8岁~36.8岁	辛亥
37.8岁~46.8岁	庚戌
47.8岁~56.8岁	己酉

谭先生日元戊土生于初春，身弱无疑。然年支巳中有戊，时支戌土亦能通根帮身，日主身弱而不从。

初春气寒，全局中年支巳火既能化泄月令旺木，又能帮扶日元戊土，一举两得。故取年支巳火为命局用神。

用神巳火位处年支，上有盖头癸水克之，本为不吉之组合，幸月干甲木前来化泄癸水，

月支寅木又来生扶巳火，月柱干支甲寅均对命局用神巳火起到了帮扶作用，甲寅为命主之偏官，为命主儿子，今帮扶命局用神且自身旺相，故儿子必成大才。又子女宫时支为戌土，亦来比助日元戊土，均是子女有为之信息。

谭先生于37岁至46岁行庚戌大运，庚通气于年支巳火（巳中藏庚金），通根于日支申金，命局中巳、申被大运引动，运支戌土引动时支戌土子女宫位，又间接引动月支寅木（寅中藏戊土，戌中亦藏戊土）来生命局用神巳火，月支寅木又为戊申日柱之驿马。

分析透彻后我对谭先生说："自你37岁至46岁这段时间，你儿子相当不错，儿子已经在外读大学了，而且学习成绩相当优异"。

"刘老师果然厉害。我儿子从上小学到中学以至大学，学业从来没用我操心，成绩一直很优秀。1998年，由于成绩特别优异，被美国麻省理工大学录取。如今在美国研究生也读完了，还想继续深造。"谭先生很自豪地说。

按：此四柱很多易友、学员提出质疑：偏官甲寅木于月令旺相，日元戊土在命局中为身弱，月柱离日柱很近，理应断偏官甲寅木旺而来克日元戊土以凶来论才合理。

我是这样解释的：从日柱干支戊申来查空亡，为寅卯空亡。从坐宫来看，甲坐寅上，戊坐申上，寅申相冲，于圆周中寅申处于直径这根弦上，学

过几何学的人皆知,于一个圆形中,直径为最长的线段,因此月干甲与日干戊距离很远,此论正应了谭先生儿子在美国之事。

因年支巳中有丙火,月支寅中亦有丙火,易经有同气相求之理,故甲寅月柱木气旺相之后首先向用神巳火转移输送。贪生自然忘克。又初春之木克力并不强,故对土之杀伤力甚小。

实例二:李女士 2005 年年底来求测

四柱为: 壬子　　丁未　　甲寅　　戊辰

大运: 5.4 岁~14.4 岁　　　丙午
　　　15.4 岁~24.4 岁　　　乙巳
　　　25.4 岁~34.4 岁　　　甲辰
　　　35.4 岁~44.4 岁　　　癸卯

日元甲木生于季夏,为休囚。因甲自坐寅木禄地,年柱又有壬子水印星,月支未土、时支辰土中又藏乙木通根气,故身弱而不从,为正常格局四柱。

从日柱甲寅来查,子丑空亡,年支子为空亡,故不能取其为用神。取年干壬为命局用神,一可生日柱之木,二者可以调侯。

李女士 25 岁至 34 岁行甲辰大运,大运天干甲引动日元甲木,大运地支辰引动命局时支子女宫辰,因此这步运日主与子女之关系必然以动态形式展现出来。又大运辰中所藏乙木与月支未中所藏乙木通气,月支被引动,未土动了,其中所藏丁火与月干丁火必然同动,故甲木生助丁火,丁火旺而动必来合拌年干用神壬水,由于丁火为日主的伤官,代表了李女士的儿子,此为命局伤官来合拌、损伤命局用神之组合,必于儿子方面应凶。

分析完毕,我对李女士说:"这些年来你被儿子拖累得够惨的,是这样吧?"

"你说得太对了!我的儿子从 1997 年出生到现在,一直身体不好,常年住院、吃药,现在已经 9 岁了,还无法上学,因为他患有乙肝,现在还是小三阳,我们两口子没人得过肝炎,可偏偏儿子出生五个月便患上了乙肝,至今病情还时有反复。从出生到现在，为他治病已经花掉 13 万元了，病情还没有根除。刘老师请您帮我看看，我儿子的病啥时能好？我们全家已经有些支撑不住了，这几年全家的收入全花在他身上了还不够，外面还欠下四万多元的债。"说着话李女士已经泪流满面了。

"你放心，从你 35 岁下半年开始，儿子的病会有明显好转的，逐渐会走向康复的。"我安慰李女士。

后然于 2006 年秋季，李女士再次来到我的周易研究会办公室，向我表示感谢，说儿子今年体检肝功能各项指标基本都恢复到正常值了，下半年新学期开学了，学校终于同意儿子入学了。

按：李女士 35 岁开始行癸卯大运，癸水通根于命局年支子水，子水被引动，又癸水冲开丁火使其不再合拌命局用神壬水，用神得自由，癸水又来帮扶用神壬水，故断李女士从 35 岁下半年以后，儿子的病情会有明显好转，应验。

由这个例子可以看出，大运的天干是非常重要的。现代很多"新派四柱"只注重看大运地支而忽略大运天干的做法是错误的，也是不可取的。望易友们重视大运天干对命局的影响。

实例三：2004 年费先生前来求测

四柱为： 壬辰　乙巳　戊寅　甲寅

大运：1.8 岁~10.8 岁　　　丙午

　　　11.8 岁~20.8 岁　　　丁未

　　　21.8 岁~30.8 岁　　　戊申

　　　31.8 岁~40.8 岁　　　己酉

　　　41.8 岁~50.8 岁　　　庚戌

　　　51.8 岁~60.8 岁　　　辛亥

日元戊土生于孟夏，本为相地，年支辰土与戊土天地通气，相互照应。怎奈柱中四木官杀围攻日元戊土，年干壬水又为官杀加力，综合判断，日元戊土偏弱，取月支巳火为命局用神，一则可以化泄局中众多之官杀，二则可以生扶日主戊土。

费先生向我发问:"刘老师你能否看出我有几个孩子?"

"你应该有 2 至 3 个孩子"我回答。

"刘老师能否看出老大是男孩还是女孩?"费先生问得很细致。

"老大肯定是女儿,且长得特像你。"我十分肯定地回答。

"那老二是男是女?"费先生大有刨根问底之势。

"老二是男孩,如果有老三的话,老三也肯定是男孩。"我再次肯定地回答了费先生的提问。

"刘老师全说准了!我只有二个孩子,老大是女儿,长得确实很像我。老二是儿子,长得比较像他母亲。刘老师你能否把女儿与儿子的具体状况讲一下?"费先生又发问。

我认真分析了命局,对费先生说:"女儿成才,读书出去了,并在学校谈了男朋友。儿子没有将书读到底,一直在家里,而且给你很多压力。"

"刘老师果然厉害!把我家的事讲得跟亲眼看见一样。的确如此,我女儿在上海读的大学,在学校与一上海本地同学谈对象,如今俩人已经结婚了。女儿在上海一家学校教学,工资收入比较好。儿子可就不如姐姐了,高中没考上,在家里闲着,也没找到合适的工作,婚姻大事至今已经 29 岁了仍没有对象,为这我压力很大。"费先生也有生活中的缺憾。

后来又为其讲述了一些其他内容,这里就不详细叙述了。下面把思路讲一讲:

柱中明木四个。然于节令休囚,固而取半数,为二个孩子。月干乙木为正官女儿,乙最先出现于年支辰土之中,辰中藏有乙、戊、癸正是费先生一家三口人之象。而辰上又乘天干壬水,壬辰纳音长流水,故乙木所受雨露之恩尽然。又乙木长生在午,午受月令巳火之助而升腾有余。时柱又为乙木之帝旺(乙长生在午,帝旺在寅),故乙木为老大无疑。

甲木坐于时支寅木之上,而甲木长生在亥,亥在月令巳上为月破,故甲为老大之应已被月令所破,又甲坐时柱,时柱为小。甲坐寅为临官,而不是帝旺,故子女宫乙木正官得帝旺气,而甲只得临官禄气,故乙胜甲而为老大。

日元戊土身弱，乙木本为忌神，但月柱乙巳组合扭转局势，乙木正官生扶命局用神巳火，故应女儿成才之断。甲乙巳午报君知（文昌星），因而乙坐巳为自坐文昌，所以学业甚好。巳为文昌又为月令，月令为兄弟宫主同学、朋友，巳中有庚，乙庚相合，故断女儿于大学读书时便谈了对象。

代表儿子的甲木通根于日支寅木、时支寅木。由于日柱干支戊寅所在的旬中空申酉，月柱干支乙巳查空亡为寅卯二支，故月支巳火不受日支、时支寅木来相生，即儿子（甲、寅）不能来生扶命局用神巳火，故儿子不才。

因日元戊坐寅上，儿子甲木亦坐寅上，故儿子与费先生住在一起。

又日元戊土身弱，寅木、甲木为命局忌神，今甲、寅不能生用神巳火，只能来克日元戊土（费先生），故断费先生因儿子的事情而感到压力很大。

九、论性格

人生百态，性格各异。每个人都有独特的个性和性格，于四柱命局中，性格如何，体现尽然。

日干代表人的外在表面性格特征，甲乙日主的人仁慈、急躁；丙、丁日主的人彬彬有礼，但急躁、好胜；戊、己日主的人稳重诚实、倔强、守信用，但不善于变通；庚、辛日主的人做事果断，讲义气，好斗喜杀；壬、癸日主的人聪明睿智、灵活性好，但善变稳定性不好，流动性强。

日支内所藏天干，则代表了命主的潜在的多重性格。日支内所藏本气天干，则表达命主的主体、主流的内在本性。日支内所藏余气天干与杂气天干则表达了命主一些潜在的多重性格。

日柱干支的纳音五行，表达了命主灵魂深处最本质的性格特征。反映出命主骨子里的本质性格。

四柱中，年干、月干、时干与日干形成六亲关系后，则体现出命主在表面上经常流露出来的外观性格特征，现分述如下：

年干为日元食神、伤官时，命主喜欢在长辈、领导、上司面前展露自己的才华、意图、观点、行动方案、动作、肢体语言等。

月干为日元食神、伤官时，命主喜欢在同学、朋友、同事、兄弟姐妹、同行面前展示自己的才华，表露自己的观点、意图，展现动作、肢体语言等。

时干为日元食神、伤官时，命主喜欢在子女、下属、学生、小辈等面前展示自己的才华、语言能力、肢体动作语言、艺术天赋、个人观点、意图等等。

食神、伤官在原命局中为用神时，或食神、伤官来帮扶命局用神时，命主在长辈、同辈、下属、小辈面前所展示的才华、意图、观点、动作肢体语言等恰到好处，能引起大家的关注与重视，并能够引起众人瞩目，得到众人的认可。

食神、伤官在原命局中为忌神来损伤用神时，命主在领导、长辈、同辈、同学、朋友、下属、小辈等面前展露的观点、意图、动作肢体语言等有失公允，会招致多数人的否定、反对、不认可。

以上所述均指年干、月干、时干上的食伤而言。

年干为日元正官、偏官时，命主喜欢在长辈、领导面前展示自己的功名、领导才华等，或在长辈、领导面前表现得压力重重、面色冷漠、愁眉不展、心绪不好等等。

月干为日元正官、偏官时，命主在同学、朋友、兄弟姐妹、同事面前喜欢表现自己的功名、官位、成绩等，有时喜欢摆领导架子；或者在同学、朋友、兄弟姐妹、同事面前表现得压力重重、健康状态不好、心绪不好等。

时干为日元正官、偏官时，命主在子女、小辈、下属、学生面前，经常表现出冷漠、严肃、板着面孔、摆当官架子，或心绪不佳、压力重重等性格特征。

年干为日元正财、偏财时，命主喜欢在长辈、领导面前展示自己的经济能力、喜露富。

月干为日元正财、偏财时，命主喜欢在同学、同事、兄弟姐妹面前露富，显示自己的经济能力。

时干为命主日元的正财、偏财时，命主喜欢在子女、小辈、下属、学生等面前露富，显示自己的经济能力。

年干为命主日元的正印、偏印时，命主愿意在长辈、领导面前表现勤劳、操劳，或于长辈、领导面前展现自己的聪明才智、爱心等。

月干为命主日元的正印、偏印时，命主喜欢于同学、朋友、同事、兄弟姐妹面前展现自己的聪明才智、勤奋、勤劳、爱人助人等品质。

时干为命主日元的正印、偏印时，命主喜欢在小辈、下属、子女面前表达爱心、慈善、聪明智慧、勤劳助人、学识渊博等方面品质。

年干为日元的比肩、劫财时，命主喜欢在长辈、领导面前表现出平等、竞争、平息平坐的心理状态。或于长辈、领导面前展示自己势力强大、社交面广、朋友多、人气旺、竞争能力强等。或喜欢与长辈、领导竞争，一比高下。

月干为日元的比肩、劫财时，命主喜欢结交各界朋友，喜欢竞争、喜欢在同学、朋友、同事、兄弟姐妹面前展示自己的社交能力与竞争能力。喜欢与同学、朋友、同事、兄弟姐妹竞争。

时干为日元的比肩、劫财时，命主喜欢在下属、小辈、学生面前展现自己的社交能力、竞争能力，或喜欢与小辈、下属、子女、学生们相互竞比高下。

有关性格方面的论述，还有许多，在此不能一一尽述。下面通过实例讲解，以增强易友们对人的性格方面的判断能力。

实例一：为房女士的儿子断性格特征

2000年夏季，一位姓房的中年女士前来为在外地工作的儿子问测事业、婚姻等方面事情。她儿子的四柱及大运如下：

壬子　辛亥　甲辰　丁卯

大运：9.8岁~18.8岁　　　壬子

　　　19.8岁~28.8岁　　　癸丑

29.8 岁~38.8 岁　　　甲寅

根据四柱组合，我定位时干丁火为命局用神，对房女士讲述了儿子各方面的事情之后，房女士忽然提出这样的问题："请问刘老师，你能否把我儿子的性格详细地讲一讲？"

分析一番，我对房女士讲："你儿子在小学、中学读书时候就表现出特别聪明、睿智的性格特征，在学业上喜欢拔尖，总想当第一，同时他每次考试成绩拿到第一时，就会向父母报喜，考试成绩不好的时候，从来不向父母禀报。在中学、大学读书时，同学的学习成绩超过他的时候，或同学在某方面成绩优异，荣获奖项的时候，你儿子就会感到有很大压力。总之，他是一个不许别人超过他的人。"

"刘老师您说得跟亲眼看见我儿子一般，一点儿都不错！我儿子从小就好胜、拔尖，上小学时考100分了就把考试卷拿给父母看看，若是考得不好了，试卷也不拿回来给我们看。久而久之，我发现他这个毛病，有时直接找班主任老师把我儿子的试卷拿来看一下，后来他知道我找老师看他的试卷时，竟然和我斗气，二天不吃饭。

后来随年龄增长，这些习惯有所改变，但好胜的毛病总还是有。上初中三年级的时候，学校向市里报市级三好学生和市级优秀学生干部名单，他没有被推荐上，这一下可好，整天闷闷不乐，和谁也不搭话，老师开始也不明白怎么回事，问他为什么近期情绪不好，闷闷不乐？他也不说。

我最了解自己的儿子，他是觉得自己平时学习成绩在学校都是出类拔萃的，为什么学校向上推荐市级三好学生和市级优秀学生干部没有他的名字？关于这事，我也找校长谈了，校长是这样答复的：以你儿子的学习成绩考上重点高中是根本没有问题的。本校之所以向上把其他几位同学给推荐上，是因为这些同学的学习成绩虽然比较好，但没有考上重点高中的必胜把握。市级三好学生和市级优秀学生干部在中考后录取分数线会适当放宽，或者给他们适当地加点分，学校这样做的目的主要是为了提高重点高中的升学率。如果这些学生的成绩都像你儿子那样出色，我们根本就不需要做这些事情了。

我理解学校的做法，但我儿子怎么也想不通，非逼着要转学，无奈之下，我只好在初三下半年把他转到另一所中学读书了，由于他成绩好，新学校的校长非常愿意接收他。就这样，儿子中考时成绩居全市第一名，原来母校的校长及老师们都为他离开本校而感到遗憾。新学校的校长因接受了一名中考状元而使学校名气大振，学苗数量也逐年递增。"房女士详细向我讲述她儿子学生时代的事情。

"你的儿子心地十分善良，从外表看起来清高、自负，但内心深处还是非常火热、正直、有爱心的。他特别喜欢将爱心、温暖送给那些需要得到帮助的孩子、学生。"我又说出一些有关房女士儿子的性格方面信息。

"您说得太对了！我儿子外表看起来很清高的样子，对一般的单位领导、同事等，都保持着一定的距离，从不阿谀奉承。单位领导、同事们不少人认为我儿子是一个不太容易相处的人。后来当媒体记者纷纷前来采访我儿子的时候，单位领导和同事们才知道，我儿子这些年来一直暗中资助了六个家境十分困难的中、小学生的读书。这些被资助的学生及家长们纷纷给电台、电视台写信、打电话，高度赞扬我儿子的雷锋精神与无私奉献。从此单位领导和同事们对我儿子有了更深入的了解。"房女士深有感触地向我讲述着他儿子的事迹。

后来房女士告诉我，儿子现在在深圳工作，做计算机软件程序设计、开发，月收入在12000元左右。

下面把判断思路详解如下：

1. 断房女士儿子在小学、中学读书的时候就表现出特别聪明、睿智的性格特征：

日干甲木生于亥月，为相地，于原命局中表面看似乎日主偏旺，仔细看的话，从年柱、日柱来查都是寅、卯空亡。今时支卯木空亡，对日主甲木难以起帮扶作用，因而从实际情况来看，日主甲木实则偏弱。有易友会问：既然日元甲木身弱，为何还要取时干丁火为用神？

这里取丁火为用神主要考虑的是调候作用，丁火虽然对甲木有所消耗，却能令全局一片寒水、冷木、冻土、寒金得到温暖而全局流通无碍。

命主9岁至18岁行壬子大运，子与日支财星辰土半合水局，财星辰土为命局忌神，原局中日支辰土克制月支亥水印星，因亥中藏有日元甲木，又大运运干壬通根通气于亥，这样，月支亥水被大运天干壬引动，日支辰土忌神财星被大运地支子水合化水局而不再克印星亥水，亥水被引动而生日干甲木，亥为水，水主智，亥为天门，亥为乾卦为头脑，故头脑睿智、聪明。大运为壬子，壬子又为年柱干支，壬到子为帝旺，故聪明绝顶。

2. 断儿子在学业上喜欢拔尖，总想当第一，每次考试成绩拿到第一时，就会向父母报喜，考试成绩不好的时候，从来不向父母禀报：

房女士儿子的日柱为甲辰，甲辰为旬首，排首位，故喜欢拔尖，总想当第一；年柱为壬子，壬为印，主学习成绩。壬坐子为帝旺，帝旺为最高点。故成绩拿到最高点第一时，便会向父母报喜，由于壬子组合在年柱，年柱为父母宫，9岁至18岁行壬子大运，大运干支壬子引动原命局年柱干支壬子，即可解读为：当成绩（壬）达到最佳（壬到子帝旺点）的时候，便会向父母（壬子年柱）报喜——大运壬子引动原命局年柱父母宫壬子。

因为9岁至18岁行的是壬子大运，故只有壬子干支（壬帝旺在子）出现的时候，才能引动年柱父母宫壬子，如果不是壬坐子上（即壬不坐最旺点子的时候），年柱壬子便不会被引动，此可解读为如果考试成绩不是最好的时候，便不会向父母禀报（即不会引动年柱父母宫）。

3. 断儿子在中学、大学读书时，当同学的学习成绩超过他的时候，或同学在某方面成绩优异，荣获奖项的时候，他就会感到有很大压力，总之不许别人超过他：

月柱辛亥为兄弟宫，代表同学，亥水为日干甲木的长生，长生为第一，亥中藏甲木，为同学，即同学的学习成绩（印星亥水）排第一时（甲木长生在亥），房女士的儿子（甲木）便会感到有压力（月干辛金为甲木的正官，官星代表压力）。辛金代表奖项、金牌等信息。

4. 断房女士儿子心地十分善良，从外表看起来清高自负：

日主甲木旺于月令，木主仁慈、善良，日支辰土为华盖（申子辰见辰），故清高、自负。

5. 断房女士儿子内心深处还是非常火热、正直、有爱心的。他特喜欢将爱心、温暖送给那些需要得到帮助的孩子、学生：

日柱干支甲辰组合中，甲为木主仁慈、善良，辰为土主信，为人守信用，辰中藏有乙木、戊土、癸水，乙木与时支卯木通气，故儿子内心深处的仁慈与善良始终关注着那些需要得到帮助的孩子、学生（时柱为子女宫）。

甲辰纳音为覆灯火，纳音代表人心灵深处最本质的个性和性格特征。火主热情、火热、温暖、爱心。时柱丁卯纳音为炉中火，日柱、时柱纳音都为火，可谓儿子内心深处时刻惦念着那些需要得到帮助的孩子、学生们（时支卯木为日柱干支所查之空亡，空亡即能量不足，需要得到帮助）。时干丁火为命局用神，火主温暖，丁火由日干甲木生之，故日主将爱心、温暖送给那些最需要得到帮助的孩子、学生（丁火坐卯木，卯为空亡，故丁火最需要得到帮助，丁火为食伤，又在时柱，故为孩子、学生）。

实例二：为刘女士断性格特征

1998年春节后不久，有位姓刘的女士慕名前来找我预测。她的四柱及大运如下：

刘女士：乙巳　壬午　壬子　戊申

大运：3.8岁~12.8岁　　　癸未
　　　13.8岁~22.8岁　　　甲申
　　　23.8岁~32.8岁　　　乙酉
　　　33.8岁~42.8岁　　　丙戌
　　　43.8岁~52.8岁　　　丁亥

此四柱中，年支巳火、月支午火半会火局，日支子水、时支申金半合水局，全局水火相战，相互对峙，幸年干有乙木来通关，取乙木为命局用神。

我为刘女士讲了许多工作、婚姻、财运方面的事情之后，其又要求我详细地讲一下她的性格。我仔细认真地把四柱原局看了一下，对刘女士说："你是一个绝顶聪明的人。曾有很多发财的好机会出现在你身旁，可你偏偏不为之所动。在与人相处中，不论遇上官位多高的领导、上司，你表现得恰到好处，从不阿谀。但你的建议却经常被一些高层领导、上层社会的人所采纳。"

说到这儿，刘女士微微一笑，点了点头："你继续说。"

"在你结婚之前，曾经与一个长相很好、家里也很有钱的男士相处过对象。这位男士很喜欢你，希望和你早日成婚，可你总不答应人家，你嫌这位男士虽有钱长相不错但没有聪明头脑，最终分手了。你的择偶标准和别的女人不一样。"我又讲了一些事。

"刘老师功力不凡，把我过去一些事都讲出来了，并且讲得很准。"刘女士对我的判断持肯定态度。

"你和那些有钱的同学、朋友、同事都保持一定距离。即使有困难的时候，也从不向同学、朋友们借钱。这是你最主要的一种性格特点。"我又讲出刘女士的一些性格特征。

"刘老师真是高手！我周围的同学、朋友、兄弟姐妹中很多人经济条件很好，我有时经济上有困难的时候，也从来没有向这些人借过钱。我认为，借钱是一件不光彩、很失尊严的事。"刘女士又让我说中了。

"你是一个特别爱干净的人。家中所有的生活用品包括小孩子的衣服，都要洗得干干净净的。"我又说出刘女士一些性格特征来。

"刘老师说得很对。我这人从小就喜欢干净。家里所有的东西都要一尘不染的，孩子、老公的衣服稍稍有点脏我就要给换新的，在单位里工作也是这样。不少人说我有洁癖，但我总觉得干干净净的心里舒服。"刘女士喜爱干净的性格特征让我说准了。

"你这人童心很重，特别喜欢和孩子们在一起。依我看，你最适合做一个小学教师。"我说。

"易经真是神奇！我的确就是一位小学教师，是教音乐的。成天和孩子们在一起，很快乐的，我丈夫常说我像个小孩子似的。"刘女士再验我之断语。

"你有个优点，就是不耻下问。当有不懂的问题时，可以向年龄比你小的或地位比你低的人求教。"我讲了一下刘女士另方面的性格。

"这一点让刘老师说正了,我只要遇上真正有才华的人,一定会向人请教的。记得在10年前,有一个15岁的女孩,她钢琴弹得特别棒,我一有空便找这个女孩讨教,后来她去北京了,为了提高钢琴弹奏技艺,我先后三次去北京找这个女孩交流指法、演奏风格。这个女孩虽然年纪很小,但她的灵感特好,同样的一首曲子,从她手中弹出,听起来就是不一样,很别致。为了掌握弹奏方法,我把这个女孩整个弹奏过程给录了像,回来后反复播放,用心来体会女孩弹奏钢琴时的意境。"刘女士回忆着说。

"你特别喜欢养花,住宅的东南方、南方、北方都摆满了花草。"我讲了一下刘女士的生活习惯。

"刘老师就像去过我家一样,说得如亲眼看见了似的,我从小就喜欢花,一直到现在,这个习惯仍保持着。我家里东南方、南边、北边全摆着花盆,各式各样的花不下十几种。"刘女士向我讲述着。

"你平时喜欢吃酸的东西。口比较重,能吃咸的。你做的菜自己吃觉得味道合适,但别人吃起来便会觉得有点儿咸。"我说出刘女士饮食上的一些特征。

"易经什么事情都能测出来,连我的饮食特点都测得这么准。我真的是很喜欢吃酸的东西。我做菜的味道很好,就是有点咸,这是很多人吃过我做的菜以后给予的普遍评价。"刘女士说。

之后我又为刘女士断出许多有关她性格方面的内容,因篇幅所限于此就不多讲了。

下面把整个判断思路详解如下:

1. 断刘女士是一个绝顶聪明的人:

日干壬水生于仲夏午月,为走囚地,然日干壬水自坐子水帝旺之地,为自立之象。日柱干支皆水,水主智,帝旺为巅峰最高点,又壬水、子水均来生年干用神乙木,年柱主头脑,故断刘女士是一个绝顶聪明之人。

2. 断曾有很多发财的好机会出现在刘女士身旁,刘女士偏偏不为之所动:

月柱为壬午组合，壬即是日干的再现，午为日干之财星，今壬午组合一起，便可解读为日主（刘女士）与财有缘。时间段在17岁至32岁阶段。因午为月令旺气，故为大财之象。月干壬水之能量主要来生年干用神乙木，故壬水对午火之克制力量有限，又午火来耗泄年干用神乙木，所以断刘女士曾有很多发财、赚钱的好机会，却偏偏不为之所动。

3. 断刘女士在与人相处中，不论遇上官位多高的领导、上司，都能表现得恰到好处，从不阿谀。但其建议却常被一些高层领导、上层社会的人所采纳：

年柱代表领导、上司、上层社会等信息符号。今用神乙木位处年柱，乙为命主之伤官，伤官代表不阿谀奉承，伤官又为语言、表达能力、建议、清高等信息。现伤官乙木为命局用神，用神为平衡、恰到好处之信息。综上所述，刘女士在与人相处过程中，不论遇上官位多高的领导，都能表现得恰到好处，从不阿谀奉承。

乙木为用神，在年柱，又为伤官，乙木为命主的语言、表达能力、建议，乙来生年支巳火，即巳火接受乙木（伤官）的生扶，巳中藏有戊土偏官，年柱位的官星自然是高层领导、上层社会之信息了。因偏官戊土藏在巳中，巳火生戊土，乙木生巳火，乙为伤官，又是用神，故刘女士的建议（乙）常被一些高层领导、上层社会的人所采纳。

4. 断刘女士在结婚之前，曾经与一个长相很好、家里很有钱的男士相处过对象：

月柱为壬午组合，壬为日干代表刘女士，午中藏有己土正官，代表男朋友。从年柱乙巳来查，巳酉丑见午，午为桃花，故男朋友长相很好。午为壬之财星，今财星午火旺相，故断男朋友家有钱，经济条件很好。月柱主管17岁至32岁运程，这段时间正是谈婚论嫁阶段。

5. 断这位男士很喜欢刘女士，希望和刘女士早日成婚，但刘女士总不答应，嫌这位男士虽有钱、长相不错，但没有聪明头脑，最终分手了：

月柱壬午组合中，午中藏有己土正官、丁火正财，一片燥热，夏季之火最喜水来滋润，即午火喜壬水之滋润，壬午组合为水火既济，有水火相就之意。然正官己土藏于财星午火之中，财损印，印主聪明、头脑等信息，故男友没有聪明的头脑。又日柱夫妻宫为壬子，子来冲克午火，即夫妻宫（子）不允许（午）男朋友走近。故断最终与男朋友分手。

6. 断刘女士和那些有钱的同学、朋友、同事都保持一定距离，即使有困难的时候，也从不向同学、朋友们借钱：

月柱为兄弟宫，代表同学、朋友，今月干壬为日元之比肩，比肩代表同学、朋友。今月干壬坐午上，午为财，壬午组合可以代表有钱的同学、朋友。现月柱壬坐午上，而日柱壬却坐在子上，午为南极，子为北极，两者相差甚远，故有刘女士与有钱的同学、朋友保持距离。日柱壬子组合中，壬到子为帝旺，五行旺了之后首选的是去生其他五行。今命局中水旺了自然要去生年干乙木。由于年干乙木有化泄水之功能，故命局壬、子水不去劫午火之财，所以有刘女士从不跟同学、朋友借钱之断语。

7. 断刘女士是一个特别爱干净的人，家中所有的生活用品包括小孩子的衣服，都要洗得干干净净的：

日柱壬子组合，壬与子都为水，水主洗。又印主衣服、被子等，今偏印申金与日支子水半合水局，有经常洗涤衣服、被子之信息。土代表灰尘、泥土等信息，今时柱戊申组合中，戊土被申金化泄，申中藏有壬水，代表刘女士，申金代表衣服、被子等信息，申与日支子半合水局，申为时柱，代表子女宫。这样便可解读为家中生活用品及小孩子的衣服，都要洗得干干净净的。

8. 断刘女士童心很重，特别喜欢和孩子们在一起，最适合做一个小学教师：

从整个命局来看，年支巳火、月支午火半会火局，日、时柱半合水局，如此，全局分成水、火两大部分。而日柱干支壬子均为水，与全局中有关"水"的部分为一体。又时支申中有壬水，壬水长生在申，长生为童年，申为偏印，印主思想、情绪、心理活动等信息。今日元壬水之源在时支申金处，故断刘女士童心很重，喜欢和孩子们在一起。申为传送，又为印，故刘女士特别适合做一个小学老师。

9. 断刘女士有个优点，就是不耻下问，有不懂的问题时，可以向年龄比其小或地位比其低的人求教：

日柱壬子与时柱戊申可说明这一点。时干戊为偏官，代表疑惑、不懂的问题等，今戊被时支申金化泄，说明时支申（小辈人）能解决问题（偏官戊）。日支子与时支申半合水局，水主智，即可解读为刘女士与小辈人在一起便能增进智慧。日柱壬在天干，时支申为地支，申中之壬水为遁藏，说明刘女士（日干壬水）能从高（天干）往低走（时支申中遁藏壬），不耻下问，向年龄比她小的人求教（申为壬之偏印）。

10. 断刘女士特别喜欢养花，住宅的东南方、南方、北方都摆满了花草：

年干乙木为命局用神，用神自然代表了命主最喜欢做的事情。今乙坐巳上，巳为东南方向，故断住宅东南方有花。月柱壬午纳音杨柳木，午为离为花，壬为命主日元，故南方亦有花草。日柱壬子纳音桑柘木，子为北方，故断住宅北方亦有花草。

11. 断刘女士平时喜欢吃酸的东西，口比较重，能吃咸的。做菜自己吃觉得合适，但别人吃起来便会觉得有点儿咸：

年干乙木为命局用神，乙为食伤，故断刘女士喜欢吃酸的（木主酸）。日柱壬子，壬至子为帝旺，水主咸，故刘女士口重，能吃咸的。日柱水最旺（壬子），故其他柱的水（月柱壬午、时柱戊申中所藏之壬水）都比不了日柱壬子之帝旺。

第四章
断四柱实践经验与判断技巧

绝大多数易友们都有这样的体会：看了许多四柱书，参加过很多四柱学习班，四柱理论可以说是相当丰富了。但遇到实际占断时，则说不出几条令人信服的断语来。或者虽然说出一些断语来，但多数断语和求测人实际情况不符。原因何在？

我总结了一下，主要有以下原因：

1. 就国内研究四柱学的易友们而言，绝大多数都是自邵伟华的《四柱预测学》出版后才入的门。无疑，邵伟华的《四柱预测学》、《周易与预测学》等著作的公开出版，对中国禁锢了几十年的易学文化起到了激活、推动的作用。不夸张地讲，邵伟华先生树立起了中国易学文化再次兴起的大旗。没有邵伟华著作的问世，可能中国易界就不会有今天这种发展的局面。

然而，有利则有弊，自邵伟华之后很多人急于当大师、做名人，学了点儿很肤浅的东西就开始写书，一批批四柱新作、六爻新作如雨后春笋般问世。一个个新易学大师相继诞生。细细品味一下这些新著便会发现：一些新理论、新观点都是闻所未闻的，绝大多数理论、观点是不符合易理的。很多易历尚浅的易友们见到这些新理论、新观点，盲目跟进，学习班一个跟一个地参加。到头来，新理论、新观点学了不少，可一旦用于实践，就不好用了，测不准了。最后归纳总结为：我还没有完全掌握老师教给的东西，还要继续深造。于是从初级班、中级班、高级班、特训班，最后再花些高价参加个"弟子班"，这回该得到真传成手了吧？——依然断不准！

原因很简单：讲课老师用这些理论连自己的事情都测不准，学员怎么能测准呢？

这里要告诫易友们，尤其是初学四柱的易友们：一定要把主要精力用在对传统的经典著作上进行深入研读，切莫把时间、精力错误地用于"新派命理"、"新派六爻"上。我主要是研究传统数术学的，对近些年来市场上出现的新派东西是不闻不问的。一个偶然的机会，易友在和我交流四柱命理研究心得时，满口都是新理论、新观点，于是我问：哪来的这些理论？传统的经典中都没有呀？

易友笑曰：是新派四柱大师某某的理论，这些新理论比传统的要好得多。

我讲不倒这位易友，他满脑子全是新派理论。只能通过实践来印证其理论的可行性有多少。

我拿出十余个四柱让这位易友看看，这十余个四柱居然全变成从格了！而于我眼中这些四柱全是正常格局的。

为此，我决定看一下这些新派命理都写了些什么。于是我用了近半年的时间，搜集了自邵伟华出山后所有新大师的著作。经过仔细阅读，得出如下结论：目前国内流行的新派四柱，从立论上来看，根本就是错误的。不夸张地讲，自邵伟华之后出山的众多"四柱大师"，几乎没有一个人是真正地研究传统命理学的，他们连传统的命理经典著作都没有看懂，便急于创新、标新立异、出书、讲学，以讹传讹。其理论花样之多，可谓前不见古人，后不见来者。众多创新理论的出台，令本来就苦涩难懂的传统命理更增添了不少难度。易友们是越学越糊涂，越学理论越多。越学越觉得拿起一个四柱无从下手，不知从何说起……

其实，古人对易学、命理已经研究到了很高的境界，翻阅一下传统命理经典著作便可见一斑。今人能够把古人留下的东西完整地继承就已经很不容易了。如果能从思维深处真正地领会了古籍命理著作中的每句话的意义，那一定是个命学高手了。无须再"创新"理论。说句实在的话，以今人的研究水准，想超越古人是根本不可能的事，今人的"创新"，只能是自欺欺人！

细心的易友们定会发现：一个"新派"大师诞生后，便会有很多易学爱好者跟而随之，过一段时间后，发现"新派"大师的理论用于实践不管用，测不准，随即放弃了。又一个"大师"出山了，再花点时间、资金去学习一通，然后再用于实践还是准确率不高。不得已又放弃了。再学另外一种观点的……

这便是中国易界的一大特点。凡是一种新派理论的诞生，开始肯定是轰轰烈烈、沸沸扬扬的，跟随学习的学员也人声鼎沸、多如牛毛，随着时间的推移，"新派"的东西逐渐被实践的无情检验给淘汰了。"新派"大师头顶的光环也随着"准确率不高"的残酷现实而暗淡下来。之后再诞生一个大师，重踏旧辙，其创造的东西依然是先热后冷，最终遭遗弃。

自邵伟华开创中国易学新局面以来，诞生了不计其数的"易学大师"、"新派学术"体系，最终是百分之九十九的都没有真正立住足，该倒牌的倒牌了，该被否的理论也随着时间流逝而最终被否定了。究其根源，就是易经乾卦初爻的爻辞那句：初九潜龙勿用。

为什么《三命通会》、《渊海子平》能经久不衰，如日如月？为什么今人的"新派体系"总如黑夜中的流星一般，一闪即逝？

我认为，《三命通会》将命学讲到了根，《渊海子平》把命学讲到了本。而今人之"新派"小技，离"根本"相差甚远，妄自篡改，胡乱编造，还美其名曰："新派命理"。只能留笑柄于后人。

2. 现今易友多喜欢"象"，鲜有人涉猎"理"。这是一大通病。

多数易友们学了些"判断技巧"后，便盲目套用。有时套准了，就高兴起来，以为学到了绝招，再套用一个四柱，就不灵了。也找不出原因来。这是当今易界存在的最普遍的一种现象。究其原因，一是传授"绝招"的大师在那造假，编出花样众多论点、断语、绝招，好为他众多的班次有内容讲。二是多数易友（尤其是初学者）没有足够的辨伪能力，他们对大师的了解主要是看过几本著作，或者从网站上看过一些大师的宣传资料，便盲目地千里迢迢参加学习来了，待学习班结束后才发现上当了。

易友们完全可以避免上当的，当你想到哪位大师那儿参加学习时，先报一个四柱给大师，让大师说一两个准确的事件及流年便成。如果大师敢于面对挑战，并且断准了，这是真正的高手，大可放心地去参加学习。如果大师推说忙，没有时间，或者说不免费测，测一个人要几千，几万之类的，这肯定是冒牌水货。千万不要上当受骗。

曾有易友前来找我切磋命理，他说曾跟某某大师学过一些准确率极高的断语。并要求用这些"绝招"和我交换易学资料。我笑曰：能否用你的绝招给我试个四柱，看看灵不灵？

易友很爽快答应了。我把这个四柱给他了：

男：癸卯　丙辰　丙戌　乙未

大运：3岁~12岁　　乙卯
　　　13岁~22岁　　甲寅
　　　23岁~32岁　　癸丑
　　　33岁~42岁　　壬子
　　　43岁~52岁　　辛亥

易友问：你想测这人哪方面的事情？

我说：你随意说点什么都可以。只要准确就好。当然了，要能断准流年就更妙了。

易友稍稍看了一下这个四柱便说：这位男士家的祖籍房屋经常漏水，一到夏天雨季屋顶的水便顺着墙壁、柱子流了下来。

我问：能否讲一下这个判断的易理在哪儿？

易友回答：这是秘传，轻易不给外人的。除非拿资料交换。

我笑了：你想要什么资料我这儿都有。尽管选好了。但你的东西如果从易理上站不住脚的话，我是不会和你交换资料的。

易友问：我刚才断这位男士家祖籍房屋经常漏水，是正确的吧？

我想了想，然后回答易友：正确。

易友高兴了：我说的嘛，这些都是准确率很高的断语。告诉你吧，这个四柱中，年柱为癸卯，年柱代表祖籍、房屋，癸为雨露之水，癸为天干，代表天上，卯为木，代表地支，内部。水在天干，被地支卯木盗泄下来，水被泄下来，自然便有漏水之象了。

我反问：照你这样推，凡是癸卯年出生的人，其祖籍房屋都要经常漏水了？

易友很认真地回答：不光是癸卯年，还有壬寅年出生的人，无论把家搬到哪，都会有类似的的房屋漏水之困惑。

我听得忍不住笑了：唉！看来1962年、1963年我们国家搞的房屋建筑质量都不过关呀！

之后我还是给了这位易友一些易学资料，他毕竟对我没有保守自己所学的"秘传"。之后我郑重地告诉这位易友：这个癸卯年出生的人老家在西藏日喀则。是我的一位佛友。那个地区几乎成年不下雨，房屋怎么会漏水呢？

通过这个例子不难看出，社会上流传的一些所谓"绝招"、"秘传"，多数都是一些新派学易不深的假大师造出来的实用价值不高的东西。易友们只学了一些表面的"象"，就对号入座地往上套用，其结果只能是留笑柄给客户了。

3. 多数易友仍然停留在干支、五行之间乱作用这个层次上，或者原命局、大运、流年、小运之间乱作用这个层次。有些新派大师搞出一些"怪论"来，什么"隔不作用"、"干与干作用"、"支与支作用"之类的东西，搞得易友们无所适从。这些伪理论的出现，很大程度地把易友们引入到一个误区，难怪易友学了那么多"新理论"，一旦用于实践就不验了。因为错误的理论体系永远指导不出正确的实践结果来。以商业炒作为出发点的新派理论，绝大多数是不符合易理的蓄意编造，是经不起实践检验的伪学问。传统的东西还没有真正看懂，搞什么创新？

我坚信，新派搞出的这些乱七八糟的东西，不久将会被真理的洪流洗刷得毫无存身之地。下面把我多年的在实践中总结出来的一些实用性很强的判断经验介绍给广大易友们。

1. 如何判断年月日时完全相同的四柱

这是一个争论了很久的问题，也是对四柱学到底能不能测准人命运的一种学术性的有力挑战。如果四柱学能够测准命运的话，那么从理论来讲，天下四柱相同的人就应该有相同的命运。

但现实生活中却不是这样。我在实践中经常会遇到一些四柱完全相同的人，其命运轨迹却截然不同，甚至是天壤之别。这充分说明，即使是四柱完全相同的人，其命运也会有千差万别的。如何在实际预测过程中区分四柱相同、命运不同这一类的四柱呢？我的经验是：如果两个四柱相同的人同时前来求测（比如同性的双胞胎），在预测过程中要重点察看外应。因为双胞胎的长相极为相像，四柱又相同，但每个人的举止、动作必会有所区别。以每个人所坐之方位、举止动作之不同，来加以区分。

现举例说明：

2004年春节期间，一对孪生姐妹同来求测，她俩的四柱完全相同：

甲寅　己巳　辛亥　辛卯

姐妹俩长得一模一样，穿的衣裤也完全一样，使我不由得想起了克隆人这一念头。姐妹二人其中一个坐在我的巽位，另一个坐离位。四柱排好后，坐在离位的女士首先发问：刘老师，我们测过几个地方了，由于我俩生日时辰前后仅差十分钟，都是一个时辰，所以很多人说测不了我俩的命。人人都传言你测事准，你能否分别给我俩各自测一测？

我回答：虽然你俩生在同一个时辰里，但有办法来区分你俩不同的命运的。

坐在离位的女士又问：请问刘老师，从四柱中你能否看出我俩谁是大的？谁是小的？

我直接对离位发问的女士讲：你是小的。坐在东南方（巽位）的是你姐姐。

她俩都笑了：刘老师厉害，说得完全正确。还能看出一些其他事情吗？

我观察了一下，说：老大的性格柔顺，像母亲。老二性格活泼、热情、好胜，像父亲。

姐妹俩哈哈笑起来：刘老师果然名不虚传，说得一点儿不错。

像上述的四柱相同的人同来求测，我特别注意外应的抓取，只有准确地抓取了外应，才能将四柱相同的人加以细致区分。上边这个例子中，离位为中女，巽位为长女。故根据姐妹所坐方位，判断出坐巽位的是姐姐，坐离位的是妹妹。又巽的先天卦在坤，坤主母，故姐姐性格柔顺，像母亲。离卦本位的先天卦为乾，乾代表父亲。故妹妹性格像父亲。

对于没有血缘关系的四柱相同之人的判断，要在排完其四柱之后，一定要根据求测者前来求测的时间起个卦象，或者起个奇门局、六壬课之类的相互参照印证，这样可以大大地区分四柱相同但命运不同之类的人。比如甲、乙两人四柱相同，并且是同性，但甲是今天上午辰时来求测命运的。而乙是后天下午申时来求测的。甲、乙两人的四柱、大运、小运完全一致，但由于二人来求测的时间不同，所以起出的卦象、奇门局、六壬课不同，这样预测者便可根据不同的卦象、奇门局、六壬课来对四柱相同的两个人下不同的断语了。

还有许多关于如何具体区分四柱相同、命运不同的方法，因篇幅所限，这里就不一一详细论述了。

2. 迁徙、变动之信息

很多求测者最喜欢问的问题之一便是迁徙、变动之事。比如问哪年搬家？哪年调动工作了等。对于这样的提问，预测师都应该从四柱中找出准确的应期。

我的实践经验是：当流年干支与日柱干支发生天克地冲时，该流年命主多有迁徙调动之事。比如某人日柱干支为戊辰，当其遇上甲戌流年时，该年必有迁徙调动之应。

再有一种情况是大运干支与流年干支发生天克地冲时，该流年必有迁徙调动之应。

另一种情形是日柱干支与流年干支发生天比地冲时，该流年命主会有迁徙调动之应。比如某人日柱干支为乙巳，当其遇上乙亥流年时，必有迁徙变动之应。

3. 岁运并临真的会"不死自己，也死他人"吗？

岁运并临不死自己，也死他人这种说法，至今许多易友还在盲目套用。我经过多年大量实践证明，多数岁运并临之流年并无死亡之事发生。只有极少数的岁运并临之流年发生了死亡之事。有时遇上岁运并临的流年，还有喜事发生呢。那么岁运并临之流年和普通流年有哪些区别呢？

我认为，岁运并临其实就是命主所行大运干支与流年干支完全相同时，这种情形便称之为岁运并临。由于大运干支与流年干支完全相同，这样以来大运干支受流年干支给加强能量了，于是大运干支在岁运并临这一年其能量比其他时候成倍增加，力量加大。此时大运干支对原命局的作用力必然会加大，因而对原命局的作用力也成倍增加。当这个力量来损伤原命局中用神时，则该年必有大灾大难，甚至会死人。如果这个力量来帮扶原命局中用神时，则该年非但不会有灾难，不会死人，而且还会有喜事出现。

如果岁运并临流年的干支对原命局用神没有什么帮扶，同时也没有什么损伤时，该年不会发生什么喜事，也不会发生任何凶事。依然与其他流年一样平平。

4. 关于从格的判定

新派的一些人把本来属于正常格局的许多四柱都变成从格来进行判断，这是一个很大的误区。凡是判定一个四柱是否属于真正的从格，必须具备如下条件：

(1) 日主无依，原命局中无一点儿比助、生扶、通根（包括杂气通根）。

(2) 日主无依，原命局中虽有比助、生扶、通根（包括杂气通根），但这些比助、生扶、通根的干支完全被合化变性，失去原五行本性的。

只有以上两种情形才能构成从格，否则以正常格局来论。现举例说明：

例一：戊午　戊午　壬寅　壬寅

此四柱日主身弱，很多人认为是从财格的，其实不然。因时干壬水有帮身之能，此为身弱的正常格局四柱。

例二：壬寅　壬子　辛卯　甲午

此四柱日元辛金休囚无依，无比助，亦无生扶，又不通根，这是一个真正的从格四柱。

例三：辛丑　庚子　丁亥　庚戌

这个四柱多数人认为是从官格的。其实都忽略了时支戌中藏有丁火，日干丁火通根于时支戌土，此为身弱而不从的正常格局四柱。

例四：癸卯　戊午　壬寅　丙午

此四柱中日元壬水于月令休囚，年干癸水似乎有比助帮身之功，然月干戊土来合化癸水，戊癸合化成功，癸水失去本性，日元壬水孤立无援，此四柱为从财格。

例五：丁巳　乙巳　辛未　甲午

此四柱很多人取日支未土为用神，其实不然。命局中地支巳、午、未三会南方火局。辛金位处一片火海之中，未土已失去生辛金之能力。这个四柱是一个从官格。

5. 要特别重视天干与地支之间的作用关系

很多易友受新派的一些假理论的影响，拿出四柱后，便着眼看干与干之间、支与支之间的相互作用关系，这是天大的一个误区。

古人讲阴阳，再讲五行。阴阳是宇宙中最根本的一对作用关系。离开阴阳，一切无从谈起。在四柱中，天干为阳，地支为阴，天干与地支之间的相互作用关系是整个四柱中最根本的作用关系——即阳与阴的作用关系。这种作用关系中，不仅体现在同柱的干与支之间的相互作用，而且在异柱的干与支之间也同样存在着阴与阳的直接作用关系，现举例说明：

甲寅　　庚午　　丁酉　　辛亥

这个四柱年干甲木与时支亥水似乎相隔最远，其实它们之间距离甚近。甲为天干，可以代表地面以上的树木，亥中藏有甲木，亥为地支，亥中所藏甲木可以代表年干甲木这棵大树在地下所扎的根，亥中之水通过亥中之甲木这个大树根把水分源源不断地传输到年干甲木之上了。由此可知，时支亥水可以直接生年干甲木，它们之间的"距离"——指月柱、日柱，根本阻碍不了时支亥水将水份直接传输给年干甲木。

由此同理可知，其他的天干与地支之间的相互作用关系皆如此。今人所造的干与干作用、支与支作用、隔不作用等虚假理论不攻自破。

6. 重点关注四柱中主流能量的走向

任何一个四柱中，都有一股旺相的、主流的能量。这股能量流在整个命局中占主导地位。我把这股旺相的、主流的能量称之为"主"，命局中其余的干支能量均为"客"。如果日元与主流能量五行相同，或受主流能量生扶，一般来说命主一生会比较顺利，身体健康。如果日元受命局主流能量的克、制、耗、泄，则命主一生多蹉跎，身体健康状况欠佳，多谋少成，逆境多多，事与愿违。

主流能量犹如一个股份公司里控股的最大股东，现举例说明：

某女：辛亥　　辛丑　　戊申　　庚申

该四柱中年干辛金、月干辛金、日支申金、时干庚金、时支申金，很明显，全命局中以金为最主流的能量。今日干戊土虽生于丑月，有丑土比助，但命局中主流能量金来耗泄日元戊土。命主一生命运蹉跎。实际情况是：命主19岁那年因情感之事受挫，从此一蹶不振，工作丢掉了，整天困囿家中，沉默寡言，至今（2007年）未成婚，一直没有工作。

此四柱中，主流能量为金，全局旺金只有年支亥水能够化泄之。惜丑月寒金冻水，难行化泄之功，整个命局无一点火来调候。命局旺金流通至亥水之处便断气不行（无水生木之组合）。凡命局中旺气不能得以化泄流行，必生淤塞。

7. 排四柱要用太阳时

中国国土面积很大，东西相跨多个时区。不少易友在为人排四柱的时辰时，习惯性地运用北京时间来确定，这是错误的。在为人预测时，必须问清楚求测者出生地在哪个省，哪个城市（县），然后根据当地所处的东西经度是多少度，结合北京时间换算一下，才能最后确定其出生地的太阳时，以此来排四柱方无差错。

国外出生的人要根据当地地方时（不能用夏令时）来排四柱。有些不懂地理的"易学大师"竟然说凡是外国出生的人的生日时辰一律要换算成北京时间来排四柱，这是误区，易友们切要注意。

以上所述，均是指赤道以北出生人的四柱排法。出生在赤道以南的国外人的四柱排法较为复杂，因为南北半球在二十四节气上都是相反的，即北半球立冬，南半球便是立夏；北半球冬至，南半球便是夏至了……

所以，对于南半球出生的人，如果按正常的公历日期来直接排四柱，则肯定是错误的。必须考虑节气的换算，才能排正确。

8. 如何确定新一天的开始点？

不少易友（包括一些大师、专家、学者）认为，从每日的23点开始做为新一天的起点，即从每日23点以后便排下一日的干支了。其实这种方法是错误的。正确的方法必须从零点开始做为新一天的起点，23点至零点这一段时间仍属于上一天管辖的范围。也就是说，每日的零点才是新一天的起始点。这种观点并非我个人观点，古籍多有论述。如《河洛精蕴》卷八·图说曰：位在北方者，事物多两歧，如肾有两枚，兽有龟蛇，四端有是非，贞之德必曰正而固，是也。而不止此，子时上半是今夜，下半是明日。虚宿为阴阳分界，而鼠足前四爪，后五爪，尤奇也。

9. 要注重地支所含卦象与六亲关系形成的综合判断

这一点是至关重要的。地支所含卦象，指的是地支所在位置的后天八卦卦象。如地支亥，亥在西北方，西北方为乾卦。地支未，未在西南方，西南方为坤卦，余仿此。

通过地支所含卦象，结合六亲关系，能够使一些信息更明朗化、定位化，准确程度更高。现举例说明：癸亥日柱生人，癸坐亥为自坐羊刃，又为比劫，比劫克财，而财既代表妻，又代表父，到底克谁？通过地支所含卦象，便可进一步锁定信息。亥在乾宫，乾为父，故癸亥日柱所生之人，多有克父之应（当然要结合其他柱来综合判定）。

再如：丙申日柱之人，申为丙之财，财要破印，印为母亲。地支申在西南方，为坤卦，坤为母亲，如此以来，丙申日柱生人克母之信息甚为明显。

若以上所举这两个例子易友能心领神会的话，那相信在以后的判断中定会上一个新台阶。

10. 重点考虑原命局干支在大运、流年上所起的作用

原命局干支属于命中固有的信息，这一生都要无条件地面对与接受。凡是原命局中的干支对用神产生的影响、作用，都属于内因，是很难改变的，这就犹如春天你种下了玉米种子，到了秋天你收获的必然是玉米穗，不可能是高粱和水稻。在易学上称之为"定数"。

原命局八个字以外的干支对命局用神所产生的影响、作用，属于外因，是有可能改变的。比如在冬季，北方的农作物是不能生长的。但是如果扣上塑料大棚，冬天照样能够使农作物开花、结果。这在易学上称之为"变数"。

有很多易友在研究四柱时，不懂内因与外因的关系，更不懂"定数"与"变数"之区别，竟然跑到原命局八个字以外去找用神，这是犯了根本性的错误。用神必须在原命局八个字里找，不能跑到大运、流年上去找用神。有人说我在原命局里找不到用神，所以只能到大运、流年里去找用神。

这种说法是错误的。在原命局中不存在找不到用神这一说法。只是原命局中用神得不得力而已。因为只有原命局中的八个字会从一个人出生陪伴到其死亡。只有原命局八个字中取出的用神才能为其所用一生。如果到大运上找用神，这个用神最多只能为其服务 10 年；如果到流年上找用神，这个用

神只能为其服务12个月，那么人生漫长的岁月将依附何种力量取得长久之平衡？

很明显，用神必须在原命局八个字中寻找，方为正统之取法。其他的在大运、流年上找用神的观点是根本站不住脚的！还有一些新派搞出的"用神随大运、流年的变化而发生变化"之类的东西都是歪理邪说。

原命局中的天干或地支当出现在大运或流年上时，其对命主的吉凶影响力几乎是百分之百的。当原命局中的天干或地支出现在大运或流年上时，如果是来帮扶命局用神的，必有吉应；如果是来损伤命局用神的，必有凶应。这种吉凶应验是绝对的、不可抗拒的，也是很难改变的。

原命局以外的天干或地支，当其出现在大运或流年上时，其对命主的吉凶影响力肯定大大地小于原命局干支出现在大运、流年上对命局的影响力。因为其属于外因。

因此，我们在为人搞预测时，只要重点察看原命局干支出现在哪步运、哪个流年上，然后再看该干支对原命局用神起了什么样的作用，则便可铁口直断，一语中的。

11. 大运、流年干支所对应的六亲、属相是命主这一阶段主要面对的人和事物

命主行某个大运或流年时，这一时段面对的人和事物必定是大运或流年干支所定位的六亲、属相上。举例来说，某人日柱干支为甲子，其行甲午大运，则在甲午干支所管辖的10年中，命主必会和属马的人打交道，想不打交道都不成。因为日干甲木于这步运里坐在了地支午上，而且还要为午付出（甲木生午火），并且被属马的人调来调去的（大运午来冲日支子）。于这步大运里，尤其是和甲午年出生之人打交道的几率最大。不管大运（或流年）干支对命局而言是喜还是忌，都要无条件地接受这股作用力。特别是日柱干支与大运（或流年）干支有通气、同气、通根关系时，更为应验。

12. 如何看一生中对命主影响最大的人或事？

一生中对命主影响最大的人（或事）主要体现在原命局中用神干支所对应的属相或六亲上。再就是原命局中对用神帮扶力量最大的干或支所对应的属相或六亲。还有一种就是原命局中对用神损伤力量最大的干或支所对应的属相或六亲。

以上所列举的几种情形都是一生中对命主具有重要影响的人（或事），其中用神干支所对应的六亲或属相对命主影响最大，主要体现在人生大事上，对命主起着关键的重要作用（主要是帮助作用）。其次是原命局中对用神帮扶力量最大的干支所对应的属相或六亲，对命主起到了巨大帮扶，是命主的大贵人。另一种是原命局中对用神损伤最大的干支所对应的属相或六亲。这股力量是令命主一生中遭受重大挫折、失败的一种力量，也是对命主一生影响力最大的一股反面力量。

知道了以上内容，在为人指点时便会有的放矢，让求测者一生中要重点接触何属相的人，重点避开和什么属相之人打交道，具有十分重要意义。为公司企业选取人才时，也要用上述方法来参照，方无差错。

例：冯女士，其四柱及大运为：

辛亥　丁酉　甲寅　甲戌

大运：　4.8岁~13.8岁　　　戊戌
　　　　14.8岁~23.8岁　　　己亥
　　　　24.8岁~33.8岁　　　庚子
　　　　34.8岁~43.8岁　　　辛丑

在论断冯女士14岁至23岁这段运时，我对冯说："你读中学至大学这段时间，家里经济状况不好，主要是一位属猪的人对你帮助大。"

冯女士验证："对！我读中学和大学时，家里经济条件很不好。是我舅舅全部负担了我高中及大学的费用。我舅舅是1959年出生的，属猪的。"

这个例子中，年支亥水为命局用神。冯女士14岁至23岁行己亥大运，己为日干甲木正财，代表经济状况。己来克用神亥水，故家中经济状况不好。但亥水毕竟为原命局年支用神，旺于月令，亥为印，印主学业。14岁至23岁正是冯女士读中学及大学的时光。大运己亥中，己土于酉月休囚，亥水于酉月旺相，休囚之己土难以伤害旺相之用神亥水，故于此步运学业有成，并得贵人（亥）相帮。假如冯女士14岁至23岁不行己亥大运的话，她可能就读不了大学了。或者说即使读了大学，也不会出现一个属猪的人来帮助她。

再举一实例，赵先生，其四柱及大运为：
己酉年　壬申月　乙亥日　己卯时
大运：7岁~16岁　　　辛未
　　　17岁~26岁　　　庚午
　　　27岁~36岁　　　己巳
　　　37岁~46岁　　　戊辰

赵先生于2004年秋找我预测前程。我观其四柱中日元乙木生于孟秋，走死地，幸通根时支卯木，又有月干壬水、日支亥水生之，通盘考虑，取日支亥水为命局用神。理由有二：一是亥水与月支申金通气，可化泄月令旺相之金气；二则亥水可以生扶时支卯木，卯为日元乙木之本气根，木之生命源头在根部。又亥中藏有甲木，与天干上之乙木相互通气照应。亥水离日干乙木最近，乙木可谓近水楼台先得月。月干壬水虽有化泄旺金之能，却难以生扶时支卯木，又被年干己土所伤，通盘分析还是取日支亥水为命局用神最为恰当。

我对赵先生说："在你27岁（己亥年）这一年，人生有了很大转变，从这一年开始你走南闯北，足迹踏遍全国各地，收入也好了起来，这一年主要是官场上有一位属猪的领导对你帮助大，使你一步登天，运气好起来。"

"刘老师说得正确。1995年我被领导从车间调到销售部，从此开始便长年跑外出差。收入比在单位车间里的时候好多了，我的领导是1947年出生的（丁亥），他是我的大贵人。没有他，就没有我的今天。"赵先生兴奋地说。

　　这个命例中，命主自27岁开始行己巳大运，27岁正是乙亥流年，大运己巳与流年乙亥天克地冲，必有调动迁徙之事。又己巳大运是日柱乙亥的驿马星，故断从27岁这一年开始走南闯北。1995年流年乙亥，赵先生日柱干支乙亥被提升到太岁这个层面，故这一年升职（销售部部长），即用神亥水来生扶日干乙木这个组合被提升到太岁这个层面来运行，故层次很高。

　　有易友问我：命主己巳大运中，巳来冲用神亥水，为何以吉来断？

　　这是对易理掌握深浅的问题了，己巳大运中，巳火虽来冲命局用神亥水，但原命局中亥水根深蒂固，大运巳只能冲动亥水，不会冲掉亥水的。用神被冲动是好事，说明用神的能动性被调动起来了。对全命局更起到了积极的好作用。

第五章　命例详解

实例一：为吴艳华女士综合预测

2004年春节期间，一位打扮得体的中年女士慕名前来求测。经介绍，她的名字叫吴艳华，她的四柱及大运如下：

乙巳　辛巳　壬戌　己酉

大运：10岁~19岁　壬午

　　　　20岁~29岁　癸未

　　　　30岁~39岁　甲申

　　　　40岁~49岁　乙酉

日元壬水生于初夏为休囚，不得令，周围一片旺相火土围而克耗之，日主身弱无疑。幸月干辛金通根于时支酉金、通气于日支戌土来生扶日元壬水。日柱壬戌纳音为大海水，此四柱为日元身弱而不从的正常格局四柱。观全局戌土、己土对日元损伤最重，取时支酉金为命局用神。

由于吴艳华女士想全方位地预测一下自己一生命运如何。于是我从她小时侯讲起："你小时侯出生在一个经济不是很好的家庭里。母亲在其兄弟姐妹里排行老大，但她是假老大。在你母亲上边有个哥哥年青时没超过32岁就去世了，如果这个人还活着，他是你的大舅了。"

"很准！我小时侯家里很穷，父母收入很低。常记得那时侯总是吃玉米饼子、玉米粥、高粱米饭之类的。母亲是排行老大，听母亲说过，她上边有个哥哥在18岁时被雷管炸死了。"吴艳华马上验证了我的断语。

"从命局中看，你父亲老家不在本地，是从外地来这边的，你父亲当过兵。"我接着断。

"真准！我父亲是从山东那边来大连的。父亲当过兵，还打过仗呢！"吴艳华很自豪地说。

"你母亲手散一些，花钱比较大手。父亲花钱很节俭，你家里父亲管钱。"我又说出一些细节信息。

"是的。我母亲特喜欢购置生活用品，只要她手中有钱了，马上就会去办置一些生活用品之类的。为这事经常遭到父亲的责怪。我父亲是个十分节俭的人，家里有时剩饭剩菜都坏了，他也舍不得扔掉，总会将剩饭剩菜吃完才算完事。父亲在家里掌管经济。"吴艳华又验证了我的断语。

"你在学校读书时爱好广泛，能歌善舞。应该是班级里的文艺骨干。同学们都喜欢和你交朋友。你在学校时成绩不错，头脑也十分聪明，但你没有读大学，不知何原因。"我把吴艳华学生时代的事给说出来。

"我从小学至中学一直都是班级里的文艺委员，学校班级有什么大型文艺演出我都唱主角。唱歌、跳舞是我的强项。同学们都喜欢和我做朋友。可以说在学校读书的那段时光，是我人生记忆里最美好的时光。我这一生最大的遗憾就是没能上大学读书。在中学时我的学习成绩一直很好。刘老师能否看出当年我为什么没有读上大学？"吴艳华的问题越来越尖锐。

我看了看吴艳华10岁至19岁所行的壬午大运，然后十分肯定地对她说："你在学校时谈对象了。男朋友长相不错，也很有气质。因为谈这个对象，你的学业受到了严重影响。男朋友家经济条件不错，他不希望你考学外出。"

"刘老师你好像通灵了似的，说得我毛骨悚然，就如亲眼目睹了我学生时代所经历的事情一样。我在高一下半学期时同班的一位男同学总是找机会与我交谈，渐渐地我们之间就相互加深了了解，到了高二下学期的时候，我们已经相处得谁也离不开谁了。忽然间他提出来不想考大学了，原因是他父亲待他拿到高中毕业证以后便可以直接将他安排到市内一家银行工作。本来我俩原打算高考后都报志愿于同一所学校。如今他改变主意了。我也不知如何安排自己以后的路怎样走。这时候他来告诉我，让我也不要参加高考了，他父亲会将我也安排到银行工作。就这样，为了能和他在一起，我放弃了高考。毕业后他父亲果然将他和我都安排到工商银行工作。"吴艳华认真地回顾过去的事。

"你应该是在23岁（丁卯年）结婚了，于24岁（戊辰年）生一男孩。"我继续说。

"是的。看来人生有很多事情早就注定好了。我于1987年秋天和他举行了婚礼。1988年冬天生了儿子。刘老师断得太准了。"吴艳华说。

"30岁以后，你家买了私有车。在你34岁（戊寅年）这一年，家里的车肇事了。这次车祸令你的头部、胸部都受了伤。"我又从命局里看出一些信息。

"太准了！我31岁（乙亥）那年家里买了一辆轿车。从这一年开始我学会了开车。1998年冬天，我自己开车去农村办事，和一辆迎面驶来的大货车相撞了。当时什么也不知道了。后来被医生抢救过来时，才知道头部三处擦伤，胸部四根肋骨骨折。大夫们都说我捡了条命。"吴艳华讲述她的车祸经历。

后来又为她讲述了很多事情，这里就不写太多了。

下面把整个判断思路详解如下：

1. 断吴艳华小时候出生在一个经济不是很好的家庭里：

年柱管1至16岁运程。年柱干支乙巳均为命局中忌神。年支巳火财星旺于月令来合克命局中用神酉金，故断命主小时候出生在一个经济不是很好的家庭里。

2. 断吴女士母亲在兄弟姐妹里排行老大，但她是假老大，上边有个哥哥（母亲的哥哥）年青时没超过32岁就去世了：

年支、月支巳火中藏有庚金偏印，为吴艳华之母亲。庚金长生在巳，故断母亲为排行老大。月干辛金自坐巳上，辛金为庚之异性同胞，易理讲先有天干，后有地支，故辛金先于庚金，辛为母亲的哥哥。辛金坐巳上为自坐死地。月令为兄弟宫，月柱管17至32岁运程。故断母亲为假老大，上面有一哥哥32岁前去世了。

3. 断命主父亲老家不在本地，是从外地来这边的。父亲当过兵：

代表父亲的正财丁火藏于日支戌土之中。戌为军队之信息。所以断当过兵。丁火长生在酉，长生之处为老家，今酉落时支，时支为外地，故断父亲老家不在本地，是从外地来这边的。

4. 断吴艳华母亲手散、花钱比较大手，父亲花钱很节俭、并且在家里掌管钱财：

庚金代表母亲，庚金所克者为母亲的财星。今年柱乙木财星（庚金的正财）露于天干，乙坐巳为败地（乙长生在午，沐浴在巳），乙木又生巳火，故断母亲花钱比较大手。

代表父亲的丁火藏于戌土之中。丁火所克者为父亲之财星。丁火与丁火的财星辛金都藏于戌土之中，财藏则不露，故父亲比较节俭。又时支酉金亦为丁火之财星。父星丁火所在的地支戌来生时支酉金，故父亲喜欢攒钱，比较节俭。又于全命局来看，巳火为命局之财星，火归戌库，丁火父星暗藏其中，故家中父亲掌管钱财之事。

5. 断吴艳华在学校时爱好广泛，能歌善舞。是班里的文艺骨干。同学们都喜欢与她做朋友：

吴艳华10岁至19岁行壬午大运。壬为日干，代表吴本人，今壬坐午上，午者舞也，故善于舞蹈。大运壬午纳音杨柳木，初夏之杨柳婀娜多姿。日柱壬戌纳音大海水，惊涛骇浪，翻腾不已，舞蹈之象尽然。时支酉为兑宫，兑为说唱，酉为命局喜用之神，故能歌善舞之象尽之矣。大运壬午，壬为比肩，代表同学、朋友，日元壬水身弱，喜比劫帮身。故断命主喜欢结交同学、朋友，同学们也愿意和她交朋友。

6. 断吴艳华在学校时学习成绩不错，头脑很聪明，但没有读大学：

日主壬水于原命局中身弱而不从，酉金正印为命局用神，印主学业、学习成绩。命主10岁至19岁行壬午大运，壬水引动日元壬水做运动，水主智，故头脑聪明。印为用神学习成绩必好。又甲乙巳午报君知，大运午正是从年柱查的文昌星，壬午大运正应命主自坐文昌星学习成绩好之象。因大运壬午所在的旬中空申酉，酉为命局正印又为用神，故命主在10岁至19岁壬午这步大运中用神酉金处于空亡状态，自然难以考入大学。

7. 断吴艳华在学校读书时谈对象了，男朋友长相不错，有气质。因此学业受到严重影响。男朋友家经济条件不错，他不希望吴艳华考学外出：

从年柱乙巳来查，巳酉丑见午，午为桃花。吴艳华10岁至19岁行壬午大运。壬为日元，今坐午上，故可解读为命主在19岁之前走桃花运了。又午中藏有丁火、己土，在大运午的引动下，日支戌土中因藏有丁火而被引动，时干己土正官亦被引动。戌为夫妻宫，己为正官，均被桃花午火引动，故必应命主早恋之事。正官己出现于运支午火之中，午为桃花而旺相，故男朋友长相较好，有气质。午为财星旺于月令，故男朋友家经济条件很好。男朋友正官己土藏身于运支午火之中，午火来克命局喜用辛、酉，故男朋友不希望吴艳华考学外出。

8. 断吴艳华23岁（丁卯年）结婚了，于24岁（戊辰年）生一个男孩：

吴艳华23岁为1987年丁卯，丁与日元壬相合，卯与夫妻宫戌相合，可谓是天合地合，喜结良缘之象。由于夫妻宫戌为命局忌神，年干乙木通根、通气于流年卯木之中来合克夫宫忌神戌土，忌神有制反为喜。流年卯木又为日柱干支之桃花（寅午戌见卯），故该年结婚。

9. 断吴艳华24岁（戊辰年）生一男孩：

吴艳华24岁为1988年（戊辰），流年戊辰与日柱壬戌天克地冲，日柱干支被流年天克地冲为身破，又流年辰中藏有伤官乙木，乙木为儿子。在流年戊辰引动下，年干乙木因通根于年支辰土之中而被引动，时支酉金被流年辰土合起、受生，这样以来，子女星（乙木）、子女宫（酉金）俱被流年辰引动、合起，故必应生小孩之事。乙木伤官于女性而言代表儿子，故应1988年吴艳华生了儿子。

10. 断吴艳华家里30岁以后，买了私有车：

吴艳华30岁至39岁行甲申大运。申为日柱干支的驿马星（寅午戌见申），申为传送，代表车辆。又申中藏有壬水、戊土等，俱为日干、日支本气之信息（戌中藏戊土），故吴艳华家中于此步运有了私有车。壬藏申里就相当于命主本人在驾驶车辆之信息。

11. 断吴艳华在 34 岁（戊寅）这一年开车肇事了，令头部、胸部都受了伤：

吴艳华 34 岁为 1998 年（戊寅），当时行的大运为甲申，流年戊寅与大运甲申为天克地冲的关系。这里是大运甲申来天克（甲克戊）地冲（申冲寅）流年戊寅，故灾大。又大运甲申、流年戊寅、年柱乙巳，月柱辛巳组合在一起形成申、寅、巳三刑之组合。年柱为头部，月柱为胸部，故断 34 岁这一年出了车祸，头部、胸部都受了重伤。

实例二：为马育堂先生测运

2005 年夏季，一位名字叫马育堂的先生经亲属介绍来我处测运程，其四柱及大运为：

辛卯　壬辰　甲午　庚午

大运：　6.8 岁~15.8 岁　　辛卯
　　　　16.8 岁~25.8 岁　　庚寅
　　　　26.8 岁~35.8 岁　　己丑
　　　　36.8 岁~45.8 岁　　戊子
　　　　46.8 岁~55.8 岁　　丁亥
　　　　56.8 岁~65.8 岁　　丙戌

日元甲木生于季春本为得令，但为辰月最后 18 天所管辖。辰月最后 18 天论土旺，甲木自坐午火死地，时柱庚午亦来克之、耗之，月支辰土、年干辛金亦来耗克之，综观全局，日主身弱无疑。

春月之木最喜水来滋润，故取月干壬水为命局用神。我问求测人马育堂："你主要想测哪方面的事情？"

"你最好把我这一生各个方面全方位讲一讲，别人都说你测得很准。"马育堂回答。

"从命局里来看,你的兄弟姐妹加在一起应该有七至八人。在你身上有个姐姐没活过32岁就死了。"我对马育堂讲。

"很准确!我兄弟姐妹一共八个人,我身上有个姐姐在1958年(戊戌)得病死了,她当时有10岁。现在我只有兄弟姐妹七个人了。"马育堂验证了我的判断。

"你在兄弟姐妹排行第八,是最小的一个。"我又下了一句断语。

"太准确了!刘老师不愧为是高手。我算过很多地方,没人能说出我兄弟姐妹八人,并且能算出我在家里排行老八是最小的。有不少四柱高手说我排行老大呢!刘老师测得一点儿不差,我排老八,是家里最小的。"马育堂兴奋地回答。

"你在小学、中学的时候学习成绩相当好,经常在班级里是名列前茅。"我又断了一下马育堂学生时代的事情。

"是的。我从小学到中学学习成绩一直在班里是名列前茅的,基本上没掉下过前五名。我们那批人赶的年代不好,没有机会上大学。中学毕业就赶上文化大革命。耽误了不少人的前程。"马育堂很感慨。

"你从16岁至25岁这段时间病、伤灾较多。尤其在你20岁(庚戌)那一年,你必然有一次很大的病、伤之灾。"我说出马育堂的一些病伤信息。

"十分准确!1970年我20岁,这年春天我做了一次手术,刘老师能否看出是哪个部位做的手术?"马育堂又问。

我认真分析了一下命局、大运及流年,然后十分肯定地对马育堂说:"你当时做的是肠道或者阑尾手术。"

"又测准了!刘老师的四柱很厉害!"马育堂赞叹不已。

"你在22岁(壬子年)这一年应该是婚姻大事定位了。很可能于这一年冬天结婚了。"我把婚姻信息讲了出来。

"别人都算我是个晚婚的命。都说我是26岁以后结的婚。只有刘老师您说我是22岁结的婚,又让你测准了。我是在1972年11月18号结的婚。"马育堂很高兴地讲述着过去。

"你妻子比你小三岁,应该是属马的(1954年),对吧?"我问。

"对呀。我妻子是1954年出生的,属马的。"马育堂再次印证了我的断语。

"你和妻子所生的第一个孩子是男孩。"我又断了一条。

"是的。我和妻子结婚后一年半,生了我儿子。刘老师您能否看出我有几个孩子?"马育堂越问越细致。

"你这一生中应该是有两个孩子的命。头一胎是儿子,第二胎是女儿,对吧?"我下了断语。

"太神奇了!四柱学是一门真正了不起的学问,说得一点儿不差,我是有两个孩子,第二胎是女儿。刘老师能不能把儿子、女儿的情况讲一讲?"马育堂越来问题越多。

"依我来看,你的儿子不太喜欢读书,他这一生离不开父母,一直和父母住在一起,经济能力不是很强,给人的感觉是软弱,不能自立。女儿则不然,具有较强的社交能力和经济能力,经常和上层社会的人交往。做事稳重而有根,单位领导经常把一些棘手的事情交给她来做,她都会尽努力把事情做得最好。你女儿长得漂亮,做事细致而果断,她会开车。单位里的高档车经常被她开着外出办事。由于她精明能干,做事仁义,同学、同事、朋友们都愿意和她相处,也都愿意帮助她。你的女儿也十分孝敬父母。她常年留着短发,外观看起来像个男孩子似的。"我将马育堂的儿子、女儿情况一一详细讲了出来。

"刘老师有如亲眼看见了我儿子、女儿一般,说得一点儿都不差。儿子高考落榜,一直在家里住着,后来结婚有了自己的家,但总还是三天两头来我家住,这样一则可以不用做饭买菜,二则省钱,我们老两口拿他也没有办法,只好由他和我们住在一起。我儿子的最大特点就如您刚才所说,做事没有主意,不像男人那样阳刚,很柔弱也很脆弱,凡事总要找父母商量。女儿和他就大不一样了。做事雷厉风行,口才很好。她大学毕业后留在北京一家新闻部门做记者。单位领导非常欣赏她的才华,许多重要的大型采访都交给她做,单位里遇上棘手的麻烦事儿也让她出面来处理。说来也巧,很多麻烦事到了她手里都迎刃而解了。女儿做事很机智,也很稳重。常年留着小短发,单位同事们都称她"哥们儿"。女儿会开车,单位领导的高级轿车几乎天天都给她开着到处跑采访、跑新闻。女儿工资收入不错,也很孝敬父母,每月都从北京给我们寄一千元钱花。"马育堂对我详细地介绍着他两个孩子的状况。

由于篇幅所限,于此不多写了。

下面把判断思路详解如下:

1. 断马育堂兄弟姐妹加在一起应该是七至八人,他有个姐姐没活过32岁就死了:

从原命局来看,年支卯木一位,卯中乙木又一位,月支辰中乙木一位,日元甲木一位,相加在一起比劫共四位。由于春季木旺,故将四数翻一倍为八数。从另一个角度来看,月柱为兄弟宫,月柱干支为壬辰,纳音为长流水,又壬为命局用神。用神生扶比劫,故兄弟姐妹多,又命主生在午时,古有子午卯酉兄弟多之论。再从一个新角度来视之,月柱为兄弟宫,月柱壬辰所在之旬的旬首为甲申,从甲申、乙酉、丙戌、丁亥、戊子、己丑、庚寅、辛卯、壬辰止,甲申中的甲为一位,乙酉的乙又一位,丁亥组合的亥中所藏之甲又一位,庚寅的寅一位,寅中所藏甲又一位,辛卯的卯一位,卯中所藏乙木又一位,壬辰的辰中藏乙木又一位,加在一起共八位。综合以上诸多参考依据,断命主兄弟姐妹八人应验。由于月柱为壬辰,其下一组干支为癸巳,再下一组干支便是日柱甲午了。从日柱甲午来查月支辰为空亡,辰中藏乙木劫财,因壬辰为日柱甲午之前两位干支,劫财为异性兄弟姐妹,故断马育堂身上有个姐姐死了。月柱主管17岁至32岁运程。所以断已故的姐姐没有活过32岁。

2. 断马育堂在兄弟姐妹中排行第八,是最小的一个:

从六十花甲顺序来排列,年柱辛卯在先,然后为壬辰,正好是月柱,壬辰之后为癸巳,癸巳之后是甲午,有比劫的组合中甲午排在最后,故有马育堂排行最小之断。

3. 断马育堂在小学、中学时学习成绩好,经常在班级里名列前茅:

命主6岁至15岁行辛卯大运，甲帝旺在卯，卯为命局喜神，辛为正官，代表功名，名次。大运辛卯引动年柱辛卯，卯动必克月支辰土，辰受克则壬解放了，壬为命局用神，由于组合所致，壬受辰土之克，今卯动制辰，年干辛金被大运引动而生壬水，此功均归年柱干支辛卯，年柱为头为首，故学习成绩名列前茅。6岁至15岁自然为小学，中学阶段。

4. 断马育堂从16岁至25岁这段时间病伤灾较多，尤其在20岁（庚戌）这一年，必有一次很大的病伤之灾：

马育堂于16岁到25岁行庚寅大运，庚为命局七杀。由于日主甲坐午上，时柱庚亦坐午上，甲、庚坐下同宫午，故彼此距离很近，相互作用亦大。在大运庚寅的引动下，庚金的力量直接向甲木奔去，甲木只能无条件地接受庚金的杀伐之气。寅木与甲木天地通气。庚寅组合为庚金克寅木，就相当于庚金克甲木。因日主甲木身弱再受庚金之克，自然应病伤之灾。马育堂20岁这一年为庚戌年，时干、大运之庚受太岁庚戌加力，戌生庚金，庚能量加大，岁干庚再给大运庚、时干庚加大能量，于是日干甲木再也无力承受庚金这样强大的克力了，所以命主20岁这一年必有大的病伤之灾。

5. 断马育堂在20岁（庚戌）这一年的病伤之灾应在肠道或者阑尾手术：

马育堂20岁为庚戌年，庚岁干给运干、时干庚增加力量而使日元甲木受克应灾，庚为祸根，庚坐戌上，戌主右侧。庚为大肠，又时柱庚午之组合信息亦为肠炎、阑尾炎之符号（庚为大肠，午为炎症）

6. 断马育堂于22岁（壬子年）结婚了，并且很可能是这一年冬天结婚了：

马育堂22岁这一年为壬子年。壬为原命局用神，用神再现于流年必应喜事。夫妻宫午火为命局忌神，今流年壬子水以双体出现，力量甚大，壬为命局用神再现，子冲去忌神午火，同时子又合拌月支辰土忌神，命局皆大欢喜，故应此年结婚。应冬天结婚者，因冬季用神壬水旺相之故。

7. 断他妻子比马育堂小三岁，应该是1954年（甲午）出生的：

夫妻宫午中藏有正财己土，从大环境来看午火为日干甲木的食伤，食伤即为子孙之意，而妻星己土藏于食伤午火之中，故妻子年龄比马育堂小，妻星己土藏于午，故应妻子为属马的，离命主辛卯年最近的马年是甲午年，故断妻子是1954年（甲午）属马的，应验。

8. 断马育堂和他妻子第一胎生的是男孩：

马育堂和他妻子结婚时行的是庚寅大运，庚为七杀，代表儿子，寅中藏有日干甲木，代表马育堂本人，这种组合就注定了马育堂在16岁至25岁这步运上要有儿子。又从原命局中来看，时柱为子女宫，今时干庚金七杀坐时支午上。午本是夫妻宫，午中藏有正财己土，代表妻子，对于正财己土来说，庚为己之伤官，亦为儿子之信息。又庚金长生在巳，命主生于辰月，巳为辰月的下一个月，离之较近。而年干正官辛金长生在子，子月离辰月比较遥远，故断马育堂第一胎生儿子。

9. 断马育堂这一生应该是有两个孩子的命，第一胎是儿子，第二胎是女儿：

时柱为子女宫，时柱被庚午所占据，庚金长生在巳，命主月令为辰月，继辰月之后下一个首先来临的便是巳月，巳中亦藏庚金。庚为偏官七杀，故首先出现的是儿子。年柱辛卯，因辛金长生在子，而命主月令为辰月，从辰月到子月还有较长的时间，故先有男孩庚金，后有女儿辛金。

10. 断马育堂的儿子不太喜欢读书，这一生离不开父母，一直和父母住在一起，经济能力不是很强，给人的感觉是软弱，不能自立：

代表儿子的庚金坐午支上，庚金之财星甲木亦坐午支上，甲与庚同坐午上，即庚与庚的财星甲距离甚近，财必破印，故难读书。又从日柱来查，甲乙巳午报君知，午为文昌星，掌管文化之星，今文昌星午来克庚金，或者说庚坐文昌星午上为沐浴败地，败则应文化学业方面败落之事，综上所述，儿子不愿意读书之信息尽然。由于庚金自坐午火之上，庚金受午火之克而变软，金主骨，金软则骨软，没有骨气，软弱之象。故断儿子软弱，不能自立。日主甲木坐午支上，庚金亦坐午支上，庚与甲坐同宫，故断儿子一直和父母住在一起。

11. 断马育堂的女儿具有较强的社交能力和经济能力，经常和上层社会的人交往：

正官辛金代表女儿。子女星的本位应该在时柱子女宫，今辛金却从时柱跑到年干位置，年柱为太岁位置，太岁代表上层社会、领导、社会名流等信息。今时干辛金来到此位置，证明女儿（辛）的社交能力甚强，常和上层社会的人有来往。年柱组合为辛卯，卯为辛金的偏财，卯木旺于春季，又临太岁，故女儿经济能力亦很强。

12. 断女儿做事稳重有根，单位领导常把一些棘手的事情交给她来做，她都会努力把事情做好：

辛金位处年柱，辛坐卯上纳音为松柏木，根深蒂固，《三命通会》云：年柱为根。故女儿做事稳重而有根。一个人的征服能力，办事能力取财星为信息，辛金克卯木，卯为日主甲木之羊刃，羊刃为帝旺，代表棘手的事情，春季卯木旺相，旺相代表比较重要的事情，如此既是羊刃又是旺相的卯木都被辛金所克，故女儿能把一些棘手的重大的事情处理好，由于辛卯组合在年柱，故断单位领导把这些事情交给她来做。

13. 断女儿长得漂亮，做事细致果断，会开车，单位里的高档车经常被她开着外出办事：

从日柱甲午来查，寅午戌见卯，卯为桃花。辛金坐桃花卯上，故长相漂亮。辛为阴金，故做事细致。卯为日主甲之羊刃，辛金来克羊刃，做事必果断。卯为震卦，卯又为太冲，故是车辆之信息，今辛金克卯木，克代表征服、驾驭之意，故女儿会开车，卯为日干甲之羊刃，为帝旺，卯又旺于月令，故开高档车。卯为太岁，故开单位里的高档车。

14. 断女儿精明能干，做事仁义，同学朋友同事们都愿意和她相处，也都愿意帮助她：

年柱辛卯组合，辛卯纳音为松柏木，旺相之卯木得辛金之细雕，必显精明，辛卯为金木组合，金主义，木主仁，故做事仁义。春季之辛金休囚，喜比劫相助，又年柱辛卯纳音松柏木，月柱壬辰纳音为长流水，今月柱纳音生年柱纳音，月柱为兄弟宫，代表同学，朋友，同事，兄弟姐妹之信息。故女儿和同学，朋友，同事相处融洽，大家都愿意帮助她。

15. 断女儿十分孝敬父母，常年留着短发，外观看起来像男孩子似的：

女儿辛金位居年柱，年柱为父母宫，说明女儿心系父母，常惦念父母。又年干辛金生月干壬水，月干壬水来生日主甲木，亦为女儿常为父母付出之象。于四柱中，甲乙寅卯木代表毛发，今年柱辛卯组合，金克木，木主发，又年柱代表头部，这样便可解读为女儿常年留着短发，看起来像个男孩子似的。

实例三：为毕成进先生综合预测实例

2006年4月，一位名叫毕成进的男士来到周易文化研究会办公室，希望我能全面地为他做一次预测，他的四柱及大运如下：

辛丑　癸巳　癸亥　丙辰

大运：8.4岁~17.4岁　　　壬辰

　　　18.4岁~27.4岁　　　辛卯

　　　28.4岁~37.4岁　　　庚寅

　　　38.4岁~47.4岁　　　己丑

　　　48.4岁~57.4岁　　　戊子

日元癸水生于初夏，走休囚地，为失令。月干癸水比肩帮身，日支亥水为日干自坐帝旺，年支丑、时支辰中藏有癸水通根，综合观之，日主癸水身弱而不从，为正常格局四柱。取月干癸水为命局用神。

取月干癸水为命局用神有以下几条理由：

1. 月柱癸巳纳音长流水，日柱癸亥纳音为大海水，月柱、日柱纳音都为水，同气相求，相互助益，从大自然来看，海纳百川，条条河流汇归大海，故月柱癸巳之长流水必流归大海癸亥日柱。

2. 月干癸水坐巳火之上，能够制约命局之旺火，癸水通根于年支丑土，又能承接年干辛金对其生扶之力，同时月干癸水又通根于时支辰土之中，癸与日干癸同气相求，故癸水月干具有通天达地，贯穿全局之功能，又癸坐巳上虽自耗，但癸巳纳音长流水助其水势，癸水并不孤单。

全盘分析透彻后，我对毕成进说："你小时候生长在一个有山有水有河流的环境里，在17岁之前你经常到家边的水库中游泳，你的水性很好。"

"对！我小时候生在农村，家边附近有几个大水库，那时候一到了夏天，我和同学们便利用午休或课余时间跑到水库里去游泳。我的潜水技术在班里是最棒的，常常一头钻进水里就不见人影了，过一分半钟才从水里钻了出来，把同学们都吓坏了。"毕成进津津乐道地讲述着他小时候的事。

"小时候你家房子的东北方向有座山，山上多处是岩石，岩石多数在山头部分，岩石很整齐，像城墙似的。山上有个很深的山洞，洞口开在东南方向。你和同学，朋友们小时候经常钻进山洞里边玩，从这座山开始向东南方向，有一条弯弯曲曲的像蛇形的常年流水的河流，河水清澈得一眼便可望见河底的沙子。水深的地方遇上有风的天气会像海一般地出现波浪，水里长有绿藻，也有鱼。夏天的时候，许多农村妇女会到河里洗衣服。你也常去河里用网来捕鱼玩。"我从原命局中又看出一些细节信息。

"刘老师你有特异功能吧？说得我浑身汗毛都竖起来了，简直如亲眼所见一般。我家东北方向确实有座山，山的上边三分之一几乎都是岩石，就如人的牙齿一般十分整齐，因此当地人都称之为'牙山'。山的中间部分的确有个很长、很深的山洞，洞口正如刘老师说的开在东南方向。小时候我常和同学们去那里捉迷藏玩，好惊险、好刺激呀！山半腰有好多泉眼常年向外流水，这些泉眼流出的水在山根底汇聚到一起就流往东南方向去了，这便形成了那条河。这条河弯弯曲曲的像一条大蛇。河水很清，一眼可以看见水底的沙子。水深的地方的确有波浪，尤其是遇上有风的天气，水面上会一浪接一浪的，很像大海里的波浪，只是浪峰没有海里那样大。水里长有很多绿藻，也有很多鱼，还有青蛙、河蟹呢！夏天的时候我们经常几个人拿网去河里网鱼玩呢！女人们到了夏天暖和的时候便会到河里水浅的地方洗衣服。我们就会很生气，因为她们一来洗衣服，就把鱼给吓跑了。"毕成进沉浸在幸福的童年回忆中。

"在你 17 岁以后离开家乡，到城里读书了。你的学习成绩很好，后来参加高考，考上了大学。应该是在 1980 或 1981 年的事。"我断了毕成进学业上的事。

"正确无误，我在 17 岁秋天离开家乡，到城里读高中了。1980 年首次参加高考，没有经验，考得不好，1981 年又重新考了一次，这一次考上了东北大学。"毕成进验证了我判断的正确性。

"你应当在 26 岁这一年（丙寅）结的婚，妻子比较苗条，身高在 1.64 米左右。学生时代你俩就相识的，你妻子在她的兄弟姐妹中排行是最小的。"我讲了一下有关婚姻及毕成进妻子的一些信息。

"刘老师说得完全正确！我是在 1986 年秋天结的婚，我妻子兄妹四人，她排行最小，哥哥姐姐们习惯地喊她'小四'。我妻子身高在 1.64 米到 1.65 米之间。身材确实很苗条，长得不胖。"毕成进又印证了我判断的准确性。

"在你 28 岁那一年（戊辰），你妻子为你生了一个女儿。女儿长得特像母亲。"我又断了一条。

"活灵活现！1988 年冬天我妻子为我生了个女儿，全家乐坏了！女儿长得特像我妻子。刘老师测得准！"毕成进很高兴地说。

"在你女儿小时候，你经常带着妻子，女儿，一家三口到海边、河边去钓鱼。"我说了些更细的事。

"从没见过像你这样预测的！说得太准确了！我小时候就喜欢到水里游泳、钓鱼、网鱼。待女儿长到四岁的时候，到周日我便带着妻子、女儿一起到海边或水库等有水的地方去钓鱼，太有乐趣了！"毕成进津津有味地回顾着过去。

"你的女儿很不错，性格稳重而不张扬，学业也相当不错，她将来要离开家乡远方创业的。"我说。

"刘老师说得对，我女儿现在在重点高中学习，已经读高三了，再过两个月就参加高考了。她现在的学习成绩比较稳定。每次模拟考试总分都在 600 分以上。她的理想是去上海读大学。毕成进自豪地谈论着女儿。"

"你兄弟姐妹三至四人，大家都各奔东西，分布在全国各地，在兄弟姐妹中，男多女少，你的个人发展状况比他们都好，算是兄弟姐妹中的佼佼者了。"我讲了讲毕的兄弟姐妹情况。

"是的，我兄弟姐妹四人，身上有两个哥哥，我下面有个妹妹。大哥在老家，二哥在山东，我现在在大连，妹妹在北边铁岭。相比之下我的各方面条件比兄妹们要好一些。"毕成进回答。

"在你43岁那一年（癸未）。家里出了大事，应该是你父亲这一年有灾了。"我又断。

"是的。2003年冬天我父亲腿摔骨折了，刘老师真厉害，什么事都测得出来。"毕成进再一次印证了我判断的正确性。

因篇幅所限，其他断语在此就不一一细讲了。

下面将判断思路详解如下：

1. 断毕成进小时候生长在一个有山有水有河流的环境里，在17岁之前经常到家边的水库中游泳，并且水性很好：

年柱辛丑，丑为艮为山，丑中藏有日元癸水，年柱主管1至16岁运程，月柱癸巳纳音为长流水，癸又为日柱，癸亥日柱纳音为大海水，故断毕成进小时候生长在一个有山有水有河流的环境里，命主在8岁至17岁行壬辰大运，辰引动原命局时支辰，辰为水库，大运壬辰纳音长流水，辰中藏有癸水，癸为日干，因而癸水既可在天干（癸巳、癸亥），又可入地支（丑、辰），更重要的是水是命局的喜神，用神，故断命主在17岁以前经常到家边附近的水库中游泳，并且水性很好。

2. 断毕成进家房子的东北方向有座山，山上多处是岩石，岩石多数在山头部分，岩石很整齐，像城墙似的：

毕成进的年柱是辛丑，丑为艮，艮为山，艮为东北方向，辛为岩石，辛在天干，天干主上部，地支主下部，辛丑组合在一起便可解读为东北方向有座山，山的上边是岩石（辛），下边是土质的（丑），因辛丑纳音为壁上土，墙壁都是非常整齐的，故有岩石很整齐，像城墙似的之断语。

3. 断山上有个很深的山洞，洞口开在东南方向，毕成进小时经常和同学朋友钻进山洞里玩：

从日柱癸亥来查年支丑为空亡。丑为土为艮为山，土空则通，丑为洞穴。夏季火旺土相，故山上有个很深的山洞。从年柱辛丑来查，辰巳为空亡，空亡便是洞口，又洞口必然是有光亮的地方。今辰巳为年柱空亡，巳为火为光亮，故山洞洞口开在东南方向。因丑中有癸，癸为日干代表毕成进，癸又为月干，代表朋友，同学，故断毕成进小时候经常和朋友、同学们钻进山洞里玩。

4. 断从这座山开始向东南方向，有一条弯弯曲曲的像蛇形的常年流水的河流，河水清澈得一眼便可望见河底的沙子：

月柱癸巳纳音为长流水，象征一条河流，巳为蛇，故为一条蛇形的弯弯曲曲的河流。凡是水的源头必有金来生之，今年干辛便是水之源头，丑中癸水与辛金同藏一支，故辛金生癸水极其容易。又水必自高处向低处流，今年支丑为艮为山为高处，由山（丑）里流出之水（癸）透于月干之上（癸巳），故断从这座山开始流向东南方向。由于月柱癸巳代表了这条弯弯曲曲的河流（长流水），巳中藏有戊土，与时柱丙辰通气（辰中藏有戊土、癸水），时柱丙辰纳音为沙中土，巳为火，时干丙亦为火，时干丙与月支巳火天地也通气，火主目，代表眼睛，故断河水清澈得一眼便可望见河底的沙子。

5. 断水深的地方遇上有风的天气会像海一般地出现波浪，水里长有绿藻，也有鱼：

日柱癸亥纳音为大海水，癸到亥为帝旺，为水深的地方，月支巳火来冲动日支亥水，巳为巽卦，巽为风，巳冲亥，亥必动而起波浪，癸亥纳音大海水，所以会像海一般地出现波浪。癸亥日柱中，亥藏甲木，故有绿藻。命主17岁之前行壬辰大运，壬辰纳音为长流水，代表这条河，壬通根于日支亥中，辰为鱼，辰中癸水与日干癸水天地通气。时支辰与大运辰同气相求，故水里有鱼。

6. 断夏天的时候，许多农村妇女会到河里洗衣服，毕成进也常去河里用网来捕鱼玩：

癸巳为长流水，代表河流，巳为巽，代表女人，巽为布、为巾，故有许多农村妇女到河里洗衣服。辰为天罗、戌为地网，壬为天牢、癸为地网，辰为鱼，17岁之前命主行壬辰大运，故断毕成进常去河里用网来捕鱼玩。

7. 断毕成进在17岁以后离开家乡，到城里读书了，学习成绩很好，于1980或1981年考上了大学：

毕成进在17岁以后行辛卯大运，卯为日柱的文昌星，古有癸人见卯入云梯之说。辛为原命局年干，辛为日元癸水之偏印，印主学业，大运辛金引动命局年干辛金来生扶命局用神癸水，故学习成绩必好。日元癸水长生在卯，长生代表一个新的起点，印代表房屋、住处。辛为太岁、年干，故代表较大的环境——城里。1980年为庚申，1981年为辛酉，都为日干之印，印旺而生用神癸水，故断此两年必考上大学。

8. 断毕成进在26岁（丙寅）结婚：

命局里丙为正财，代表妻子。命主26岁为丙寅年，丙火流年年干引动命局时干丙火正财，又丙坐寅上为长生，长生处为家，寅与命局夫妻宫亥相合（寅亥相合），故这年结婚。

9. 断毕的妻子比较苗条，身高在1.64米左右，学生时代俩人就相识，妻子在兄弟姐妹中排行是最小的：

原命局中正财丙火坐辰土之上，辰为龙，龙形细长，故妻子苗条。又月柱巳中藏有正财丙火，巳为蛇，蛇亦细长，也为妻子苗条之象。丙坐辰在时柱，年、月、日、时中时柱排在最后，故妻子于兄弟姐妹中排行最小。从另一个角度来看，月柱为兄弟宫，今正财丙火藏月支巳火之中，月柱癸巳为旬尾最后一组干支，故也为妻子在兄弟姐妹中排行最小。巳亥常加四，巳为妻，亥为夫妻宫，故妻身高1.64米。又丙坐辰上，辰为五数，亦可断妻身高1.65米。都不算错。月柱癸巳，癸为日主代表毕成进，巳为丙火代表妻子，月柱掌管17岁至32岁运限，故两个人于学校读书阶段就相识了。

10. 断毕成进28岁那一年（戊辰），他妻子为他生了一个女儿，女儿长得特像母亲：

毕成进28岁是1988戊辰年。原命局子女宫丙辰被流年引动，辰中所藏戊土正官透出在年干，为子女星显现，流年辰中藏癸水日元，戊辰之组合即是命主癸水（毕成进）与女儿戊土在该年有缘（戊辰组合），故此年有女儿，正官代表女儿之故。戊长生在寅，丙亦长生在寅，戊丙同出一辙，戊为女儿，丙为妻子，所以女儿像母亲。

11. 断在女儿小时候，毕经常带着妻子、女儿一家三口到海边、河边去钓鱼：

月柱癸巳中，癸为日干代表毕成进，巳中丙火代表妻子，巳中戊土代表女儿。一家三口均在其中矣。戊为勾陈，巳中还有庚金，为鱼钩。癸巳为长流水，癸亥日柱为大海水，故一家三口外出去河边、海边钓鱼之象尽在其中。巳为巽，巽为绳为鱼线。时支辰为鱼，时干丙为妻子。辰中戊为女儿，由此可知，不论从任何角度来看，一家三口出去钓鱼、捕鱼之象显矣。

12. 断女儿不错，性格稳重而不张扬，学业也不错，将来要离开家乡远方创业：

时支辰中戊土代表女儿，深藏而不露，尽管旺相于月令巳。戊土为阳土，故女儿稳重而不张扬。辰上乘丙，丙为印，通气通根于月令巳火，印主学业，今旺相，故女儿学业好。戊藏辰中，辰为龙，龙善于变化、升腾，故断女儿将来要远走高飞。从另个角度来看，日柱癸亥查驿马在巳（亥卯未马在巳），巳为月令，巳中藏戊，戊为女儿，马星巳临月支旺相，亦有远走之象。

13. 断毕成进兄弟姐妹三至四人，大家都各奔东西，兄弟姐妹中男多女少，毕发展最好，是兄弟姐妹中的佼佼者：

原命局中比劫总数一共六位（包括地支遁藏），但比劫囚于月令，命主又生于辰时，年支丑又空亡，故取半数，所以断三至四人。命局中比肩多，命主是男性，故断男多女少。比劫分别在年支（丑中癸水）、月干癸水、日干癸水、日支亥水、时支辰中癸水，故断大家都各奔东西。只有命主本人癸亥为自坐帝旺，故断于兄弟姐妹中，毕成进发展得最好。是佼佼者。

14. 断毕成进在43岁（癸未）那一年，父亲有灾：

毕成进43岁是2003年（癸未），其当时行己丑大运，癸为命局用神，今癸坐未上为自坐墓，大运己丑亦引动命局年支丑土，丑为父母宫位。丑被大运引动后又遭流年未土冲击,用神癸水严重受损。未中藏有丁火,丁为偏财代表父亲,癸为日元代表毕成进,故此年应在父亲有灾了。又从另一个角度来分析,大运为己丑,流年为癸未,大运与流年天克地冲,应灾必大,尤其大运干支、流年干支为命局忌神时,或者大运干支、流年干支来损伤命局用神时,尤为应验。

实例四:为陆同彬先生综合预测

2005年8月中旬,一位从外地慕名前来求测运程的男士来到瓦房店市周易文化研究会。经介绍,他叫陆同彬,其四柱及大运如下:

癸巳　戊午　乙巳　辛巳

大运:6岁~15岁　　丁巳

　　　16岁~25岁　　丙辰

　　　26岁~35岁　　乙卯

　　　36岁~45岁　　甲寅

　　　46岁~55岁　　癸丑

　　　56岁~65岁　　壬子

日元乙木生于仲夏,虽为长生,但于月令季节仍为休囚之地,全局一片巳午之火,虽年干癸水能起调候作用,但癸水难生日元乙木。月干戊土又来合化癸水,戊癸合化火,合化成功,于是日干乙木完全置身于一片火海之中,无一点生扶和比助,此为一个纯粹的从格四柱。从格四柱用神的取法并非像有些书上所写的那样,满盘皆为用神。从格四柱用神的取法同正常格局四柱用神的取法一样,都体现在一个字上,要么是一个天干,要么是一个地支,不存在一个命局中有几个用神的说法,更不存在第一用神、第二用神这样的伪理论。

·由于从格四柱取用神的原则与方法同正常格局四柱取用神方法是反其道而行的,故在上面这个四柱中,乙木身弱至极,身置一片火海之中,对于这种情况，能够使日干乙木越弱越衰的力量是命局用神，观全局，年支巳火虽能消耗乙木，使乙木变弱，但年干癸水盖巳火头上，令巳火受制而不能尽情地消耗乙木，故年支巳火不能做命局用神。月柱干支戊午都能消耗日元乙木的能量，若以月支午火为用神，由于午火要生戊土，其能量生戊土后受到消耗，又午中藏有丁火、己土两种五行。丁己都能消耗乙木的能量。但乙木长生在午，由于午为乙木长生之地，故月支午火亦不能为命局用神。

时柱辛巳都来消耗乙木的能量，但时支巳火要来克时干辛金，巳火克辛金后，能量有损耗，故也不能为命局用神。

综观全局，月干戊土、时干辛金虽然都能来克、耗日干乙木，使乙木变得更衰更弱，但戊土、辛金在原命局中都不是令日干乙木变衰变弱的最主流的能量。在全命局中，只有火的能量才是令乙木变衰变弱的最主流的能量。火是日干乙木的食伤，故此四柱是从儿格的。由于年支、月支、日支、时支均为火，但不能都是用神。因年支巳火、月支午火、时支巳火都不同程度地受克、受耗泄，故都不能为命局中用神。只有日支巳火没有受半点伤害，有年支巳火、月支午火、时支巳火之比助，又离日干乙木最近，巳中藏有丙火、戊土、庚金三种五行，都能来克、耗、泄日干乙木的能量，故日支巳火对日干乙木的耗泄程度达到最大值，取日支巳火为原命局中用神。

定准命局用神后，稍加分析，我对陆同彬说："你应当出身于书香门第之家，你的父亲、你的爷爷都应该是饱学诗书、能写能画的文人墨客。"

"刘老师果然有眼力！我爷爷是教书出身的，他的诗词和毛笔字特好。我父亲虽然是工程师，但还是继承了我爷爷的传统，我父亲不仅毛笔字写得特好，还喜欢国画。前些年我父亲画的国画参加比赛还获过奖呢！"陆同彬很自豪地向我介绍他的爷爷、父亲。

"到了你这一辈，又恢复了你爷爷的传统，你又教起书来了。"我继续为陆同彬下断语。

"刘老师到底是名不虚传！我早在几年前就听亲戚说你测事很神奇、很准确，今天一见，实属大开眼界，我确实教了一辈子书。"陆同彬又印证了我的断语。

"你在教书之余,也喜欢写毛笔字与绘画,你的毛笔字与绘画风格不太像你父亲的风格,却与你爷爷的风格惊人地相像。你特喜欢画风景画、花草飞鸟、竹、兰等,就是不喜欢画人物画。"我又断出一些细节来。

"刘老师您是神人!怎么就如亲眼看见了似的!我确实喜欢写毛笔字与绘画。连我父亲都说我的字、画极像我爷爷的作品。我特别喜欢画竹、兰、风景、飞鸟、花草等,就是不喜欢画人物像。刘老师您也懂绘画艺术?"陆同彬不解地问。

"我懂摄影,对绘画艺术不懂。"我回答。

"那么请刘老师讲一讲我的家庭好吗?"陆同彬又提出新的要求。

"你妻子长得很漂亮,大眼睛,苗条,个头高,就是性格急躁,爱发火,做事喜欢拔尖。你和妻子应该是在1976年(丙辰)结的婚,当时你是24岁。"我讲了一下陆同彬的婚姻情况。

"所说简直如亲眼所见一般!我和妻子是在1976年秋天结婚的。她个子有1.68米,大眼睛,人也很苗条,虽然大家都说她很漂亮,但她的脾气不好,特爱发火,做事特别拔尖、霸道。"陆同彬向我讲述妻子的情况。

"你们婚后第二年,也就是在1977年,你妻子为你生了一个女儿。"我讲了陆同彬女儿的出生时间。

"是的。结婚后于1977年冬天,我们有了女儿。"陆同彬又印证了我的断语。

"从女儿4岁那一年(1980庚申)开始,你便教女儿学写书法、画画、弹琴。"我又讲了一下女儿的信息。

"连这也能看出来!太神奇了!我真的是从1980年开始教女儿学写字、学画画,同时也买了些乐器来教她学的。"陆同彬又验证了我的判断。

"由于你的字、画功底很好,在你26岁以后,工作之余会有一些格外收入。不少朋友都欣赏你的字画。"我又断出一些信息。

"是的,在我26岁那一年(1978年戊午)忽然从外地来了两个收藏字画的南方人找到我,经过交流得知,原来他们是想从我手中找到一些我爷爷的字画作品。当他们看到我家墙上悬挂的竹、兰、鸟图时,便把这些画认定是我爷爷的作品了，要出高价买下。我一再解释这是我本人画的，不是我爷爷的作品，可是他俩都不信。后来我当着他俩的面把一幅竹兰图又画了一次，他俩顿时惊呆了：你的绘画艺术简直就是你爷爷的再版，太像了！连我们这些搞了几十年的老手都没有看出不同来。这样吧，以后你的作品我们长期需要。你可要按时出来作品哟！价钱我们一定按最高的给你。

就这样，我和他们签定了长期合同，每个月都要给他们二到三幅作品，他们也会按时把款付给我。这样以来，每个月我都会有一些额外收入了。刘老师预测得十分准确。"陆同彬向我详细地介绍了他的情况。

"由于你的名声越来越大，很多官场人、社会名流都纷纷找你画画。你的名气也越传越远。"我再为陆同彬断了几句。

"自从南方的两位收藏字画的跟我签定长期合同后，我的名气在当地也传开了，市政府领导、企业家、社会名流等纷纷要我为他们作画、题字。我的经济收入也逐渐好了起来。刘老师预测得跟亲眼所见一般。"陆同彬再次印证了我的断语。

后来又为陆同彬先生讲解了许多其他方面的断语，因篇幅所限这里就不一一细讲了。

下面把整个判断思路详解如下：

1. 断陆同彬出身于书香门第之家，父亲、爷爷都是饱学诗书、能写能画的文人墨客：

从日柱乙巳来查，甲乙巳午报君知，命局中年支巳、月支午、日支巳、时支巳均为命局文昌星，并且俱为命局喜神、用神。父亲偏财己土藏于月支午火之中，午为命局文昌星，午为离卦，离主文，又午为己之印，又为命局喜神，故父亲有文才，癸水为爷爷，癸坐文昌星巳火之上，癸为墨池，巳为毛笔。因命局为从儿格，癸本为命局忌神，但癸与月干戊合化为火，火来助益命局用神巳火，故以吉断。今癸为爷爷，又为墨池，巳为文昌星，故断父亲、爷爷都是文人墨客、能诗能画能写之人。

2. 断到了陆同彬这一辈，又恢复了爷爷的传统，开始教起书来：

日元乙木坐文昌星巳火之上，巳为命局用神，巳又为命局食伤，巳为巽，为教化，爷爷癸水亦坐巳上，故断陆同彬这一辈又恢复了爷爷的传统，教起书来。

3.断陆同彬在教书之余，也喜欢写毛笔字与绘画，其绘画与毛笔字的风格不太像父亲的风格，却与爷爷的风格惊人地相像：

日干乙坐巳上，巳为命局用神，用神为命局核心、精神、灵魂。巳为食伤，代表日干乙的表达、艺术天赋等，爷爷癸水坐巳上，日元乙木亦坐巳上，巳为巽，巽为风格，又《黄帝内经》云：乙癸同源。巳为画工，故断陆同彬的书画风格与爷爷惊人地相像。

而偏财己土父亲藏于月支午火之中，午与巳虽同属火，毕竟阴阳相反，故陆同彬的字画风格与父亲的风格不太相像。

4.断陆同彬特喜欢画风景画、花草飞鸟、竹、兰等，不喜欢画人物画：

日柱乙巳所在旬中空寅、卯，寅为人，今空亡，故不喜欢画人物画。午月支为离卦，离主景致、风景，午为命局喜神，巳为巽，巽为竹，巽为风，巽亦为兰，午为离，离为鸟，今巳为命局用神，午为命局喜神，巳、午为日元乙木之食伤，故断陆同彬特喜欢画风景画、花草飞鸟、竹、兰等，不喜欢画人物画。

5.断陆同彬妻子长得漂亮，大眼睛，苗条，个头高，就是性格急躁，爱发火，做事喜欢拔尖：

正财戊土代表妻子，今戊土坐于月令午火之上，戊到午为帝旺为最高点，故你妻子做事喜欢拔尖。戊土生于仲夏，为相地，戊午纳音为天上火，故妻子性格急躁，夫妻宫巳火为命局用神，并且旺于月令，戊土亦旺相，且都为命局喜神、用神，巳中藏有正财戊土，巳为蛇，故妻子苗条，巳、戊均旺于月令，又为喜神、用神，故妻子漂亮，午为离，离为目，妻星戊坐午为帝旺，故妻子大眼睛。由于妻星戊土坐午火帝旺之地，妻宫巳火又旺于月令，故妻子爱发火。

6.断陆同彬和妻子于1976（丙辰）年结婚，1977（丁巳）年妻子生了女儿：

1976年为丙辰年，大运天干丙火引动妻宫巳火，流年丙火天干再度引动妻宫巳火，巳为命局用神，辰土运支引动命局正财戊土，流年辰土再度引动月干正财戊土，戊为正财为妻，巳为妻宫，均被双双引动，又为命局喜神、用神，故应该年结婚。

　　1977年为丁巳年，巳中藏有庚金、戊土、丙火，庚为正官，代表女儿，戊为正财，为妻子。今妻星戊土、女儿庚金同现于流年地支巳之中，巳引动命局夫妻宫巳、子女宫巳，故此年妻子生女儿，虽时干透出偏官辛金，但辛坐时支巳为死地，又大运丙辰不支持辛金气数，丙合辛，辰又为辛之墓库，故偏官儿子难立，只有女儿庚金藏于用神巳火之中方能立住。

　　7. 断陆同彬于女儿4岁（1980庚申）开始，便教其学写书法、画画、弹琴：

　　女儿4岁为1980（庚申）年，这一年陆同彬为28岁，正行乙卯大运。庚为正官女儿，庚为金，申为金，金见金（庚申）必出声响，原命局中正官庚金未现，于流年庚申出现在年干，大运乙卯，乙为日元代表陆同彬，乙与庚合，卯为震，震为琴声，乙卯纳音为大溪水，又庚申纳音为石榴木，与运支卯木同气相求，乙卯纳音大溪水生庚申纳音石榴木，故乙卯的纳音为庚申纳音的"印"，印主学习。故断从女儿四岁开始，陆同彬开始教女儿学弹琴。巳为画工，流年庚申，与日柱乙巳天合地合，巳中有庚，庚为女儿，巳为字、画，故这一年同时教女儿字、画等。

　　8. 断由于陆的字、画功底很好，所以在26岁以后，工作之余会有一些额外收入。不少朋友都欣赏陆的字画：

　　26岁开始，陆同彬行乙卯大运，乙为日干，代表陆同彬，卯为乙木之禄神，今乙坐禄神卯木之上，古有一禄胜千财之说。运支卯木生原命局中用神巳火，为局外禄神来生局内用神之组合，大吉之象，故断陆同彬于26岁以后有额外收入，乙卯均为日干之比肩，而大运乙卯俱来生命局用神巳火，故不少朋友都欣赏陆同彬的字画。

　　9. 断由于陆同彬的名声越来越大，很多官场人、社会名流都纷纷找他作画，名气也越传越远：

从年柱癸巳来查，壬癸蛇兔藏，巳、卯均为命局天乙贵人，并且是年贵人，巳为命局用神，又是太岁，卯是年贵人，又是日干乙木的禄神，陆同彬的字、画作品（巳）年支有，代表官场、上层社会名流都找他作画（巳为日干乙木的食伤，食伤为作品）。时支为巳火，亦为陆同彬的作品，时支为远，故其作品传播得远。大运乙卯，卯为震卦，震为响声，由于卯为局外地支，故断陆同彬的名声、名气越传越远，由内传外。由于作品（巳）为命局的用神，所以陆同彬的作品对其一生命运的影响是巨大的，尽管他是一位教师，有固定稳定的工作，但真正改变其命运的却是他的书法、绘画艺术。

实例五：为汪学凯先生综合预测

2004年公历2月9日上午，一名中年男子前来求测，经相聊，他对易学也有研究，尤其在四柱学方面下过大功夫，但对于自己的四柱，总有许多疑惑解不开。为此，特前来向我求教。我让他报出四柱。

汪学凯：男

己亥　癸酉　甲午　庚午

大运：0岁~10岁　　　壬申
　　　10岁~20岁　　　辛未
　　　20岁~30岁　　　庚午
　　　30岁~40岁　　　己巳
　　　40岁~50岁　　　戊辰
　　　50岁~60岁　　　丁卯

我分析了一下其四柱原局的组合，参考了一番大运，对汪学凯讲：你这一生适合在官场发展，不适合经商求财。应该是个文官。汪学凯用疑惑的眼光看着我："刘老师，您说我这日主甲木在整个四柱中是身旺还是身弱？""当然是身弱了。"我自信地回答。

"既然身弱，那么官杀就是忌神了，难道我这个四柱是一个从官格的？"

汪学凯不解地问道。

"你这个四柱完全是一个正常格局的，不属于从格，只是身弱而已。"我对汪讲。

"我这四柱日主身弱，又不能定为从格，并且又判定我是做官的，又是文官，这便很令人费解了。但您断得正确，我是××中学的校长。只是我从四柱中找不到恰当的判断理由。刘老师，您能否再讲一下我其他方面的事情，并讲讲您的判断依据是什么？"汪学凯很谦虚地对我说。

"完全可以！从你的四柱中看，你在兄弟姐妹中排行老大，是长子。"我对汪说。

"十分准确！我兄妹三人，我是老大。"汪马上验证。

"你妻子家境不错，经济条件很好，你俩从小就在一起长大的，可以算上青梅竹马了。"我笑着说。

"刘老师您的四柱功底太深了！说得跟看见似的，我妻子确实是我们家老邻居，小时候我们一起玩耍，一起上小学、中学。她爸爸是个厂长，又是工程师，母亲是个教师，家庭条件很不错。刘老师，您这是从哪儿看出来的？"汪学凯很想知道我的断语之来源。

我没有马上回答他，接着又对他说："小时候你妻子的性格比较外向，而你的性格比较内向，在一起玩耍的时候她总喜欢占上风，而你会很聪明机智地让着她。有时她拿家里父母给的零花钱买东西给你。在小学、中学时，她的学习成绩一直不如你优秀。"

"太神奇了！刘老师所断简直如亲眼所见一般。小时候我总让着她，但她的学习成绩不如我好，经常让我给她讲解一些不懂的难题。她家经济条件好，所以她手中不缺零花钱。经常买一些学习用品、小食品之类的送给我。刘老师，我从没见过像你这样断四柱的，太细致了！太准确了！"汪学凯非常兴奋地说。

"你母亲是一个离祖在外的人。她总是身体不太好，常年有病，但她头脑十分聪明，她长得很像你姥姥（外婆）。"我又从四柱中读出一些信息。

"很准确。我母亲16岁就离开老家，后来在外找了工作，结了婚。她身体一直不是很好，小时候得过肺结核，后来在30多岁又复发了一次。"汪学凯验证着我的断语。

"从整个四柱组合来看，你应当是在21岁（1979年）谈的恋爱，1983年(癸亥)结的婚，对吧？"我又下出两条断语。

"非常正确！我和妻子在1979年夏季正式恋爱，一直到1983年秋天举行了婚礼。刘老师，我决定拜您为师学习四柱，学习易经，您肯收我这个徒弟吗？"汪学凯想拜师学艺了。

"一切随缘吧，有时间你可以过来交流。你和妻子第一胎肯定生的是男孩儿，如果有第二胎的话，必定是女孩。"我说。

"刘老师，您断得一点不错！我第一个孩子是男孩，后来又生了一个女儿。您这个师傅我拜定了！"汪很兴奋。

"你的儿子主要是你岳母给带大的。你和妻子经常住在岳父岳母家里。"我又说了几句。

"我彻底服您了刘老师！您是我所见到的研究易经的人里边层次最高的一个。我儿子从生下来就在我岳父岳母家，因为他们只有一个女儿，家里住房面积大，条件又比我家好，所以我们几乎常年住在岳父岳母家里，一直到孩子上学才搬回自己家里。"汪学凯再次印证了我的断语的正确。

"你的女儿主要由你母亲帮着带大的，女儿特别喜欢奶奶（汪学凯母亲）。你父亲和母亲的缘分浅，要么是分开了（指离婚）要么就是父亲过早去世了。"我又断了几条。

"完全正确！我父亲在1976年因病去世了，当时我才18岁。我母亲带着我们兄妹三个相依为命一直这样过着。我女儿由母亲给带大的。她身体虽然不好，但她很喜欢孩子。我女儿也特喜欢奶奶。"汪再次验证了我的判断。

之后我又从四柱中讲出许多其他信息，由于篇幅关系，这里就不一一例举了。

下面把判断思路详解如下：

1. 断汪学凯这一生适合在官场发展，不适合经商求财，应该是一个文官：

汪学凯日主甲木生于秋季，身弱而不从，官杀酉、庚本为忌神，但原局中有癸酉与庚午这样的组合，正官酉金的旺气被癸水化泄，癸水又来生扶甲木，此为官气通身。时柱偏官庚金坐午火之上，午火又是日主之将星，并为日主甲木之食神，庚金忌神之旺气被将星午火所制，故断其适合在官场发展。从年柱来查，酉为文昌星，从日柱来查，午为文昌星，所以断其为文官。从全局来看，月支酉金有年柱亥水来耗泄之，日支午火来克之，又有月干癸水来耗泄，而无一生扶，此为忌神有制、耗、泄而转为喜。时干庚受午火克制，又不受生扶，所以官星皆尽被制、耗、泄，故可为官。财星己土在四柱里受两次生扶（日柱午火与时柱午火都来生己土），己土受克、耗、泄的力量很小，这里只有己土克亥水、己土克癸水之消耗。主克方受损较轻。综观全局，己土气数增加为主，气数减弱为辅，而日主身弱，气数不断增加的财星自然为忌神了，故断不适合经商求财。

2. 断汪学凯在兄妹中排行老大，是长子：

在四柱中比劫代表兄弟姐妹的符号。这个四柱中，年支亥中藏有甲木，为日之比肩，年柱本应为大，应该断汪学凯身上有哥哥才对，但亥为地支，日主甲木为天干，易理讲先有天后有地。再者，日柱甲午为旬首，年柱己亥为甲午旬中第六组干支，也就是说，先有甲午，后有己亥，甲午是旬首，排在最前边，故断汪学凯为长子。

3. 断汪学凯妻子家经济条件很好，汪与妻子二人从小就在一起长大的，可以算上青梅竹马：

日主甲午，午中藏有己土，午为夫妻宫，故己土为妻子。今天干己土落年柱天干，年柱为己亥，则亥为己土之财星，说明妻子（己）家有钱（亥），酉月之亥，当然旺相，所以断妻子家经济条件很好。年柱代表少年运，年干己为妻子，年支亥里藏甲，甲己合，甲为汪学凯，故断俩人从小在一起长大，青梅竹马。年柱管少年运 (1~16 岁)

4. 断小时候妻子性格比较外向，而汪学凯性格比较内向，在一起玩的时候妻子总喜欢占上风，汪学凯会很聪明机智地让着她：

代表妻子的己土位于年干,既是年柱又是天干,天干主外,地支主内,天干主动,地支主静。年柱为大,故断妻子小时候性格外向,总喜欢占上风(甲己合化土,说明俩人在一起玩的时候必须以妻子的意志为主,汪学凯处处得让妻子占上风),因年柱甲木藏在亥水中,故小时汪的性格比较内向。甲藏于亥水中,水主智,亥水被己土所克,所以断汪会很聪明机智地让着妻子。

5. 断妻子小时候经常偷着拿家里父母给的零花钱给汪学凯买学习用品等,在小学、中学时妻子的学习成绩不如汪学凯优秀:

年柱为己亥,年柱代表小时候,己为妻子,亥为妻子(己)的财星,甲木(汪学凯)藏在亥水里,在暗中受亥水之生,水主玄武,故断妻子偷着拿钱给汪学凯花。学习成绩看印星,妻子的印星为午火(午火生己土),今己坐亥上,亥水克午火印星,故小时候妻子学习成绩不是很优秀。而亥水为汪学凯(甲)的印星,酉月亥水旺相,虽受己土盖头之克,但亥中暗藏之甲木有制土之功能,亥水又受月令酉金之生扶,故汪小时候学习成绩比妻子优秀。年柱主管1~16岁运程,故断在小学、中学时妻子成绩不如汪学凯优秀。

6. 断汪学凯母亲是一个离祖在外的人,她常年身体有病,但头脑十分聪明,长得很像姥姥:

取月干癸水代表汪学凯母亲。癸水生于酉月虽处旺地,但癸坐酉上为病地(癸长生在卯,沐浴在寅,冠带在丑……病在酉),所以断母亲常年身体有病。水主智,故断母亲头脑十分聪明。癸水坐酉上,酉为癸水之偏印,亦为母亲之母亲,所以断母亲长得很像姥姥(汪学凯的外婆)。按传统理论来讲,十干长生之处为家,癸水长生在卯,卯便为癸水之家,今癸坐酉上,卯酉相冲,故断母亲是离祖在外的。

7. 断汪学凯是在21岁(1979年)谈的恋爱,1983年(癸亥)结的婚:

汪21岁是1979年己未,己为原命局妻星,日柱甲午中,午为夫妻宫为忌神,今被流年未所合,忌神被合反而吉,年柱己亥与流年己未在己的搭桥下通气拱局(亥未拱木局),亥里藏甲,未中有己,拱局气数不足,尚未完全合成，故这一年只能恋爱，不能结婚。说更具体一点，原局妻星己与日柱甲在流年己未这个媒体的作用下相互联系、通气、作用得更有力量了（己亥与己未拱局，甲午与己未天合地合），所以这一年谈恋爱。1983年为癸亥年。亥中藏甲木，原局年柱为己亥，己为妻，亥中甲木与日干甲木天地通气，在流年癸亥的引动下，甲与己合为夫妻，所以断癸亥年结婚，应验。

8.断汪学凯和妻子第一胎生的肯定是男孩，儿子主要是岳母帮助带大的，夫妻二人经常住在岳父岳母家里：

时柱为子女宫。今七杀庚金坐时支午上，午里藏有己土，己土正是妻星，午又是夫妻宫，今庚坐午上，就相当于儿子坐在了夫妻里，因而庚金便是夫妻二人的第一胎，月令为癸酉，酉金正官虽旺，从六十花甲的排列顺序来论，时柱庚午与月柱癸酉同属甲子旬，先有庚午，后有癸酉，故断第一胎必为儿子（七杀庚金）。又从大运来看，汪学凯20~30岁行庚午大运，正是时柱庚午的再现，故时柱气数旺，必生儿子。庚坐午上，午里藏己，己为妻星，午为妻星之印，午中藏有丁火、己土，丁火为己之偏印，故丁为己土之母亲，即丁为汪学凯的岳母。今庚坐午上，故断儿子（庚）主要是岳母（丁）给带大的（阳金得火方成器——庚午）

日柱为甲午，甲为汪学凯，午中有丁火、己土，己为妻子，丁为岳母。故断夫妻经常住在岳母家里。

9.断如果有第二胎的话，必定是女孩。女儿主要是由汪的母亲给带大的。女儿特别喜欢奶奶：

正官为女儿，四柱中正官酉金临月建旺相，癸水正印坐酉之上，说明汪学凯母亲（正印癸水）与汪学凯女儿（酉金正官）缘分很深，经常在一起，这便证明了女儿是由奶奶帮助带大的。因为癸水必须得到酉金生扶，而旺相之酉金也喜欢癸水来宣泄其能量，这样便有奶奶很喜欢孙女，孙女也十分喜欢奶奶之断语了。在整个四柱中，代表子女的符号有二个，一个是月柱酉金，一个是时干庚金，这里时柱庚午与月柱癸酉同属于甲子旬。在甲子旬中，先有庚午，后有癸酉。故断第一胎为男孩，第二胎为女儿。

10.断汪学凯父母缘分浅，要么是离婚分开了，要么是父亲过早去世了：

癸水代表汪学凯母亲，戊土则为汪的父亲。在原局中找不到戊土信息。癸水母亲自坐酉上，而酉正是戊之死地(戊长生在寅，沐浴在卯……死在酉)，这种状态可解读为戊土若来到癸水所居之地(酉)，便死了。又不论从年柱和日柱来查空亡，都是辰巳空亡。在大六壬上巳等于戊土，巳空亡了，就等于戊空亡了。故断父母缘分浅。

实例六：为迟恩禄先生测运实例

2003年3月31日上午，一位名字叫迟恩禄的先生来到我家，让我为其测运。他的四柱是：

壬辰　戊申　甲寅　甲戌

大运：1岁~10岁　　己酉
　　　11岁~20岁　 庚戌
　　　21岁~30岁　 辛亥
　　　31岁~40岁　 壬子
　　　41岁~50岁　 癸丑
　　　51岁~60岁　 甲寅

日元甲木自坐寅木禄地，时干甲木亦来比助，似乎旺相，不料生于孟秋申月，失令受制，为身弱而不从之正常格局四柱。观全局，日支寅木虽贴身比助，却被月支申金所冲，不能做用神。时干甲木自坐戌土火库之上，戌中所藏辛金、戊土、丁火俱来克、耗、泄甲木，甲戌纳音为山头火，亦助火势，时干甲木自身消耗过甚，帮扶日元只是望梅止渴尔。

观全局，月支申金是令日元甲木衰弱的根源所在，今能使月令申金旺气得以化泄的非年干壬莫属。命局中壬水似乎受辰土、戊土之克，然年支辰土被月支申金化泄，月干戊土亦被月支申金所化泄，年柱壬辰纳音又为长流水。且壬水又通根于月支申金之中，壬水旺而有力，能化泄命局旺金，故取年干壬水为命局用神。

分析透彻后，我对前来求测的迟恩禄说："你是一个离祖远方创业之人。在20岁之前，你就离开老家出外发展了。"

"是的。刘老师测得准。我在17岁那年（1968年戊申）离开山东老家滨州，来到东北大连。但今天我来是有要事请教刘老师的。"迟恩禄说。

"有什么事你直说。"我对迟恩禄讲。

"是这样：我家祖坟在山东滨州，我父母出生在那边。我母亲还健在，现在和我一起住在大连，父亲前几年去世后安葬在老家山东滨州，由于我们全家和母亲已经在大连这边定居了，逢个祭祀节日时，想给烧点纸、送鲜花等很不方便。于是冒出个想法，就是把我爷爷奶奶的坟以及我父亲的坟一齐迁到大连这边，离我们近点，公墓我已经选好了，这几天正准备交钱办理手续。在大连我拜访过几位易学风水大师，他们都说我家祖坟不好，犯什么'六害水'、'四破水'等，如果不迁坟，就要出天灾人祸、车灾、破财等事，并都很积极主动要接手帮我做迁坟这项工作。但迁坟是件大事，必须找个真正的高手来操作此事。在大连我听不少易友提过你的名字，都说刘文元老师是真正的实战高手，并且是脚踏实地做学问的人。就这样，我专程从大连赶到瓦房店找到你。一是想请您帮助给择个黄道吉日来迁移祖坟，二是想请刘老师抽出时间和我们一同去一趟山东滨州，帮助我们全家来具体操作迁移祖坟这件事。价格不成问题，只要刘老师您开个价，我会让您满意的。"迟恩禄想邀请我来操作迁移祖坟这件事。

我认真地分析了一番迟恩禄的四柱，对其说："你家祖坟风水很好，最好不迁移。如果迁移了，动了祖坟根脉，怕会影响后人的运气。再者，大连市所有的公墓我都考察过，没有真正的龙脉佳穴，大连市城市管理十分严格，不允许私下选择墓地，惟一只能在公墓了。如此，最好还是不动祖坟为好。"我十分认真地劝说迟恩禄。

"刘老师您也没有去过山东看我家祖坟，怎么会说我家祖坟好呢？"迟恩禄问道。

"那你在大连市内找的几个大师不也没有去过你家祖坟看吗？他们凭什

么说你家祖坟犯'六害水'、'四破水'等等。又凭什么说要出天灾人祸、出车祸、破财呢?"我不客气地回敬。

"我认识的某某大师搞风水有30多年了,他有感应功能,闭着眼睛一会儿,就能说出我家祖坟的周围环境情况。"迟恩禄说。

"既然某某大师搞风水有30多年了,他又有感应功能,你为何不请他去帮你搞祖坟风水迁移呢?"我反问。

"某某大师虽然把我家祖坟的周围环境说得比较清楚,但他说我家祖坟后人的情形和现实情况不对路,所以我还没有确定用他迁坟。"迟恩禄解释说。

"这说明某某大师并不是很懂风水,他所说的那些话是危言耸听,先把你吓倒,然后让你迁坟,继而迁坟要由他来操作,这样便可以赚你的钱了。我搞风水10多年了,每次都要拿着罗经满山走,十分辛苦。有时为了寻好龙、点好穴,要走上几天,才能最后定位墓穴地址。寻龙点穴是现场活儿,并非靠点灵感、感应就能解决问题的。当然,有些易界高手能从奇门盘上、六壬课上、六爻卦上、四柱中看到一些祖坟的信息,但这永远代替不了现场操作。所以,要想把风水搞明白,必须亲临现场,否则就是冒牌货色。"我很认真地对迟恩禄讲。

"那刘老师您能否从我的四柱中看一下我家祖坟的状况如何?"迟恩禄问。

我仔细审视了一会儿整个四柱命局及大运,对迟恩禄说:"我就从你爷爷的坟往后说起。你爷爷的坟葬的环境风水不错,大有水火既济之势。当年为你爷爷造葬时,一定是请了堪舆高手寻龙点穴,从命局中看,你爷爷坟墓是西北向东南方向这样立向的,按风水学术讲就是立的戌山辰向,这在当时的元运里属于旺龙。后代多出离祖远方创业的文人、商人,但不出当官的人。从你父亲这辈开始起,他便走过很多地方,可以说,你父亲这一生足迹踏遍全国各地,你父亲是个文人,比较适合做教育工作。很可能就是一个教师。"

"刘老师所说均如所见。我爷爷的坟墓确实是葬在一条从西北走向东南方向的一条连绵不断的山脉上。听父亲生前讲过，当时是找的一个很有名气的风水先生给造的葬。从我父亲这辈起，男女六个人只有一个留有山东滨洲老家，其余五个人都外出发展了。我父亲20岁离开家乡去了福建，在那里做了教师。后来又去上海做了些年教育工作。晚年重返回山东滨洲。"迟恩禄详细向我讲述着家中的情况。

"到了你这一辈，兄弟姐妹还是天南海北，各自离祖创业，发展的都不错，你自21岁至30岁这段时光，在工作单位里便受到领导的重用与提拔，担任领导职务。31岁至40岁这段时光事业上做得更好，你的职务也更高了。直到现在，你仍身居要职。这一生你注定吃皇粮一直到退休。你的儿子已经成材，现在已离家在外发展，事业有成，儿子在一个大城市里工作，也是吃皇粮的，儿子成天开车跑来跑去的。他做事讲义气，为人诚信，所以单位领导，同事都喜欢他。你的夫妻感情很好。女儿有一技之长，很有艺术天赋。但女儿这一生离不开父母，总在父母身边。"我又讲出很多信息来。

"刘老师就如亲眼所见一般，把我家中的情况讲得十分准确。这些都与祖坟风水有关吗？能否具体讲一讲我家的祖坟的环境情况。"迟恩禄又问。

"你家祖坟的西南方向与东北方向都有山峰，西南方向的山峰主体呈圆形。东北方向的山峰高而秀长，山上树木茂密。东南方向（也就是爷爷坟墓的正前方）有一条河，河水自西南向东南方向缓缓流去，最后与东北方向流出的河流交织在一起。坟墓的西北方向为坐山，山的主体形状为方中带圆，山上有很多树木。你父亲的坟葬在你爷爷坟前右侧。你父亲在其兄弟姐妹中排行不是老大。"我讲出一些更为细致的信息。

"刘老师您果然厉害！你把我家祖坟周边的环境讲得跟亲临现场一般。我爷爷是于1976年去世的，当时全家在当地请了一个很有名气的地理先生给选择的墓地。那一年我25岁，从大连赶回山东滨洲老家，参加爷爷葬礼。爷爷的墓地周围环境确如刘老师所说的那样：西南方有座圆形的主山峰，但山上树木不是很多。东北方向的山峰高耸，山上有很多树木，十分茂密。从东北方向东南方有一条弯曲的河流，水由东北流向东南方。另从西南方流向东南方还有一条河，这两条河在东南方汇聚一起，缓缓地流向前方。西北方便是连绵不断的山脉，像一条长龙似的。爷爷坟墓所在的山脉西北方有很多茂密的树木，山的形状是方形为主的，也带有圆形。我父亲的坟葬在爷爷的墓前右边。父亲排行老三。刘老师的意思是，我家祖坟风水很好，不宜迁动，是吧？"迟恩禄说。"正是这个意思。你家祖坟风水本来很好，后人多创业，离祖发展，且无天灾人祸，丁财两旺，何必要听庸师谗言，迁动祖基。搞不好弄巧成拙，生出事端来。依我之见，放弃迁移念头。未来你母亲走后，也回山东祖坟，千万不要再造新址。这样才能保你后人禄爵丰度，永享安康。"我苦口劝谏。

听我一席话，迟恩禄觉得很有道理，终于打消了迁移祖坟这个念头。2006年春节期间，特地从大连开车来与我见面，并告诉我，这几年事业发展相当红火，老母亲依然健在。儿子已经去了加拿大，女儿在市内一家医院工作，全家安和太平。

下面把判断思路详述如下：

1. 断迟恩禄是一个离祖远方创业之人，在20岁之前就离开老家出外发展了：

从年柱壬辰来查，申子辰马在寅，日元甲木自坐马星寅木之上，寅又为甲之禄神。故断迟恩禄是一个离祖远方创业之人。命主11岁至20岁行庚戌大运，庚甲相冲，又大运天干庚引动月支申金，申为日柱甲寅的驿马，申动必冲寅，故于此步运上必离开老家外出发展。

2. 断迟恩禄家祖坟风水很好，最好不要迁移，如果迁移了，动了祖坟根脉，怕会影响后人的运气：

整个命局中，年干壬为用神。从六亲转换角度来讲，壬为迟恩禄的爷爷，壬坐辰上，辰为龙，辰为壬之墓，故爷爷的坟墓位处龙脉，福荫后人。辰为爷爷之墓，辰藏乙、戊、癸，辰与月支申、月干戊、日支寅、时支戌均通气，故辰一动，则会牵动全局，动了根脉。由于辰上坐有用神壬水，故辰动则制用神壬水，辰为爷爷坟墓，故宜静不宜动。动则必会影响后人的运气。

3. 断迟恩禄爷爷的坟墓环境风水不错，大有水火既济之势，当年造葬时，一定是请了堪舆高手寻龙点穴：

命局中，年柱与月柱半拱水局（申辰半拱水局），日柱与时柱半拱火局（寅戌半拱火局），祖坟（辰）与四柱均通气，故断大有水火既济之势。壬为爷爷，辰为爷爷之坟墓，壬为用神，壬辰又为壬骑龙背，故断当年造葬时，一定是请了堪舆高手寻龙点穴。

4. 断迟恩禄爷爷的坟墓是坐西北向东南方这样立向的。按风水学术语是立的戌山辰向，这在当时的元运里属于旺龙：

壬为迟恩禄爷爷，壬坐辰而入墓，壬为胫、癸为足，辰中藏有癸水，胫、足所在之处必是坟口，故坟口（茔门）必向辰（东南）方。坟口东南，则此坟必是坐西北而向东南，故有戌山辰向之断。迟恩禄的爷爷是1976年（丙辰）去世的，当时正值三元九运之六白运。而六白位居乾宫，乾宫有戌、亥二支，故断在当时的元运里属于旺龙。

5. 断后代多出离祖远方创业之文人、商人，但不出当大官的人：

从年柱壬辰来查，申子辰马在寅，正为日主甲木所坐，寅又为甲之禄神，可谓禄马临身，从日柱甲寅来查，寅午戌马在申，申为月支，故满盘驿马，后代多奔走、远方创业。从年干壬来查，壬逢虎（寅）为文昌星，故后代出文人。寅又为禄神、青龙，故亦出商人。时干甲坐戌上，戌为甲之财，故后代出有钱的商人。命局里月支申为偏官，时支戌里暗藏辛金正官，均为命局忌神，故不出当官的人。

6. 断父亲走过很多地方，足迹踏遍全国各地。父亲是个文人，可能是个教师：

偏财戊土为迟恩禄父亲。今戊坐月支申上，戊见申为文昌星，申为传送，传送加文昌，故有传播文化之象，因而断父亲是个文人，是做教育工作的。从日柱甲寅查，马星在申，戊坐马星申上，故其一生走动多，年支辰中有戊，月干为戊，月支申中藏有戊，日支寅中藏有戊、时支戌中亦藏有戊，故父亲（戊）的足迹踏遍全国各地。

7. 断到了迟恩禄这一辈，兄弟姐妹还是天南海北，各自发展得都不错：

日元甲木自坐禄马,离祖创业之象,寅为比肩,代表兄弟,时干甲木坐戌之上,戌为甲之财,时柱主外、主远方。又月令为兄弟宫,月支申亦为日柱之驿马,故迟恩禄这一辈的兄弟们还是天南海北,各自发展得很好。

8. 断迟恩禄自21岁至30岁这段时光,在工作单位里受到领导的重用、提拔,担任领导职务,31岁至40岁这段时光事业上做得更好,职务也更高了:

迟恩禄21岁至30岁行辛亥大运。亥水即是壬水,为用神到位。亥中藏有甲木,甲木为日主,与用神壬同在亥中,雨露之恩尽然受之。辛为正官,为原命局戌中所藏,如今透出来生扶命局用神,必为得官之象。亥为乾,戌亦为乾,乾为领导,故在单位里受领导重用、提拔,担任领导职务。31岁至40岁行壬子大运,壬为用神,今壬坐子为帝旺,用神帝旺当然最好了。又大运壬子与原命局年柱壬辰、月柱戊申三合成水局,化泄了原命局月令申金旺气,申金为官星,如今来化水、生水、生扶用神壬水,所以这步运事业上做得更好,职务也更高了。

9. 断迟恩禄直到现在仍身居要职,这一生注定吃皇粮到退休:

迟恩禄前来求测是2003年(癸未),时值52岁,命局正行甲寅大运,与日柱甲寅重叠,为伏吟。甲坐寅木禄地,寅又为岁马,此步运一直到60岁,正好是公务人员退休年龄。禄神代表公职,岁马加禄必是吃皇粮之象,又为身居要职之象。

10. 断迟恩禄儿子已经成才,离家在外发展,事业有成,在一个大城市里工作,也是吃皇粮的,成天开车跑来跑去,做事讲义气,为人讲诚信,所以单位领导、同事都喜欢他:

月支申金为迟恩禄的儿子,为日柱甲寅的驿马,故儿子离家在外发展。申金藏有用神壬水,且申金又生扶用神壬水,故儿子成才。迟恩禄现在行甲寅大运,正天克地冲月柱戊申,申为日柱驿马,今逢大运冲则必动。所以断儿子成天开车跑来跑去的。申为驿马,又为传送,都是车辆符号。申金为月令旺气,又通太岁辰土之气,故儿子在大城市里工作,并且是吃皇粮的。月柱干支为戊申,戊为申之印,代表工作单位,戊通根于年支辰土太岁,也是吃皇粮之信息。戊为土，土主信，故儿子做事情讲诚信。申为金，金主义，所以儿子做事讲义气。太岁辰土生月支申金，故单位领导喜欢他。申临月令，月柱为兄弟宫，代表同事，所以儿子和同事们为同一信息，说明与同事们相处得很好，同事也喜欢他。

11. 断迟恩禄夫妻感情很好，女儿有一技之长，很有艺术天赋，但女儿这一生离不开父母，总在父母身边：

命局中所有的财星均不损坏用神壬水，包括年柱壬辰中的辰土，表面看起来能克制壬水，但有月支申金的强力化泄，使得辰土主流能量都去生申金了，从而辰土对用神壬水不起克制作用了。月干戊土亦被月支申金化泄，故不克壬水。时支戌土有甲木盖头、日支寅木牵制，亦不能伤害用神壬水。夫妻宫寅木与日干甲木天地通气、通根、同气，完全一幅夫妇志同道合之景象。女儿正官辛金藏于时支戌土之中，从日柱甲寅来查，戌为华盖，故断女儿有一技之长。华盖又主艺术，所以断女儿很有艺术天赋。时柱甲戌组合中，甲为迟恩禄，戌中戊为妻，戌中辛金为女儿，组在一起便印证了女儿总是和父母在一起，离不开父母之象。

12. 断迟恩禄家祖坟的西南与东北两个方向都有山峰，西南方的山峰主体呈圆形，东北方的山峰高而秀长，山上树木茂密：

壬为迟恩禄爷爷，辰为爷爷之坟墓。月柱戊申组合与年柱干支均通气（申中藏壬水、戊土，辰中亦藏戊土），申为西南方，戊为山，申为金，主山体呈圆形。日柱甲寅组合与年柱也通气，寅中藏有戊土，年支辰中亦有戊土，寅为艮为山，故东北方有山峰，甲寅均为木，木主高而秀长，也主树木茂密。

13. 断祖坟东南方向有一条河，河水由西南向东南方缓缓流去，最后与东北方向流出的河流交织在一起：

壬辰纳音为长流水，壬为河流，辰为东南方。申月为孟秋，水旺相，故断东南方有河流。壬水长生在申，长生处为河水的源头，所以断河水由西南方向（申）流向东南方向（辰）。日柱甲寅纳音为大溪水，寅为东北方向，寅中有戊，与年支辰通气，寅为山为高处，水由高向低处流，故东北方向的河也流向东南方（辰），与西南方流过来的水交织在一起。由于辰为水库，库有汇聚之能。故二条河在东南方（辰）汇聚交织在一起。

14. 断坟墓的西北方向为坐山，山的主体形状为方中带圆，山上有很多树木：

时柱甲戌，戌与年支辰对冲，辰为壬之墓，壬为胫、癸为足，故东南方（辰）为墓门（茔门），则戌（西北方）必为坐山。甲为方，戌为乾为圆，故断山的主体形状为方中带圆。甲为树木，所以断山上有很多树木。

15. 断迟恩禄父亲的坟葬在爷爷坟前右侧，父亲在兄弟中排行不是老大：

壬为爷爷，辰为爷爷之墓，月干戊坐申上，戊与年支辰通根通气，申为右。申在辰前方。故父亲葬在爷爷右前方。从风水学讲，左侧为长房，如今父亲居右前方，故断迟恩禄父亲于兄弟中排行不是老大。

实例七：为庞秀杰女士测运实例

2007年4月，一位名字叫庞秀杰的中年女士找到我，求测一生运气。其四柱如下：

辛丑　壬辰　癸巳　乙卯

大运：2.4岁~11.4岁　　癸巳
　　　12.4岁~21.4　　　甲午
　　　22.4岁~31.4岁　　乙未
　　　32.4岁~41.4岁　　丙申
　　　42.4岁~51.4岁　　丁酉

日元癸水生于季春，为休囚，虽有月干壬水帮扶、年干辛金生扶，年支丑、月支辰中又有癸水通根，观全局，日主仍属偏弱，取年干辛金为命局用神。

分析透彻后，我对庞秀杰女士说："你是一个头脑特别聪明，但从来不张扬自己个性的人,在单位与同事们相处时,总把自己处在后边的位置,说起话来很谦虚且用词恰当,并能赢得绝大多数人的认可。

庞秀杰听后微微一笑:"请刘老师继续往下说。"

"由于你做事认真、为人和气、谦虚,在工作上倍受领导重用。尽管如此,还是招致同事的忌妒,工作上常犯小人。"我指出庞秀杰工作上的一些情况。

"刘老师说得对。我在工作上可以说是兢兢业业的,单位领导对我的工作也经常夸奖。但总有那么几个人和我做对,工作上找我的麻烦。令我百思不得其解。刘老师您能看出我是做什么工作的吗?"庞秀杰又问。

我分析了一下命局,对庞秀杰说:"你最适合做财务管理工作。你做事特别认真、头脑又聪明。要我看,你就是一个做财务工作的人。"

"刘老师很厉害!我在单位里就是做财务工作的。"庞秀杰印证了我的判断。

"在你32岁至41岁这段时间,工作上很不顺利,出现很多麻烦事。尤其是38岁(戊寅)这一年,工作上出大事了。"我又断出一些事。

"刘老师断得十分准确。在我32岁以后,工作上尽管十分认真努力去做,但总还是有很多不可避免的麻烦找上头来,尤其是38岁这一年,令我终身难忘。刘老师能否看出这年我遇到了什么事情?"庞秀杰越问越细。

我让真地分析了原命局、大运、流年,对庞秀杰女士说:"你38岁这一年工作上遭小人陷害,说你经济上有问题,吃官司了,而且还被公安机关拘留了一段时间,这是你人生中最大的一次冤屈。"

只见庞秀杰女士刷地流下眼泪:"看来人生一切都是命中注定的。刘老师说对了,这一年单位经济出问题了,我是主管财务账目的,查来查去,把我抓进了公安局,在里边呆了十一天,才把我放了出来,这是我人生中最大的一次冤屈与耻辱。"

"人生之事如过眼烟云,不必总挂在心上,清者自清。况且这事与你无关,完全是你单位一把手所为,你只是替罪羊。"我再次讲出一些信息来。

"刘老师你真了不起,竟能看出我是只替罪羊。事实确是如此,我单位一把手领导私下将一些财务账目进行了做假，然后伙同其他财务人员私下以我的名义进行签字、盖章，令一百多万元的现金对不上账。他们模仿我的字体简直太像了！连我都辨认不出来。后来经过公安人员反复调查、取证、专家鉴定，才发现有些签字是别人冒充我的笔迹做的。这样才真相大白。而我单位一把手终于被绳之以法了。"庞秀杰很感慨地回忆着发生过的事情。

"你的婚姻也不顺利。你丈夫在和你结婚之前有一个女朋友，那个女朋友性格外向，像个男人似的。你丈夫与她性格不和，最终分手了。你丈夫与你相处过程中，那个女的还来骚扰过。为这事你很生气，曾想和丈夫一刀两断，无奈你丈夫追的紧，你俩最终还是结婚了。"我把庞秀杰的婚姻情况讲了一下。

"刘老师说得十分准确！我丈夫之前的确有一个女朋友，那女的性格很像《红楼梦》中的王熙凤，泼辣得很。据我丈夫讲，他俩相处的一年多时间里，经常意见不同，吵嘴已是家常便饭。与我丈夫分手后三个月的时候，我丈夫便与我相识了。当我们俩谈到半年左右时，那个女的忽然又回来找我丈夫，希望恢复他们两人以前的关系。我丈夫当时曾犹豫过，看得出来，他们俩人还是有感情基础的。当时我心里很难过，决定和我丈夫提出分手，成全他们俩。无奈我丈夫最终还是选择了我，与她彻底进行了断。"庞秀杰详细地讲解她的恋爱史。

"结婚后你们夫妻俩人感情不是很好，经常吵闹，意见不一。你丈夫性格内向，不愿意抛头露面，家里大大小小的事情总得你一个女人出头露面。时间久了，你们夫妻感情越来越差，曾有几次你想到过离婚，但一想到女儿，你的心就软了下来，还是努力维系着这个家。"我又讲出庞秀杰婚姻上的一些细节信息。

只见庞秀杰眼睛微微红润了："若不是为了我可爱的女儿有个完整的家，我早就跟他分手了。正如刘老师所说，我丈夫性格很内向，就是不愿意和人打交道。家里大大小小的事情都得我出面来解决。记得有一次我们家楼上忘记关水阀了，结果发水了，把我们家给淹得不成样子了，等我下班来家后才发现，他在家里发现楼上向下渗水却没有去找人家，最后竟由我亲自跑楼上去谈索赔之事……"

"你在兄弟姐妹中是排行最小的。男女兄弟姐妹加在一起应该有四个人吧？"我又讲了一下庞秀杰兄弟姐妹方面的信息。

"是的，我男女兄弟姐妹一共四人，我是最小的。"庞秀杰回答。

"年轻时，曾有一个属牛的与你同岁的男士追求过你，这个男士很有才华，人也稳重，但阴差阳错，在你22岁至31岁这段时间，他离开家乡，你俩见不上面了。等再次见面时，各自都有家室了。这个男士一直对你很好，从各方面来帮助你，你也很欣赏他的才华。但今生你俩无缘成为夫妻……"我又看出庞秀杰一些过去的事情。

"刘老师您太神奇了！竟然把我初恋的事情都给看出来了！说得如亲眼看见一般！在我21岁那年（辛酉），我中学的一位与我同岁的男同学（他叫于权）主动追求我，他很有才，毛笔字写得特好，学习成绩也好。我俩相处了四个多月，感情基础相当好。后来由于工作的原因，他随父母一起被调到上海去了，无奈我们只能分手了。到了2002年，他从上海又调回了大连，我们再次相逢。相聊得知，他的妻子已于三年前病逝。只剩下他和女儿两人。因为大连是他的家乡，最后决定带着女儿回到了家乡。经详细交谈才得知，这些年来我（庞秀杰）写往上海的信件全部被于权的母亲给收藏了起来，目的就是不想让我俩成婚。在于权离开大连去往上海之后，其母亲便找人代笔，模仿儿子的笔迹给我（庞秀杰）写了一封绝情信。我当时不相信他会这么绝情，于是便写信给他，可是写了一封又一封，就是不见回音，就这样，一年下来也没见到对方一封回信，这时我才死了心，决定放弃，重新开始。到现在才得知，于权从上海给我写的信因我们家住宅搬迁而无法投递，都给退回去了。这次见面时，于权将他这些年来写给我的信全部带给我了，我从头至尾地把每封信都看过了，他把我写给他的信也都带回来了，他说这些信直到自己母亲临终前才拿出来给他看的，并说对不起自己的儿子，并告诉他为什么总阻止他俩这桩婚事的理由：原来在'文化大革命'期间，庞秀杰的父亲是某造反派的一个头头，于权的父亲是从上海来大连的知识分子，那个年代是知识越多越反动，于权的父亲遭到迫害，而庞秀杰的父亲便是批斗于权父亲的主要人物。尽管后来都给平反了，但历史留下的一笔是永远抹不掉的。因为这个，令我们这对本来十分般配的一对棒打鸳鸯各自东西，实属人间一大憾事。"庞秀杰边说边流下串串泪珠。

后来庞秀杰对我讲，从 2002 年于权回大连之后，一直和庞秀杰保持联系，经常帮助庞秀杰做一些事情。两个人由初恋情人变成中年时期的知心朋友了。

还有许多断语因篇幅所限就不一一写出来了。这里所用的人名是假名，但事情经过完全是真实的，目的在于保护当事者的个人隐私权。

下面把整个的判断思路详解如下：

1. 断庞秀杰是一个头脑特别聪明，但从来不张扬自己个性的人，在单位与同事们相处时，总把自己处在后边的位置。说起话来很谦虚且用词恰当，并能赢得绝大多数人的认可：

日元癸水，水主智，日柱癸巳纳音长流水，纳音代表高层次的五行能量，年干辛金为命局用神，年柱代表头部、头脑，辛为用神，故断庞女士头脑特别聪明；日元癸水在十天干中排在最后一位，又癸巳日柱为甲申旬中最末一组，水的性质主润下，向低处流，故有庞女士从来不张扬自己的个性，在单位与同事们相处时，总把自己处在后边的位置（月柱为兄弟宫，代表同事，今月柱为壬辰，日柱为癸巳，先有壬辰，后有癸巳，所以庞女士与同事相处时总把自己放在最后——癸巳）。

食伤代表人的语言表达，今月支辰中藏有乙木，乙为日元癸之食神，表明庞女士与同事（月柱辰）谈话时，保持谦逊、低调、不张扬（遁藏乙木）。时柱乙卯均为日元癸之食神，从日柱癸来查，卯为文昌星，这样便可解读为庞女士说起话来谦虚（时柱主小辈）又用词恰当（文昌星卯），并能赢得绝大多数人的认可（乙卯为六合，六合代表各方人士）。

2. 断由于庞秀杰做事认真、和气、谦虚，在工作上备受领导重用。尽管如此，还是招致同事的忌妒，工作上常犯小人：

时柱乙卯为日元癸之食神，月支辰中乙木也为癸之食神，食神代表人的表达、做事态度等信息。乙卯为六合，故断庞女士做事和气。时柱、地支遁藏主低、小等信息，故谦虚。乙卯地支遁藏之乙均为阴木，故做事认真、细致。年干辛为用神，又为印，印主工作，年干代表领导，故断工作上受领导重用。

月干壬代表同事，虽有帮身之功，却来耗损年干用神辛金之气。凡损耗用神的，均以凶来断，壬来耗损用神，故有同事忌妒、犯小人之应。因月柱壬辰纳音长流水，故常犯小人。

3. 断庞秀杰女士适合做财务管理工作，做事认真，头脑聪明，依我看就是一个做财务工作的：

日柱癸巳为日坐贵财（壬癸蛇兔藏），贵财主大财，今财星巳火被日元癸水所克制，故有庞女士掌控财权之象。又年干用神辛金自坐金库丑之上，古时金亦为钱财之符号信息。年柱代表公家的信息。综合起来，断庞秀杰是做财务工作的。

4. 断庞秀杰自32岁至41岁这段时间，工作上很不顺利，出现很多麻烦事：

庞女士32岁至41岁行丙申大运。运干丙来合克年干用神辛金，辛为印星，故这段时间工作上很不顺利。出现很多麻烦事。

5. 断尤其是38岁（戊寅）这一年，工作上出大事了，遭小人陷害，说其经济上有问题，吃官司了，而且还被公安机关拘留了一段时间，这是一生中最大的一次冤屈：

庞秀杰32岁至41岁行丙申大运，38岁是1998戊寅年，日柱为癸巳，这样便构成了寅、申、巳三刑之组合。大运运干丙合住命局用神辛，丙又引动日支巳，流年戊合住日干癸水，流年年干戊引动月支辰，辰为水库，辰为公安刑警之符号。故这一年庞女士吃官司，被公安局拘留了。由于大运运干丙为日元之财星，丙合住用神辛金，故因经济问题而被抓。

6. 断庞秀杰只是替罪羊，事情完全是单位一把手所为：

大运丙申，丙为日元癸之正财，今丙坐申为病地，说明财有毛病，这笔有毛病的财与年干辛金相合，故这笔钱是单位一把手所为。因为是公款，所以从年柱辛丑来查，辰巳为空亡，即这笔公款（巳）并没有被日元癸水所占有，所以庞女士只是替罪羊罢了。

7. 断庞秀杰的婚姻不顺利，她丈夫在结婚前有一个女朋友，那个女友性格外向，像个男人似的。丈夫与那个女友性格不和，最终分手了，庞秀杰与丈夫相处过程中，那个女人还来骚扰过。为这事庞很生气，曾想和丈夫一刀两断，无奈丈夫追的紧，最终还是结婚了：

日柱癸巳组合，巳中戊为丈夫正官，戊与癸为无情之合，又癸与巳为水火相战，故婚必不顺。月柱为壬辰组合，辰中藏有戊土、癸水、乙木，月干为壬水，壬为戊之偏财，又天干为先，地支为后，故丈夫（戊）在婚前曾处了一个女朋友（壬），壬为阳干，故性格外向，像个男的似的。壬坐辰上，水土相战，故性格不和，又壬到辰为入墓，事物见墓则止，故最后两人的关系终止了。辰中癸水代表庞秀杰，辰中戊土为丈夫，辰中乙木为癸水所生，即乙为癸之食神，代表了庞女士的态度，乙木克戊土，表明庞女士曾经有与丈夫分手的想法，由于这些组合全部遁藏在辰中，故属于一种隐态的运动，辰中有戊、癸，说明庞女士与丈夫在相处，月干壬坐辰上，说明庞女士与丈夫相处过程中原来性格像男的那个女人（壬）曾来骚扰过，由于日柱为癸巳组合，巳中有戊，戊为正官丈夫，又巳为夫妻宫，为壬水之绝地，故最终庞女士还是和丈夫结婚了。

8. 断庞女士结婚后夫妻感情不是很好。经常吵闹，她丈夫性格内向，不愿意抛头露面，家里大大小小的事情总得由庞女士出头露面。时间久了，夫妻感情越来越差。曾几次想到过离婚，但想到女儿，心就软下来，还是努力维系着这个家：

日柱癸巳为水火组合，必有相战之事，戊土正官藏于巳火之中，于月支辰中亦为遁藏，故丈夫性格内向，不愿意抛头露面，日干癸水既在天干，又在地支（辰中藏癸水），故家里大大小小的事情总得由庞女士出头露面。在丙申大运上，丙火引动夫妻宫巳火，丙又来合克用神辛金，故断庞女士几次想到过离婚，由于月支辰土能化泄巳火（巳火生辰土），辰中藏有乙、戊、癸，一家三口之象尽在其中，这样以来，便可解读为庞女士考虑到家庭的完整性（辰中乙、戊、癸）而心（巳为心）软了下来（巳火生辰土），继续维系着这个家。

9. 断庞秀杰在兄弟姐妹中是排行最小的，男女兄弟姐妹加在一起有四个人：

日柱为癸巳组合，癸巳为旬尾，为最后一位，从整个四柱来看，年支丑中藏有一个癸，月干壬水，月支辰中藏有癸水，加之日干癸水，一共四位，故断庞女士有兄弟姐妹四人。从日柱癸巳之后，再无比劫，故庞女士排行最小。

10. 断在庞秀杰年轻时，曾有一个属牛的与其同岁的男士追求过她，这个男士很有才华，人也稳重，但阴差阳错，在22岁至31岁这段时间，这位男士离开家乡，俩人见不上面了：

年柱辛丑组合，丑中藏有癸水、己土、辛金，其中癸为日元，代表庞秀杰，己为癸之偏官，代表男朋友，辛为命局用神，由于辛丑组合为丑土生扶用神辛金，故必有一属牛的男士来追求过庞秀杰，庞秀杰也接受了这位男士的追求（丑中癸、己、辛），丑为艮卦，故男士比较稳重。又从日柱来查，巳酉丑见丑，丑为华盖，故这位男士比较有才华（丑为华盖，来生用神辛金）。

但庞女士22岁至31岁行乙未大运，正与年柱辛丑天克地冲，故这位男士被冲走，离开家乡，俩人见不上面了。

11. 断再次见面时，各自都有家室了。这位男士一直对庞秀杰很好，从各方面来帮助庞女士，庞女士也很欣赏他的才华，但今生俩人无缘成为夫妻：

庞女士与于权再次相见必在乙未大运之后，而乙未大运结束时庞女士已经是32岁以后的时光了。故这个年龄段双方均有家室了。庞女士42岁至51岁行丁酉大运，原命局日支巳、大运酉、年支丑形成巳酉丑三合局，对原命局用神辛金有助益作用。故断男朋友于权一直对庞秀杰很好，从各个方面来帮助庞秀杰。庞秀杰（癸）也很欣赏于权的才华（丑），因丑中藏有癸水，说明庞秀杰（癸）经常与于权接触。从年柱辛丑查，辰巳空亡，而庞秀杰（癸）坐巳（空亡）之上，与辛丑是两个世界的人，故今生俩人无缘成为夫妻了。

实例八：为田骏先生综合预测实例

2006年夏季，一位名叫田骏的中年男人前来找我求测，他的四柱及大运如下：

丁酉　戊申　甲子　癸酉

大运：4.4~13.4岁　　丁未
　　　14.4~23.4岁　　丙午
　　　24.4~33.4岁　　乙巳
　　　34.4~43.4岁　　甲辰
　　　44.4~53.4岁　　癸卯
　　　54.4~63.4岁　　壬寅

日元甲木生于孟秋，为走死地，全局一片旺金，日主身弱无疑。幸有日支子水贴身生扶甲木，子又能化泄月支申金、时支酉金之旺气，取日支子水为命局用神当之无愧。

分析完毕，我对田骏说："你头脑聪明，是个十分好学的人，可以说是博览群书，集众多知识于一身的全才式人物了。但可惜的是生的那个年代不好，没有机会读大学。"

"刘老师说得对。我这人从小就喜欢读书，不分门类，各种书籍我都收藏。在学校的时候我的学习成绩特好，但是那个时候正赶上'文化大革命'，也没有机会读大学。"田骏回答。

"你的父亲是个文人，可能做过教书先生，他的胃肠有病。"我说。

"对！我父亲是个教书先生，做了一辈子教学工作。他胃肠功能常年不好，还做过手术呢。"田骏又印证了我的判断。

"你的母亲对你十分关爱。小时你身体不好，当你生病的时候，母亲总是悉心照顾你，半夜起床给你喂药，是个很细心、很勤劳、很聪明贤惠的女人。"我讲了一下田骏母亲的状况。

"是的。我母亲对我特别关爱，在我14岁之前，身体一直不好，经常感冒发烧、腹泻，母亲就成天守着我，按时给我喂药，常常半夜里我正酣睡着便被唤醒，起来吃药，从无差错。由于父亲白天教书，工作很累，所有的家务活都压在母亲一个人身上。母亲特别勤劳，也特能吃苦。"田骏向我讲述着她母亲的情况。

"在你16岁（壬子）那一年，人生有了较大的变化。你变换了环境。"我说。

"对。16岁那一年我们集体从学校走出，被安排到农村去劳动锻炼，那时候叫'下乡知识青年'。那段时光虽然苦，但苦中有乐，现在回想起来还是非常留恋那段经历的。"田骏回答。

"在你27岁（癸亥）这一年，工作上有大的转变，从这一年开始，人生走上了正轨。"我断了一下田骏工作方面的事。

"真是太准了！在我27岁（癸亥）这一年，我由临时工转为正式工人了。在那个年代，转正是一件大事。从此我算是正规的国营职工了，可以享受到国营职工的各种待遇了。"田骏兴备的讲述着。"在你30岁这一年（丙寅），工作再次变动，你的才华得到单位领导的认可，把你安排到一个新的重要工作岗位上，你的人生开始了新的里程。"我又讲出一些事情来。

"十分正确！1986年单位领导派我外出学习，半年后回来直接让我搞产品设计、制图，从此我的工资也提升了，这是我人生第二次较大的转折点。"田骏讲述着。

"从你34岁以后，便成了单位领导的左辅右弼，你的才华越来越受到重用。单位里很多重大项目都由你来亲自操作，此时你应该但任一个重要的副职领导位置了。"我再为田骏说出几条来。

"是的。从34岁以后单位里的重大项目都由我来亲自操作、策划，别人做不了。因此，我被提升为副厂长兼技术总兼。这段时光是我人生中最辉煌的阶段。"田骏很自豪。

"在这一生中对你帮助最大的人应该是属鼠的人。"我说。

"太准了！我们单位的老书记就是属鼠的，送我外出学习、提拔我当副厂长，都是由他来任命的。刘老师测得完全正确！"田骏高兴地回答。

"现在你在单位里已提升为正职，这步运是你人生中最辉煌的一步。"我对田骏说。

"刘老师测得正确。我现在已经是厂长兼党委书记了。这是我人生中最好的阶段。"田骏又印证了我的断语。

"如果我没断错的话，你应该是在37岁这一年（癸酉）被提升为正职的。"我说。

"看来人生许多事都是命中注定好了的。一点儿不错，我在1993年被提升为厂长，这是我人生中又一次大的转折点。"田骏又印证了我的判断。

"你这一生走官运，全凭实干精神与聪明才智才上去的，从不阿谀奉承。"我又说了田骏性格方面。

"刘老师说得太准了！我从踏入工厂那一天起，便踏踏实实地把工作做好。平时很少和领导搭话。有时在生产技术上给领导提一些合理化建议，结果多数被领导所采纳。渐渐地，单位领导对我印象越来越好。提升我做副厂长的时候，我还坚持拒绝呢，无奈厂长、书记都来找我谈话，我才不得已而做上副厂长的位置。直到后来做上了厂长、书记，这些我是从来没有想过的，命运偏偏把我推到了这个位置上。"田骏感慨地说。

"你的夫妻感情很好，婚后第一胎生的是女儿。女儿很聪明，口齿伶俐，性格有点像男孩。"我讲了一下田骏的家庭情况。

"刘老师说得很对。我和妻子从结婚到现在没翻过脸，相处得很和睦。婚后生的第一胎是女孩。这个孩子正如刘老师所说的，伶牙俐齿，像个男孩子似的。但头脑还是很聪明，学习成绩也在班里名列前茅。"田骏向我详述着家中情况。

"但惟一令你担忧的，是你女儿要早恋，你必须帮她把住关，不然会影响学业，酿成大错的。"我提醒田骏。

"看来人生有很多事都是定好了的，是无法改变的。我女儿在16岁那年,正上高一,谈对象了,开始我们没有发现。后来发觉她在学习的时候总是愣神发呆。我妻子偷着看了她的日记本,才知道她和同班的一个男生谈恋爱了,把我们俩人气坏了。经过反复劝导,才勉强和那个男同学分手了,但学习成绩却受到了严重影响。结果高考时只考了一家专科学校。以我女儿的智力和平时的学习成绩,考本科是没有问题的。可偏偏出现早恋这件事,这是我在子女教育上最失败的一笔。"田骏心情不好地谈论着女儿的事情。

还有许多断语因篇幅关系就不详细介绍了。

下面把判断思路详解如下:

1. 断田骏头脑聪明,是一个十分好学的人,博览群书,集众多知识于一身的全才式人物,可惜生的年代不好,没有机会读大学:

日元甲木身弱,日支子水为命局用神,子为墨池,子又为印,子既能化泄月支申,又能化泄时支酉,故命主必是头脑聪明、十分好学、博览群书、集众多知识于一身的全才式人物。从年柱来查,丙戌申宫丁己鸡,酉为文昌星,今酉临文昌星来生命局用神子,月支申与用神子半合水局,都是集众多知识于一身之信息。命主14岁至23岁行丙午大运,正冲用神子水,这段时间正是文化大革命期间,故断命主生的年代不好,没有机会读大学。

2. 断田骏的父亲是个文人,可能做过教书先生,他的肠胃有病:

月干戊土偏财为田骏的父亲。戊坐申,从戊来查,戊见申为文昌星,申为传送,申为坤,坤为众多,由此可知其父亲做过教育工作。戊坐申为自坐病地,戊为土,代表胃,申为大肠,故断田骏的父亲胃肠有病。

3. 断田骏的母亲对其十分关爱。田骏小时候身体不好,生病的时候,母亲总是悉心照顾,半夜起床给田骏喂药,母亲是一个很细心、很勤劳、很聪明贤惠的女人:

子中癸水,时干癸水为田骏的母亲。今子为命局用神,又贴身来生扶日元甲木,田骏小时4岁至13岁行丁未大运,未土克伤命局用神子水,故小时候田骏身体不好。子水用神来生日元甲木,子为半夜,故断母亲半夜起床给田骏喂药。癸为水主智,癸为阴主细致。所以断母亲是一个很细心、很勤劳、很聪明贤惠的女人。

4. 断田骏在16岁（壬子）那一年，人生有了较大的变化，变换了环境：

田骏16岁是1972（壬子）年，当时行的大运为丙午，流年壬子与大运丙午天克地冲，子又为命局用神，故该年必有较大的变化。

5. 断田骏在27岁（癸亥）这一年，工作上有大的转变，从这一年开始，人生走上了正轨：

从年柱丁酉来查，巳酉丑马在亥，癸亥年为命主马星流年，必主大的变动。又癸通根于日支用神子水，在癸的引动下，用神子水动来生日元甲木，时柱癸水亦动来生日元甲木，故这一年应工作上（正印）有大的转变，人生走上了正轨。

6. 断田骏在30岁这一年（丙寅），工作再次变动，其才华得到单位领导的认可。田骏被安排到一个新的重要岗位上，人生开始了新的里程：

田骏30岁这一年为丙寅，寅木即是甲木，甲到寅为临官禄地，又从日柱甲子来查，申子辰马在寅，故这一年田骏的工作再次有变动。丙为甲之食神，代表田的才华与展现。丙火与大运地支巳火天地通气、同气，巳与太岁地支酉、月建地支申均有三合、六合（巳酉半合、巳申合），故断田骏的才华得到单位领导的认可，其被安排到一个新的重要岗位上，人生开始了新的里程。

7. 断田骏从34岁以后，便成了单位领导的左辅右弼，才华越来越受到重视，人得到重用，单位里很多重大项目都得由田骏来亲自操作，此时田骏已担任一个重要的副职领导位置了：

田骏从34岁开始行甲辰大运。大运辰与命局中申、子三合成一个水局，这样一来，用神子水的力量大大地得到了加强。从日柱甲子来查，申子辰见辰为华盖，华盖主技术，华盖是大帝头上的一颗星神，有护帝显威之职，故断田骏从34岁以后成了单位领导的左辅左弼，才华越来越受到重视，人也受到重用。因为大运甲辰，甲为日元，辰为华盖，华盖主技术项目，今辰（技术项目）被甲所克，即被田骏所操控，故断单位里很多重大项目都得由田骏来亲自操作，此时田已担任一个重要的副职领导位置了（华盖）。

8. 断这一生中对田骏帮助最大的人应该是属鼠的：

日柱为甲子组合，子为命局用神，子能化泄月支申、时支酉的旺金，可谓起到官气通身的妙用。故这一生对田帮助最大的人是属鼠的。

9. 断现在田骏已在单位里为正职，这步运是其人生中最辉煌的一步：

田骏是在2006年夏季来求测的，当时正行癸卯大运。癸引动用神子水，卯为日元甲之帝旺，用神动而生身，卯羊刃来显发其权力，故此步运是人生中最辉煌的一步。

10. 断田骏应该是在37岁这一年（癸酉）被提升为正职的：

田骏37岁行甲辰大运，甲为青龙，辰为龙，可谓日干骑龙，龙座即为官位。癸酉流年其组合为原命局中正官（酉）生用神癸（子），故断这一年被提升为正职。

11. 断田骏这一生走官运全凭实干精神与聪明才智被提上去的，从不阿谀奉承：

食伤代表人的语言、行为等，今伤官丁火位居年干，来克年支正官酉金，说明田骏对高层领导说话也直言不讳，真可谓是伤官见官，照常当官。因为全命局中官杀甚旺，全凭日支子水行化泄之功，才得以官气通身的，水主智，水亦主劳，所以断田骏这一生走官运全凭实干精神与聪明才智被提上去的，从不阿谀奉承。

12. 断田骏的夫妻感情很好，婚后第一胎生的是女儿，女儿很聪明，口齿伶俐，性格有点像男孩：

日柱干支为夫妻之位，今妻宫子水为命局用神且来生扶日主甲木，故夫妻感情必好。命局中虽官杀混杂，但时柱为子女宫，时柱癸酉组合为正官（女儿）生用神癸（子），故头胎必生女儿，月支申金七杀虽亦能生扶用神子水，但申与子毕竟位处异柱，而癸与酉同在一柱，即正官（酉）生用神癸（子）的力量远远大于偏官申生扶用神（子）的力量，故断头胎生女儿。

时柱为癸酉组合，癸为水为用神（子）主智，故女儿聪明，酉为兑为口为说，今酉生用神，故女儿口齿伶俐。癸酉纳音剑锋金，所以断女儿性格有些像男孩。

13. 断惟一令田骏担忧的，是女儿要早恋，必须把好关，不然会影响学业、酿成大错：

从日柱甲子来查，申子辰见酉，酉为桃花，酉为正官，代表女儿，酉为兑，兑主少女，故女儿少女时代便有桃花运，谈恋爱了。

实例九：为张春莉女士测运实例

2006年公历2月23日下午，一位名字叫张春莉的女士慕名来我处求测。她详细报出自己的出生时间：1943年农历八月二十四日中午十二点多钟。我按张春莉所报的出生时间排出其四柱及大运：

癸未　辛酉　甲申　庚午

大运：5.4~14.4岁　　壬戌

　　　15.4~24.4岁　　癸亥

　　　25.4~34.4岁　　甲子

　　　35.4~44.4岁　　乙丑

　　　45.4~54.4岁　　丙寅

　　　55.4~64.4岁　　丁卯

　　　65.4~74.4岁　　戊辰

日元甲木生于仲秋酉月，为走死地，于日柱又自坐申金绝地，全局一片旺金来克之，此四柱极易被定之为从官格。然细细审之，此四柱并非从官格，其原因有四：一是日柱甲申纳音为泉中水，甲木自能受其生；二是月柱辛酉虽为旺金，但辛酉纳音为石榴木，此纳音木对日元甲木有助益之功；三是年柱癸未纳音为杨柳木，此纳音木对日元甲木亦有助益；四是年干癸水相于月令，癸水能生甲木。

由上述四点，此四柱只是一身弱而不从的普通格局而已。全局中金多金旺为病患，取年干癸水为命局用神最为恰当，一则癸水可生扶衰弱之日元甲木，二则癸水可化泄全局中之旺金，三是癸水与日柱纳音（泉中水）有同气相求之应。

分析通彻后，我对张春莉女士说："你是一个苦命的人，在你16岁之前，你母亲便与你父亲分开了，是你母亲把你扶养长大的。"

只见张春莉女士十分惊讶："真的好准！刘老师你能看出我父亲和母亲是怎样分开的吗？"

我仔细看看原命局，经过一番分析之后，十分肯定地对张春莉说："你父亲去世早，如果我没断错的话，应该是在你7岁那一年（己丑）父亲去世了。"

只见张春莉瞪大了眼睛："太准了！真没想到你能测得这么准！我父亲确实是在1949年（己丑）去世的。刘老师，请你将我这一生各个方面都详细地讲一讲好吗？"

我详审张春莉四柱原命局之信息，分析片刻，对其说："你父亲去世后，你母亲带着你又嫁到另一家，从此你有了继父。继父对你母亲很好，其性格比较内向，在你继父与你母亲结婚之前，继父一直是单身的，没有结过婚。你随母亲与继父组成家庭后，他对你们母女二人很好。"

"活灵活现！刘老师所说完全如亲眼所见，你能看出是哪一年的事吗？"张春莉激动地向我问道。

我看了看命局及大运，稍加分析，对张春莉说："在你10岁那一年，应该是1952年吧，你母亲与你继父组建了家庭。"

"太神奇了！正是在我10岁那一年，我母亲与继父结婚了，记得当时我正读小学2年级，当时我哭着说不要后爸（继父），母亲含着眼泪告诉我：后爸（继父）会像亲爸爸一样对你好的。

在我母亲与继父刚结婚的头一年时间里，我总是躲着继父，不和他说话。继父见我这样，只是笑笑，什么也不说。他是一个内向的人，话不多。但我能感觉得到，他对我母亲很好。

我上小学三年级的时候，得了一场病，总是高烧不退，烧得神智都有些不清，晕晕糊糊的，在当地医院检查不出什么毛病来，继父急坏了，背着我到处求医，最后背着我去沈阳的一家医院才查出病来。大夫说若是再晚来些时间，就可能变为白血病了。在沈阳住院的 10 多天里，继父日夜守候在我的病床边。那些日子里，我深深地感觉到了一种伟大的父爱，但我还是没有叫过他一声'爸爸'。

出院后我回到学校继续上学，发现同学们用异样的眼光看着我。其中一个姓周的男同学当着大家的面取笑我，说我'没有亲爹'，是'后爹养的孩子'等等，尽管我一再阻止这位姓周的同学，不许他乱说话，但他根本不听，几乎天天喊我'后爹养的'这句话，气得我呜呜直哭。后来继父知道这件事了，来到学校找到姓周的男同学和班主任老师，继父当着姓周男同学和班主任老师的面说：我就是张春莉的亲爸爸，告诉你（对姓周的男同学），再乱说话我就揍你！

其实继父只是去学校吓一吓姓周的男同学，不可能真的去打他。谁知这位姓周的男同学回家后向父母禀报，说我继父去学校打他了。尽管班主任老师一再作证说我继父并没有动手打周同学，只是吓吓他而已，但周的父亲蛮横不讲理，找了两个人把我继父给打了，结果把我继父的鼻子给打出血了。

回到家里，看到继父被打的那张带着血迹臃肿着的脸，我心如刀绞，眼泪止不住地流下来，上前抱住继父，对他哭着说：'爸爸，是我不好，连累你挨人打了！'

继父笑了，抱着我说：'打得好！打得值！'

我不懂继父什么意思，半晌，继父又说：'打得好！打得值！女儿，你终于喊我爸爸了！'只见继父第一次在我面前流下了眼泪。

我紧紧地抱住继父，从心里深深地感受到，他就是我的父亲。

从那以后，我每天都喊他'爸爸'，他也亲切地叫我'女儿'。我们一家三口相处得其乐融融。"张春莉流着泪向我讲述她过去的事情。

"你继父虽然人很善良，但他的命并不好，在和你母亲结婚后第三年（1954 年），你母亲生下一个男孩，不料这个男孩生下来不久就死掉了，你母亲和你继父都很伤心，这是继父与你母亲结婚后生的第一个孩子，也是最后一个。因为从此以后，你母亲与你继父再没有生育过。一直到你继父去世,他也没有留下个后人。惟一的后人,便是你这个不占血缘关系的女儿了。"我又从命局中看出一些信息来。

只见张春莉眼泪如涌泉般流了下来:"刘老师,是不是我和我母亲的命很硬,把我两个父亲都克死了?"

我理解张春莉的想法,稍加考虑,对张春莉说:"这不能怪你母亲和你自己,其实人生有很多无法理解的事情都是因缘注定的。我认为,你的亲生父亲与你继父的四柱中都储存着寿命较短的信息,你母亲的四柱中必定储存了丈夫寿命较短的信息,而你本人的四柱里也必然储存着父亲(包括继父)寿命短的信息。只有当这些'巧合'同出现在你父亲、母亲、继父、你本人身上的时候,你们才成为一家人,否则你们根本就不会结下亲人这个'缘',如果我说的这些你都听懂了,你就再也不会自责自己命硬克父,包括你母亲也不必自责自己命硬克夫了。"

听我一席话,张春莉情绪稍平静了一些:"刘老师,能看出我继父是哪一年去世的吗?"

这是一个难度较大的提问,我认真分析张春莉的整个命局及其所行的每部大运,综合细致分析后,肯定地对张春莉说:"在你16岁那一年,应该是1958年(戊戌),你继父去世了。"

只见张春莉瞠目结舌,半晌才说:"真的是不可思议!要说从我的身上能看出来我亲生父亲是哪一年去世的,这我能理解。但从我身上能看出继父是哪一年去世的,这我就理解不了了,因为继父与我之间并没有血缘关系呀!不过刘老师你确实说对了,我继父果真是于1958年去世的。"

我笑了笑:"我刚学四柱的时候与你现在的想法是一样的,总认为从四柱中只能预测出与当事者有血缘关系人的运气,其他人测不了或测不准,后来随着研究的深入,我才发现:原来用四柱可以测一切与当事人有关的人或事情。有无血缘关系并不重要,凡是在生活中对当事人影响较大的人,无论是否有血缘关系,照常可以将其预测的比较准确。即使某个人与你并无血缘关系,但其对你的人生运程影响较大,与你相处时间较长,则该人必会在你的四柱中存有较强的信息,从你的四柱中读取该人的信息并不难,断准该人

193

的事情也是理之所然的。易经讲的是天人合一，万物一体论。"

通过我详细的讲解，张春莉女士似乎对命运有了较为深刻的理解，继而她又问道："能从我的四柱中看出丈夫和孩子的信息吗？"

"当然可以看出来，你丈夫长得比较白净，很潇洒，人很善良且讲义气，他是吃皇粮有公职的，对你很好。你这一生立子女较晚，在35岁以后才生孩子，在35岁之前有子女但立不住，都丢掉了。你应该是在35岁下半年有了第一个孩子，如果我没说错的话，应该是男孩。"我向张春莉女士讲了一下有关其丈夫和孩子的情况。

"太神奇了！刘老师你说得完全正确！看来人生大事全都是命中注定好了的。我真的是在35岁那年（1977年）冬天生下我儿子，在此之前总保不住胎，从我21岁（1963年）与丈夫结婚到34岁这些年，先后有三次已经怀孕了，但怀孕一段时间后便莫名其妙地流产了，大夫说我这是习惯性流产，这一生不太容易有孩子了。我曾经与丈夫商量过，如果到了我40岁还不能生孩子的话，我们就去领养一个女孩。谁知到了1977年春节之后，又怀孕了，这一次我干脆向单位领导请了长期病假，在家休养保胎。终于皇天不负有心人，在当年冬天我终于顺利地生下了我儿子。我们那个年代的人一般都有几个孩子的，只有我人到中年才好容易生得一男孩。我丈夫正如刘老师所言，人长得比较潇洒、白净。他是在一家国有企业工作。"张春莉再次印证了我的正确判断。

后来又为张春莉女士断了很多事情，因篇幅所限于这里就不一一详述了。

下面将整个的判断思路详解如下：

1. 断张春莉是一个苦命的人，在其16岁之前，母亲便与父亲分开了，是母亲将其扶养长大的。张春莉父亲去世早，应该是在张春莉7岁那一年（己丑）父亲去世了：

对于女性而言，取正财为父，偏印为母。今偏印壬水藏于日支申金之中，正财己土分别藏于年支未土与时支午火之中。从日柱甲申来查，午未为空亡。若从年柱癸未来查，申酉为空亡。也就是说，有申的时候，便没有午、未（甲申日午未空亡）；有未的时候，便没有申、酉（癸未年柱查申酉空亡）。因母亲（壬）藏日支申中，父亲（己）藏年支未、时支午之中，母亲（壬）与父亲（己）必定是分开的，不能生存在一个世界里。由于年柱癸未与日柱甲申互换空亡，甲与申同为日柱，申中藏有母亲之信息（偏印壬水），又日柱甲申纳音为泉中水，水能生木，申为坤为母亲，故断张春莉是母亲将其扶养长大的。

年柱为癸未组合，未土克伤用神癸水，又临日柱甲申之空亡，未为日干甲之墓地，时支午为日干甲木之死地，父亲之信息（己）所藏之处均为死、墓、空亡等，故断父必早逝。由于年柱代表少年运（1~16岁），从年柱癸未来查，申酉空亡。甲（张春莉）坐申上，故张春莉与母亲在一起（申中藏壬，壬为偏印为母亲），与父亲是分开的（年柱癸未与日柱甲申互换空亡）。

张春莉于5.4岁至14.4岁行壬戌大运，戌土引动年支未土（戌、未二土同藏有丁火，同气相求，互相引动），己丑流年与年柱癸未天克地冲，未土受冲得以填实而运动，未土动必来克用神癸水，又大运戌、流年丑、命局年支未构成三刑，故断张春莉于7岁（己丑）这一年父亲去世。

2. 断张春莉于父亲去世后，随母亲又嫁到另一家，从此有了继父。继父性格比较内向，继父与母亲结婚之前，一直是单身的，没有结过婚，继父对张春莉母女二人很好：

原命局日柱为甲申组合，甲木代表张春莉，申中藏有庚金、壬水、戊土，其中壬为张春莉之母亲，戊为甲木之偏财，即张春莉的继父。戊又是壬水之偏官，故无论从哪个角度来看，日柱甲申均可拆分为张春莉（甲）、母亲（申中之壬水）、继父（申中之戊土），张春莉随母亲嫁到另一家，重新组成个家庭之象甚为明显。又年柱为癸未，日柱为甲申，于六十花甲之顺序而言，先有癸未，然后是甲申，故而断于父亲去世之后，张春莉随母亲又嫁到另一家。

代表张春莉继父的戊土藏于日支申金之中，于其他柱中也没有透出，故断继父的性格比较内向。对于继父（戊）来讲，其妻子应该是癸水（戊见癸，癸为正财），今戊藏申中，属甲申旬，而癸却坐未上于年柱，未为日柱甲申之空亡，即戊之正财癸坐于空亡（未）之上，而其他柱中再不见癸水，又从年柱来查，申为孤辰寡宿，故断继父与张春莉母亲结婚之前一直是单身的，没有结过婚。

由于日柱为甲申组合，申中藏有戊、庚、壬，于暗中有戊土（偏财）生庚金、庚金生壬水（偏印）之组合，如此便可以说明继父（戊土）对张春莉母亲（壬水）很好。又日柱甲申纳音为泉中水，水生甲木，故日干甲（张春莉）与申金（申中有偏印壬水母亲、偏财戊土继父）组合在一起之后（即组成新的家庭），受到了很好的待遇和呵护（纳音水生甲木）。

3. 断在张春莉10岁那一年，也就是1952年，其母亲与继父结婚组建了家庭：

张春莉10岁那一年是1952年（壬辰），壬为偏印为母亲，流年年支辰中藏有偏财戊土，戊为继父，今流年壬辰将张春莉母亲（壬）与继父（戊）结合在一起了，故断这一年张春莉母亲与继父结婚组建了家庭。又当时张春莉正行壬戌大运，又逢壬辰流年，亦说明母亲改嫁之象（壬原坐戌上，今壬又坐辰上）。

4. 断继父虽然人很善良，但他的命并不好，在和张春莉母亲结婚后第三年（1954年），母亲生下一男孩，不料这个男孩生下来不久就死掉了，母亲和继父都很伤心，这是继父与母亲结婚后生的第一个孩子，也是最后一个。因为从此以后，张春莉母亲与继父再没有生育过。一直到继父去世，他也没有留下个后人。惟一的后人，便是张春莉这个不占血缘关系的女儿了：

张春莉母亲与张春莉继父是1952年（壬辰）结婚的。第三年为1954年，这一年为甲午年，甲为母亲（壬）之食神，甲又为继父（戊）之偏官。故断这一年母亲为继父生下一个男孩。由于流年为甲午，甲木坐午为自坐死地，故断这个男孩生下来不久就死掉了。从日柱甲申这种组合来讲，申中之偏印（壬）母亲与偏财（戊）继父的子女星只能是甲木与乙木，今全命局中一片旺金，甲木坐申为绝地，乙木藏年支未土之中为入墓，未又为日柱甲申之空亡。故全命局中甲、乙木均不容易立住，况流年甲午又为木入火乡而自焚。所以张春莉母亲（壬）与张春莉继父（戊）想再有后代（甲、乙木），是很难的，因为壬与戊藏于申中，申为木之绝地。故而断从1954年（甲午）母亲为继父生下第一个孩子死掉后，再也没有生育过。

5. 断在张春莉16岁那一年，即1958年（戊戌），其继父去世了：

张春莉16岁正行癸亥大运，因癸为命局用神，本应以吉断。于原命局中，偏财戊（继父）藏于日支申中，申中藏有戊、庚、壬，形成戊土生庚金、庚金生壬水之流向，其戊并不伤命局用神，故无妨。但1958年为戊戌，偏财戊透出，并来合克大运及原命局用神癸水，故该年继父必应凶。又戊戌组合为偏财自坐墓，故该年继父去世。

6. 断张春莉的丈夫人长得比较白净，很潇洒，人很善良且讲义气，丈夫是吃皇粮有公职的，对张春莉很好。张春莉这一生立子女较晚，在35岁以后才生孩子，在35岁之前有子女但立不住，都丢掉了。张春莉应该是在35岁下半年有了第一个孩子，若没说错，应该是男孩：

代表张春莉丈夫的辛金坐于月令酉金之上，辛、酉俱为金，金主白，故断丈夫人长得比较白净。又从日柱甲申来查，申子辰见酉，酉为咸池，正官辛坐咸池酉之上，故断丈夫人很潇洒。辛坐酉为临官禄地，又临月令旺相，故断丈夫是吃皇粮有公职的。辛金临月令旺相又来生用神癸水，故断丈夫对张春莉很好。

对于张春莉及其丈夫而言，子女星为丙、丁、巳、午火，今原命局中惟年支未中藏有丁火、时支午中藏有丁火。但从日柱甲申来查，午未均为空亡。故子女星气数不旺，且休囚于月令。再者，张春莉于15.4至24.4岁行癸亥大运，癸亥干支俱为水为印，印克食伤，故该步运难立子女。张春莉于25.4岁至34.4岁行甲子大运，子为水为印，又子与命局未相害，子又冲时支午火，故原命局中含有子女星的两个地支均遭大运地支子的破坏，故于该步运亦难有子女。

张春莉于35.4岁开始行乙丑大运，丑冲原命局年支未土，未被冲空而填实，又未中所藏之子女星丁火亦被冲出。时支午火亦被大运丑引动（丑中藏己，午中亦藏己，同气相求），故于该步运必立子女。张春莉35岁这一年为1977年（丁巳），为子女星透干于流年，又自坐旺地（丁帝旺在巳），故断张春莉于35岁这一年（丁巳）有了第一个孩子，因丁为日主甲木之伤官，故为儿子。应下半年者，张春莉是自35.4岁才开始行乙丑大运之故。

实例十：为牟文霞女士测运实例

2006年公历6月7日下午，一位中年女士慕名前来找我预测，她名字叫牟文霞，其四柱及大运如下：

庚戌　辛巳　甲辰　甲戌

大运：6.4~15.4岁　　庚辰

16.4~25.4岁　　己卯

26.4~35.4岁　　戊寅

36.4~45.4岁　　丁丑

日元甲木生于孟夏，为走休地，年干庚金、月干辛金对日元甲木行克制，年支戌土、月支巳火、日支辰土、时支戌土俱来耗泄日元甲木，惟时干甲木能比助帮身。全局土多土旺为患，庚、辛金虽能化泄旺土，但全局气行至金处则止，金不能生水，只能行克制之功，故金来克木，不能取之为用神，惟有时干、日干甲木既能相互比助，又能制众土，取甲木为命局用神。

分析完毕，我问牟文霞："你主要想测哪方面的事？"

牟文霞想了想回答："刘老师，您最好全方位地给我讲一讲，外边都传言说你测事很准很细致。"

我只能从牟文霞小时候讲起，详细分析一番年柱庚戌组合及其6.4岁至15.4岁所行的大运庚辰，对牟文霞说："你小时候在16岁之前身体不好，常年生病，家境也不是很好。"

"是的，刘老师说得不错。小时候我的身体一直不好，几乎每年都要打针、吃药。那时候家里条件不好，母亲没有工作，父亲上班挣工资养活全家人。"牟文霞当即印证了我的断语。

我看了一下牟文霞 15 岁之前行的是庚辰大运，于是十分肯定地对她说："特别是在你 11 岁、12 岁这两年，你病得最重。应该是 1980 年（庚申）与 1981 年（辛酉）的事了。"

"刘老师说得很准确！在我 11 岁那一年，因急性阑尾炎发作而去医院做了阑尾切除手术。在我 12 岁那年，因反复发烧而得了肺炎，住院 20 多天才康复出院。"牟文霞又验证了我的判断。

"你出生后不久，便于当年（1970 年）离开出生地，换到另一个新环境居住，扶养你长大的人并不是你的亲生父母，而是另一对夫妇把你从小培养长大。"我从四柱中看出一些隐秘的信息来。

只见牟文霞沉默了一会儿，对我说："刘老师，跟你说实在话，我也不知道现在的父母是不是我的亲生父母。曾经有邻居对我说过，在我出生后两个多月的时候，被我现在的父母给抱养过来的，关于我生身父母的消息，没有人知道，没有人告诉我我的身世实情。我曾经问过我现在的父母：我到底是不是你们的亲生女儿？为什么外面有人传言说我是被你们抱养来的孩子？我的亲生父母到底是谁？他们在哪里？为什么把我送人扶养？

对于这些问题，我现在的父母总是对我说：你本来就是我们的亲生女儿，不要听外人谣言。

关于现在的父母不是我亲生父母这件事，不止三个人对我说过，但说话的人又说不出特别有力的证据来，于是关于我身世的这个谜团，多少年来一直萦绕在我的脑海里。从种种迹象表明，我现在的父母很可能不是我的生身父母，因为像我这个年龄段的人，一般都会有兄弟或姐妹几个人的，而我的父母只有我一个女儿。再者，从长相来看，我即不像母亲，也不像父亲。我曾经试着问过父母：别人家都是兄弟姐妹几个人，为什么你们俩只生我一个人？我好孤单！

可是每提到这些非常敏感的话题时，我的父母总会巧妙地避开这个话题不谈，如此便更加令我怀疑他们不是我的亲生父母了。但不管怎样说，父母对我还是十分关爱的。说句心里话，我真希望他们就是我的亲生父母。即使有一天有足够的证据能证明他们不是我的生身父母，我也照常会像亲生女儿一样去孝敬他们的。毕竟是他们一把屎一把尿地把我养大的。请问刘老师,从你的易学角度来讲,你敢肯定我现在的父母一定不是我的亲生父母吗?我希望你能跟我说实话。"

我想了一会儿,对牟文霞说:"如果你报的出生年月日时准确无误,那么我的判断就不会出错。"

"这一点请刘老师放心。我的出生时间被父母用一张红纸记得清楚,连时辰都记得很清楚。刘老师能否再详细讲讲有关我的身世情况?"牟文霞急切地问。

"从你的四柱组合来看,在你出生后不久,就被亲生父母给送人了。可以说,你的亲生父母并没有对你尽扶养的责任。现在的父母虽然不是你的亲生父母,但对你的扶养与关爱却胜似亲生父母。你总是向父母追问自己的身世,会令现在的父母伤心的。我希望从今天开始起,你不要再向父母追问自己的亲生父母是谁这件事了。你完全把他们做为自己的亲生父母来对待就够了。"我认真地对牟文霞说。

"你放心吧刘老师,就算他们真的不是我的亲生父母,我也一定会像亲生女儿一样来对待他们,毕竟是他们把我从一岁开始一点点扶养长大的。"牟文霞眼睛有些红润了。

见牟文霞情绪有些激动,我换了个话题:"你应该是在22岁(1991年)处的对象,于24岁(1993年)结的婚。"

"说得对!我是在22岁这一年谈的第一个对象,谈了两年后于24岁这年秋天结婚了。刘老师,麻烦你把我的婚姻状况说说好吗?"牟文霞问。

我详审原命局及大运,对牟文霞说:"你的婚姻不好,你丈夫出事了,如果我没断错的话,你丈夫应该进监狱了,并且刑期很长。"

只见牟文霞瞪大了眼睛:"刘老师您真神!太准了!不瞒你说,我丈夫因与人打架,失手将人打成重伤,后被打者因伤势过重,抢救无效而死亡。我丈夫开始被判无期徒刑,后找律师上诉,改判成20年有期徒刑。刘老师,您能看出这事发生在哪一年吗?"

我认真看了看原命局及大运,稍加分析,对牟文霞说:"你丈夫应当是在 2001 年（辛巳）初秋（申月），发生了失手将人打成重伤而致死这件事，从此开始了他长期的服刑生涯。"

只见牟文霞泪流满面："刘老师，命运真的好可怕！你又说对了，2001 年农历七月初七晚上 8 点左右，我与丈夫去一家舞厅跳舞，我们夫妻俩正跳着舞，一个陌生的男子上来便拉我的手，要我和他一起跳舞，被我拒绝了。中间休息的时候，陌生男人又来到我身边，还是邀请我跳舞，被我再次严厉拒绝了。那陌生男人见我不给他面子，站起来骂了我一句，说我不识抬举，我丈夫站起来对那陌生男子说：我们根本就不认识你，凭什么和你一起跳舞？你凭什么骂人？

说完丈夫便领我往外走，不想再跳舞了，我夫妻俩刚走两步，一群人围了上来，一看是那个陌生男人一伙的，大约有六、七个人的样子。那陌生男人上来揪住我丈夫的脖子，挥手便打。我丈夫小时候练过武术，腿脚特灵，只见我丈夫左手握住那陌生男子的右手，右脚抬起来，一脚踹在那陌生男子的脸上，那陌生男子被我丈夫这一脚重重地踹倒在地上，其他人看自己的'头'被打倒在地上，六个人一齐向我丈夫疯狂地扑过来，由于我丈夫身手敏捷，这群人并没有占到便宜，还有两个人被打倒在地爬不起来，后来这帮人看徒手打是打不过我丈夫了，于是有一个穿红色上衣的男子掏出刀子来朝我丈夫的头部便扎了过去，我丈夫右手抓住对方迎面扎来的这把刀，顺势向下向前一送，便将这把刀送进持刀人自己的腹部了，只听穿红色上衣那男子尖叫一声，便倒在地上了，流了很多血，我丈夫趁混乱之际拽着我离开了舞厅。

第二天上午，公安局的警车开到了我家门口，将我丈夫抓走了。公安人员告诉我，我丈夫因涉嫌故意用刀杀人，致对方伤势太重，经抢救无效而死亡，正式逮捕我丈夫。

尽管我一再向公安机关反复陈述当时打斗现场的实际情况，说我丈夫不是故意杀人，只是在防卫过程中不小心将刀子捅进穿红色上衣男人的腹部中，并反复说明刀子不是我丈夫随身带的，而是穿红色上衣男子所带的凶器。但当时舞厅中打起来以后，跳舞的人都纷纷离开了现场，我连一个目击证人都找不到。可是对方却有六个证人，这六个人一直指证说刀子是我丈夫所带，并说我丈夫有意用刀子向红色上衣男子的腹部用力捅进去。

由于从法律程序上来讲，我和丈夫之间属于亲属关系，又没有其他证人，所以我提供的口述过程只能做参考，属证据不足之列。而对方有六个人同时作证，都说刀子是我丈夫随身带的，于是我丈夫含冤入狱。

后来我不甘心，找了几个律师，向他们陈述当时事情的详细经过，得出的答案都是一个：必须找出两个以上的现场证人，让证人证明他们看到这把刀子是穿红色上衣男子随身所带的，否则翻不了案。

其实在舞厅刚开始打斗的时候，有一些围观者，后来围观者逐渐离去，怕受到伤害。我也找到了几个现场跳舞并目睹整个打斗过程的人，但请他（她）们出来帮我作证时，都被拒绝了。于是，我丈夫最终被以过失杀人的罪名给判了无期徒刑。后经我找律师重新上诉，最后终审判决为有期徒刑20年。

出了这件事以后，我的父母为此都很难过，由于我一个人带着孩子生活不容易，父母怕我吃苦，便要求我带孩子回去和他们住在一起，相互照顾。一直到现在（2006年），我仍带着孩子和父母住在一起，而我丈夫仍在过着漫长的服刑日子。"牟文霞边流泪边向我讲述着她的坎坷经历。

2007年年初，牟文霞再次来到我的办公室，要我测一下她母亲的病情，我测出其母亲得了绝症，将不久于人世了，并建议牟文霞尽心全力照顾好母亲。而牟文霞的母亲似乎已预知到自己的病情很严重，于是向牟文霞讲出了事实真相：1970年公历7月26日上午，母亲在火车站候车，忽然一个操着南方口音的中年女人向她走过来，说自己一个人带着孩子来北方串亲戚，急着要去一趟卫生间，要我母亲帮助她照顾一下孩子，我母亲是个热心人，就把南方女人手中的孩子接过来抱在怀里。只见那南方女人进了卫生间以后，就再也没有出来。我母亲一直等了二个多小时也没有再见到那个南方女人。后来母亲抱着这个孩子去派出所，向派出所的工作人员说明了情况。派出所的人一看这孩子太小了，只有两个月左右，孩子总是哭叫个不停，后来派出所工作人员这样安排：让我母亲将孩子暂时先抱回家，待派出所找到失主后再来与母亲联系,取走孩子。无奈之下,母亲去沈阳未走成,却捡回来一个二个多月大的女孩。后来从孩子随身带的包布夹层里发现一张纸条,上面写着:好心人,望你帮助将孩子扶养长大。来世报答您的大恩大德。孩子的生日:1970年农历四月二十日晚八点十分。

我的母亲和父亲结婚13年了,一直没有孩子,大夫说我母亲身体不好,这一生恐怕不能生育了。于是父母二人最后商量决定,将捡来的这个女孩收养下来,并去派出所报上了户口。这个女孩便是我——牟文霞。

由于篇幅所限,这里就不一一细讲了。

下面将整个的判断思路详解如下:

1. 断牟文霞小时候在16岁之前身体不好,常年生病,家境也不是很好:

命局用神为甲木,年柱为庚戌组合,年干庚为日干甲木之偏官,年支戌为日干之偏财,庚金来克用神甲木,戌土来耗泄用神甲木,又命主于15.4岁之前行庚辰大运,庚引动年干庚金,辰冲动年支戌土、时支戌土,辰又引动日支辰土,偏官代表疾病、压力等信息。偏财代表经济方面信息。年柱主管1至16岁运程,故断命主在16岁之前身体不好,常年生病,家境也不是很好。

2. 断特别是在11岁(1980年)、12岁(1981年)这两年,牟文霞病得最重:

1980年为庚申,1981年为辛酉,都是金旺之年,庚申、辛酉之旺金与大运之庚金叠加来克制原命局用神甲木,实为甲木受伤较重的年份,故断牟文霞于此二年病得最重。

3. 断牟文霞出生后不久,于当年(1970年)便离开出生地,换到另一个新环境居住,扶养其长大的人并不是自己的亲生父母,而是另一对夫妇将牟文霞从小培养到大:

年柱为祖籍、出生地,日柱为求测人。今年柱为庚戌,日柱为甲辰,年柱与日柱天克地冲,冲则必动。年支戌为日干甲之养地(甲木长生在亥,沐浴在子，冠带在丑……养在戌），今日干之养神（戌）来冲日支（辰），故命主于当年（庚戌）便离开出生地，换到一个新环境居住。

对于原命局来讲，偏印为亲生母亲，正财为亲生父亲。今原命局中偏印、正财均不现，日干甲木坐辰土之上，辰中藏有偏财戊土、正印癸水、劫财乙木，偏财、正印对女性而言为继父、继母之信息，今甲坐辰上，即命主（甲）在继父、继母（辰）这个环境中从小长到大（辰为巽卦，巽卦为长女，巽位的先天卦为兑卦，兑为少女），故从小（兑）到长大（巽）。木生长的必要条件是必须吸收水分。于整个命局中唯日支辰中藏有癸水，辰中所藏之乙木犹如日干甲木于地下扎根来吸收水分（癸），故只有在辰土这个环境里，甲木才能得以顺利成长。所以断扶养牟文霞长大的人并不是自己的亲生父母，而是另一对夫妇（养父养母）将她从小培养到大。

4. 断牟文霞出生后不久，就被亲生父母给送人了，其亲生父母并没有对牟文霞尽扶养的责任，现在的父母（养父养母）虽不是牟文霞的亲生父母，但对牟文霞的扶养与关爱却胜似亲生父母：

年干庚为父亲宫位，年支戌为母亲宫位。今年干庚来冲克日干甲木，年支戌来冲日支辰，年支戌又为日干甲之养神，冲则必动，故断命主出生后不久，就被亲生父母给送人了。原命局中亲生父母的信息（正财、偏印）俱不现，故断牟文霞的亲生父母并没有对其尽扶养的责任。由于甲坐辰上，辰中藏有偏财戊（养父）、正印癸（养母），辰成为甲木惟一赖以生存的必要环境，故有现在的父母（辰中所藏戊、癸）虽然不是牟文霞的亲生父母，但对牟文霞的扶养与关爱却胜似亲生父母。

5. 断牟文霞是在22岁（1991年）处的对象，于24岁（1993年）结的婚：

牟文霞22岁时是1991年（辛未），辛金正官透于年干之上，又受年支未土来相生，官星出现之流年为谈对象之信息，因辛金克命局用神甲木，故该年只能谈对象但不能结婚。二年后为1993年（癸酉），酉为正官，酉金生癸水，癸水生日干、用神甲木，酉又来与夫宫辰土相合，故该年必有连理之喜（酉金生癸水，癸水生日干、用神甲木，为连续相生，亦为官气通身，癸为肾又为精血，故该年必结婚）。

6. 断牟文霞的婚姻不好，其丈夫应该进监狱了，并且刑期很长，牟文霞丈夫应当是在2001年（辛巳）初秋（申月），发生了失手将人打成重伤而致死这件事，从此开始了长期的服刑生涯：

原命局中代表丈夫的正官辛金坐于月支巳火之上，辛金长生在子，沐浴在亥……死在巳，巳中藏丙火，丙为辛的正官，又丙辛合，拌住之象。夫宫辰土为夫星辛金之墓库，又年支戌、时支戌中分别藏有辛金，辰为天罗，戌为地网，夫星入狱之信息十分明显。2001年为辛巳，流年辛巳引动命局月柱辛巳，月柱为兄弟宫，兄弟主打斗、竞争等信息。又辛坐巳为坐死地，故与死亡之事有关。2001年牟文霞正值32岁，行戊寅大运，寅与巳刑，加之当年申月，寅巳申三刑俱全，故应于2001年初秋，发生了失手将人打成重伤而致死这件事（大运戊寅，寅为艮，艮为手，流年辛巳将大运寅木化泄掉——寅木生巳火），故有失手之应。由于夫星辛金于年柱藏戌土之中，于月柱辛又坐巳火官星之上受克，日支辰又为辛之墓，时柱辛亦藏于戌中，戌为火库，辛藏其中必备受煎熬，从年柱到时柱，均对夫星不利，故刑期很长。

第六章
四柱命理预测技术问答

一、上海易友张显鹏来信问

现在很多新派四柱理论对从格、化格之类的命局论述得比较多，并且有的新派四柱大师这样认为：从格、化格在所有的四柱中约占51%的比例，不懂从格、化格四柱的人即使把正常扶抑格的四柱类型全部测准，其预测准确率也超不过15%，另外还必须掌握"虚实论"，不正确掌握"虚实论"，四柱预测的准确率最高也就是30%。请问刘老师，您是怎样看待这个问题的？

答：四柱中有从格、化格之类的命局古籍早已有论述，不是什么新生事物。只是现代有些新出山的所谓"新派四柱"的人为了达到商业炒作的目的，有意地夸大什么从格、化格、专旺格、真从格、假从格……等等，有意地夸大这些特殊格局在论命过程中的作用。以我研易19年的经验来看，从格、化格、专旺格等这些特殊格局类的四柱只能占所有四柱中的百分之五的比例。很多本来属于正常普通格局的四柱命例，到了新派四柱大师的手中，为了达到"从格"、"化格"占所有四柱类型的51%这个既定目标，只好将一些本来不属于从格范畴的四柱"加花"后强行变成"从格"，然后再为"加花"后的"从格"四柱制定一套自己独创的"判断规则"，以进一步诱导易友们去学他的"新理论"。

我认为，命局不存在"假从"这一说法，要么就是一个完完全全的从格格局，要么就是一个正常普通格局四柱。化格出现的概率更少，多数都是

"合拌"，而不是"合化"，只有合化成功了的四柱，才能称其为化格，凡是合拌的、合而不化的四柱，均以正常普通格局来论之方为正统。

至于"虚实论"更是蓄意做秀，其无非就是内外而已，何为内？命局原有的八个字。何为外？命局原有的八个字以外的干支。这些内容许多古籍经典都有论述，如《五行精纪》中便有此论述。并不是现代哪个易界新人的创造，古人的虚实也不像今人的那种用法。

二、山东淄博易友董学斌来信问

现在社会上流行一种新的判断日元旺衰的方法，即如果从日柱干支来查月支为空亡的话，那么日元的旺衰包括命局中所有干支的旺衰都要以年支为基准来衡量。刘老师对于这个问题是怎样看待的？

答：这纯粹是不懂易经、不通易理的无稽之谈。月支空亡了要以年支为基准来定位五行旺衰，如果年支也空亡了怎么办？很显然，这些无知的胡编乱造有些太离谱了。我认为，月支无论空亡与否，都是用来衡量命局中所有干支旺衰的惟一标准。空亡的月支并不影响判断旺衰，但是影响生克与能量传递。比如这个四柱为：

丙午　庚子　甲寅　甲子

此四柱日元甲木生于冬季为相地，又自坐寅木禄地通根，时柱甲木亦来比助，此为身旺之四柱。如果按月支空亡了要以年支为基准来衡量命局五行旺衰的话，则日柱甲寅要以年支午火为基准来定旺衰了。那么天寒地冻的仲冬季节立马就变成鸟语花香的绚丽五月了，人们亦可以由冬季的穿棉衣改成穿单衣了！因为子水空亡了，这一年冬天不"冷"了，以年支午为季节标准了，午月自然很"热"了。

很显然，月支空亡了要以年支来定旺衰的论点是站不住脚的，是在有意做秀、标新立异、哗众取宠。我认为，不论从日柱还是从年柱来查，如果月支空亡了，照常以月支来定位全局干支的旺衰为正法。

三、江苏函授学员陈晓东来电问

现在社会上很多新派四柱著作中提出来命局格局会随着大运、流年的变化而发生改变,命局中的用神也要随着大运、流年的不断变化而不停地变化着,刘老师对此有何评论和见解?

答:原命局的格局随着大运、流年的变化而变化,继而命局用神亦要随着变化而重新选取这套理论在社会上的确流行很广,影响力非常大,很多出山的"新派四柱大师"就靠着这些"转变理论"来讲学吃饭。

我认为,一个人从出生脐带剪断那一刻其一生的基本状况就定位了,这就是原命局的八个字。这八个字是一个非常稳定的信息结构组合,人的一生的所有信息都相对静态地储存在原命局的八个字里边了。大运和流年是动态干支,只能将原命局中固有的静态信息引动起来而成为大运、流年干支所管辖时段的主流运动,过此时段这些被引动的信息又回复往日的平静。大运、流年干支除了具有引动原命局通气、同气干支做运动以外,并不具有改变原命局结构的能力。因此,在原命局中找准用神以后,这一生用神都不会改变,一生中格局也不会改变。

四、湖北易友张丰林来信问

请问刘老师,原命局中日干的旺衰是否会随着大运干支的变化而变化?原命局中其他干支的旺衰是否会随着大运干支的变化而变化?

答:原命局日干的旺衰由原命局的月令为基准来衡量。进入大运之后,原命局日干的旺衰仍然由原命局月令来衡量。大运干支只是由原命局月令派生出来的一组动态干支而已,其主要具有引动原命局通气、同气五行干支的作用,不能用来衡量原命局中日干旺衰,也不能用来衡量原命局中其他干支的旺衰。

五、上海易友姜晓达来信问

近年来你们辽宁有位新出山的四柱大师,他的名字叫某某,他出了不少书,我也花了不少钱在书市上买他的四柱书及教学光盘。他在书中是这样写的:干与支相生相克,必须是本柱干支才能发生实质生克,异柱干支不能直接产生生克力。干与干可以直接产生生克,支与支相生相克必须通过刑、冲、合、害,否则一般不能直接产生生克力。流年干与支及大运干与支,对命局发生作用,是天干对天干说话,地支对地支说话。大运和流年天干再有力,也不能直接生克到命局中的地支,大运和流年地支再有力也不能直接生克到命局中的天干。对于这些理论,我及周围易友们都有疑惑,请问刘老师您认为这些说法有哪些道理?您对干支之间的生克关系有何见解?您对流年、大运干支与原命局干支之间的作用关系有哪些见地?

答:干支之间的作用关系并非如上所述。同柱干支可以直接生克,异柱干支之间同样可以直接生克。

比如这个四柱:

戊子　丁巳　癸丑　己未

年干戊与月支巳天地通气,故月支巳火可以直接生年干戊土,月干丁火与时支未土天地通气,故月干丁火可以直接生扶时支未土。由此可知,不论同柱干支还是异柱干支之间,均可有生克作用。

至于地支与地支之间相生相克必须通过刑、冲、合、害,否则一般不能直接产生生克力的说法,是作者在那儿有意识地加花、做秀,或者是作者根本就不懂易理,在那儿乱侃。不妨大家回去认真翻阅一些传统的有关干支五行、阴阳学说方面的经典,没有一本书说地支之间相生相克必须通过刑、冲、合、害才能有生克力的说法。

至于流年、大运干支对命局发生作用,是天干对天干说话、地支对地支说话，大运、流年天干再有力，也不能直接生克到命局中的地支，大运、流年地支再有力也不能直接生克到命局中的天干之类的理论均为不通易理的蓄意编造，《渊海子平》无此论，《三命通会》无此论，《三车一览》无此论，《命理探源》无此论，《滴天髓》、《子平真诠》、《神峰通考》、《珞琭子》、《星命溯源》、《玉照定真经》、《五行精纪》等大量经典著作中都没有这样说过、写过。今人的易境能超越古人？我不敢苟同，更不相信。请记住我一句话：干支之间无论同柱、异柱、隔柱，只要通气，皆可直接进行生克作用。原命局里是这样，大运、流年与原命局之间亦然。

六、云南函授学员马运超来信问

尊敬的刘老师，我在实践中经常遇上这样的问题：即在为人预测时，命主是身弱而不从的正常格局四柱，当其行比劫帮身大运或流年时，本应以吉来断，可是当我断吉时，求测人却说这段时间最不好，倒霉透了等等；再就是经常遇到日主身旺而不是专旺之类的四柱，当其行财、官、食、伤大运或流年时，本应以吉来断，可是当我断这步运如何如何好时，求测人却说这步运特不好，灾难连连等。请刘老师指点一下，我的错到底出在哪里？

答：身弱而不从的四柱，当其行印绶、比劫大运、流年时以吉来断；身旺而不专旺的四柱，当其行官杀、食伤、财的大运流年时以吉来断。或者身弱而不从的四柱，当其行官杀、财、食伤的大运、流年时以凶来断；身旺而不专旺的四柱，当其行印绶、比劫大运、流年时，要以凶来断。以上这些都是现代社会上有关四柱判断方面的主流判断纲领，多数易友都是以此为基准来进行判断的。

这里我要阐明我的观点：这套判断方法可以说是错误的，至少从理论上是不完善的。这套理论的基点在于"我"，是以日干"我"为核心来进行比对的，即日干"我"旺相时，要通过官杀、食伤、财来克、耗、泄，以达平衡之目的。日干"我"衰弱时，要通过印绶、比劫来生我、助我，以求平衡。但这套理论犯了一个致命的错误，就是忽略了命局中最关键的核心——用神。

用神是平衡全命局的必要砝码。在判断过程中要尽量地达到"忘我"的境界。何为忘我？就是忘掉日干的旺衰，以用神为纲，凡是对用神有利的，都以吉来断，凡是损伤用神的，均以凶来应。

诸如马运超所提及的，身弱而不从的正常格局四柱，当其行比劫帮身的大运或流年时，本应以吉来断，可是求测人却说断错了，这段时间最不好，倒霉透了等，原因何在？

并不是断命者把日主旺衰搞反了，而是预测者只知道身弱遇比劫帮身就以吉来断，却不知大运或流年的比劫虽然帮身却同时损伤了命局用神！帮身虽吉，损伤用神为祸！此为捡来芝麻却丢了西瓜！

若明白以上所论述的内容，其他均可一目洞然之。

七、上海易友张磷来手机短信问

现在国内有很多搞四柱的学者、专家、易友们纷纷转向学习盲派四柱命理。不少人认为命学中真正精华部分都在盲派命理体系中，请问刘文元老师是如何看待盲派命理体系的？

答：盲派命理体系中确实有很多运用起来准确率很高的固定断语、经验断语、秘传口诀等。但这些固定断语、经验断语、秘传口诀都是历代易界高人通过大量的实践后，经过反复筛选，提取出应验率较高的一些精华固定断语、经验断语、秘传口诀等留给那些行动不便的盲人做饭碗用的，盲人不能像我们正常人一样地去研读更多的经典古籍，只能靠先辈留下的那点断语、口诀来混碗饭吃，所以这些断语、口诀必须是准确率高的、一语中的类的精华东西，否则没法吃这碗饭了。但是历代前辈高人留下的宝贵断语是数量有限的，它不能涵盖四柱命理学所涉猎的各个方面。因此盲人断命最大的特点是：开头几句断语非常准确，往往令求测者目瞪口呆，以为是遇上了世外高人，但随着求测人不断地提出更多的新问题时，盲人的预测结论便会出错，问得越多，出错也越多，这就是盲派命理的局限性所在。

我认为，只要你是一个睁眼人，不要去抢盲人那点惟一的吃饭"家什"，盲人本来就不容易，好容易学来点吃饭的本领，却被我们这些睁眼人给偷学来，学来了自己留着用尚可，可是偏偏有些不讲江湖道德的人拿来(偷来)盲人惟一依靠这吃饭的断语、口诀大肆传播于天下，还恬不知耻地自封是"盲派命理学宗师"、"盲派命理学大师"等等，我认为这些人不是什么宗师、大师，他们是地地道道的睁着眼睛的盲人！连盲人这点吃饭的"家什"都拿出来办班、讲学赚钱来了，就算你教的都是真东西，学员们也都掌握了，那你把盲人的饭碗置于何地了？盲人们未来再靠什么来吃饭？盲人只是生理上有缺陷，但他(她)们的心是光明的！"盲派命理学宗师"、"盲派命理学大师"的眼睛虽然是睁着的，但他的心灵深处永远会因赚了黑心钱而遭受谴责，暗无天日的。

之所以很多传统命理学研究者转学盲派命理，最根本的原因是他们对传统命理中精髓部分没有从真正意义上掌握。国内易学界研究四柱命理的人甚多，队伍十分庞大，但绝大多数易友，包括一些所谓的专家学者，还有一些自封为大师的人，根本走的就是一条错路，因为他们的立论基点都是错误的！用错误的理论来指导实践，用错误的自编自创的"新理论"来讲学办班，是国内易界的一大"卖点"，多数"四柱大师"就靠这一套来坑蒙拐骗、搜刮易友钱财的。我熟悉的几个自封四柱大师的伪君子，跑到邵伟华、李洪成那里去花点钱、镀点金回来后，再臆造点"自传"，编造些"出身"，用萝卜做个戳，搞个什么"易学中心"，然后就长年"写作"，一年的产量竟达十几本书，然后广传于天下，一个"新大师"就这样诞生了。细细看一下其著作，无非就是东抄一段、西择一句，再加上点自己的"想当然"，一本新著作就问世了，一些易历浅的初学易友一看这书不错，便花钱买下了。"大师"一看书的销量不错，再造一本，就这样，一年下来就能造出十几本"新作"来。当有易友和学员恳请大师当着大家面现场断一个四柱时，大师开始推辞了：我断一个四柱收费5000元，从不免费预测。

这一招真灵，价格把易友求测的念头吓回去了，大师的尾巴暂时露不出来了。

诸如上述类的"易学大师"我见得多了。他们最大的特点：只讲学、只办班、只写书出书，从来不对外预测。你来找我预测，一出口五千元，先把你吓跑，这样他永远不露狐狸尾巴。

传统命理不可废，而且要好好发展，发展的前提是重易理、重实战。国内现在新出山的"大师"们的著作，95%以上的立论、观点都是错误的，他们的普遍错误在于以下几点：

（1）错误地认为原命局的格局会随着大运、流年的变化而发生改变的。

（2）错误地认为原命局的用神要随着大运、流年的变化而不停地发生变化、不停的重新选取用神。

（3）错误地传播"距离说"。什么年柱与时柱相隔遥远，不能作用；隔不作用等虚假理论。

（4）过于夸大特殊格局在所有命局中所占的比例。把本来属于正常格局的四柱用"大师"自创的理论强行套用后，变成从格、假从等格局。

（5）为了给自创的"新理论"断不准时有台阶下，故意搞出一些"虚实论"、"反断论"等，一句话，他怎么说都有理。

（6）不懂易理，胡乱讲解天干地支之间的生克作用及生克路线，什么干与干作用，支与支作用，隔不作用等错误理论。

还有很多现代新大师们造假的理论，就不一一细讲了，因为这些现代派的四柱大师们自编自创的新理论用于实践中多数准确率不高，所以只能转学盲派命理，寄希望于盲派命理学中找点"真东西"。

八、安微函授学员邱美玲来信问

"经常从网站和易学书上看到某某大师能通过对四柱命局的分析，找出命局中喜神、忌神、用神后，可以通过一些化煞物来改变命局组合不好的人的命运，比如有人四柱中午为忌神，四柱大师收到化煞解灾费以后，告诉求测人去商场买一只黑色的瓷器老鼠放在家中，就可以改变运气。请问刘老师，像这样的化煞解灾方法管用吗？

答：这一套都是那些"四柱大师"们的骗人把戏！他们常常连自己的灾都解不了。成天搞这个化煞物、那个吉祥如意钟的，搞来搞去他的易学基地变成超市、商场了。

化煞、解灾等方法在传统的道教文化中确实有，也确实灵验。但操作方法绝对不是像现代这些"四柱大师"、"六爻大师"所搞的摆只瓷老鼠就能解决问题的那么简单。既便是有些化煞物品摆放在住宅内某个特定位置能够起到化煞、解灾作用的，那也是风水学上的具体操作，绝不是四柱大师们凭着那点喜神、忌神般的雕虫小技就能解决得了问题的。另外，真正的化煞解灾必须有严格的操作程序，化煞物也必须经过高师大德开光、加持能量后才能产生效果。

九、陕西函授学员贺达来信问

国内这几年兴起姓名学热，很多地方都出现酿名斋、正名轩之类的门市，多数命名师都用繁体字笔划数来进行命名，并且要按照五格剖象、巧连神数等一些具体规则来选择命名所用字。而且命名所用字必须符合天格、地格、人格、总格、外格等一系列吉祥数字的规范要求，这样起出来的名字就可弥补其四柱中的不足，可以达到改变命运的效果。请问刘老师，改了名字以后，真的能够起到改变命运的作用吗？新出生的小孩子如果四柱组合不好，找一个姓名学大师起个好名字，能否让小孩子未来命运变得好起来？

答：首先，姓名对人一生的命运是有一定作用的，这点必须肯定。但姓名对人生命运的影响并非像某些大师宣传的那么大。如果人一生命运是100分的话，姓名对人生命运的影响力只能占2%左右。我们搞预测的时候经常会有这样的体验：求测人报准出生年月日时后，并不告诉他（她）叫什么名字，我们完全依照四柱便可以把这人的一生情况讲得透彻准确。而有些时候，求测人不仅把生日时辰报出来，还把姓名也告诉你。结果他（她）的名字中虽然有命局中用神、喜神所对应的五行数理，然而到了该出灾的大运流年照常有灾。这充分说明了姓名是改变不了命运的。

其实姓名对人生命运所产生的影响，并不在那些所谓的"数理"上，对人生命运产生影响力最大的是"音"，即姓名的读音，古以宫、商、角、徵、羽来表示，此为五音，五音本身具有金、木、水、火、土五行属性。当人与人交流时，必须通过语言、声音来相互交流。声音会以波的形式作用到人的身体上。不同的文字读音各异，产生的音律五行各不相同。于是各种不同文字命出来的姓名便会有不同的五行音律，当姓名的音律五行为四柱中的用神、喜神时，这便是一个对命主有益的好名字，反之为不好的名字。道士、和尚每天念经打坐，就是通过长期的、重复的诵读某些经文，以达到强化能量、增强能量、改造命运、改变命运的最终目的。这些都必须通过声音这个媒介来达到目地。因此，声音是宇宙中万事万物相互交流、相互交融能量的最佳载体。

和尚、道士成年累月地诵经，尚不能个个成道、人人成佛，况且凡夫俗子。改个名字固然好，音律五行也成为了命局的喜神、用神，但平时念读的次数毕竟有限，能量的强化远远达不到和尚、道士那种程度，如此对命运的改变能有多少？

不言而喻，姓名学的出现无疑给那些喜欢投机而不学无术的人提供了一个不小的商机。国内有不少"姓名学大师"赚了很多钱，却连个四柱都排不出来。

请易友们牢记：抛开四柱，只论数理的"姓名学"是伪学问，是必须放弃的。讲四柱命局用神喜忌，用繁体字笔划数来做五行，然后补益命局而进行命名的人，是知其然而不知其所以然，雕虫小技。讲命局用神，讲命局喜忌，不用繁体字笔划数论五行，而以文字本身所含五行意义来命名，同时重点考虑字的音律五行对命局的补益，为真正的命名高手。

十、厦门易友孙静来手机短信问

尊敬的刘老师,您好!我是厦门的一位四柱爱好者,现有一个问题向刘老师请教:我们这里有许多年轻的孕妇为了生一个健康、聪明、优秀的子女,花高价找易学大师帮助选一个好的出生时间,然后找一家医院,按大师给指定好的具体时间做剖腹产手术,这样生出来的孩子四柱组合虽好,但总有些人为因素在其中。请问刘老师,这样的人造四柱,管用吗?

答:你说的问题目前在国内是一个很普遍的问题,许多人都向我问过。首先,在回答这个问题之前,我们必须先搞明白一个问题:一个刚出生的婴儿,其四柱应该从哪一时刻开始算起?

稍有医学知识的人都知道,胎儿未出生之前,在母体内处于一个非常稳定的环境中,来自各个方位的压强、温度等都是恒定不变的。当胎儿离开母体后,这些恒定的指标都发生了巨大的变化。尤其是在脐带剪断后的那一时刻,胎儿的生存方式发生了根本性的变化,即由原来的脐带从母体内吸收营养维持生命的状态,改变成由后天的用肺来呼吸维持生命的状态。这种由先天的胎息状态过度到后天的肺呼吸状态,是胎儿向婴儿转变的一个极其重要的环节,这个转变时刻,便是一个新生婴儿的四柱,该四柱标明了此时此刻各天体的具体位置(太阳、月亮、九大行星等)及各天体对地球上各类生命物质的辐射场,因此,四柱其实就是一个新生命诞生时刻宇宙天体所处不同位置的一种标志,由于各天体是在不停地运动着的,不同时间里出生的生命,受到各天体辐射给其的能量大小、角度不同,即各天体在不同时间里对新生命留下的"烙印"不同。由于各类天体对新生命未来的成长过程有着极其重要的影响,由此可知,四柱能够预测一个人一生的命运是有其天文学背景的。

从上述内容可知,计算一个人的四柱是从脐带剪断那一刻开始算起的,这一时刻是一个人从胎儿向婴儿转变的时刻,是从先天走向后天的一个极其重要的过程。因此，不论是顺产还是剖腹产，都是以胎儿脐带剪断的那一时刻来计时排四柱的。由此便可知，无论新生婴儿是以剖腹产或者顺产的形式来到这个世界，均是以脐带剪断这一时刻来计其四柱的，都是一样准确的。

但问题的关键并不在这里，而是在于孕妇所求助的帮其选择婴儿出生时间的"易学大师"是否是真正的"明师"，若真的遇上明师给予指点，当然是好事了。就怕遇上一些"名师"，名气很大，一出口，选个剖腹产的吉日吉时要你五千元、一万元的，孕妇为了"生俊男、产秀女"，不惜重金投进"名师"囊中，只为求得一四柱组合好之儿女罢了。其实这样做，很多时候会弄巧成拙的。原因很简单，因为国内易界骗子太多，假大师多如牛毛。他（她）帮你造出的八字，还不如妇产科的大夫随意给你指定的剖腹产手术时间好，因为大夫会根据胎儿在母体内所处的状态，选择最佳的既利于母亲、又利于胎儿的恰当时间做剖腹产手术，使母亲、胎儿的安全系数达到最大。

有很多孕妇找"大师"选好良日吉时后，准备按照"大师"给选定的年月日时去医院做剖腹产手术，结果还没有等到"大师"给选好的良日吉时，就见红了，不得已去医院，生下一个并非"大师"选定四柱的孩子。这就叫做"人算不如天算"。

还有更可怕的是：有些孕妇本已到了预产期，随时有生产的可能性，但为了等"大师"给选好的良辰吉日去医院做剖腹产，在家里硬挺，结果到了"良辰吉日"去医院找大夫做手术时才发现，孩子因脐带缠脖子太久，已死于母腹之中。

还有些孕妇本来离预产期还有些时日，但为了赶上"大师"给选定的"良辰吉日"，愣是去医院要求医生按"大师"给选定的具体时间做剖腹产手术，搞得医生们哭笑不得；因为没到日子的孩子发育不全，提前生下来是不利于孩子身体健康的。

诸如上述的事例，我见得太多了。道家有句话说得好：求而得之者，物也；不求而得之者，道也。

于这里我真诚地奉劝那些即将做爸爸、妈妈的年轻人：能否生下健康、聪慧、成才的儿女，决非是找"大师"选个吉日吉时就能如愿以偿，须知即将做爸爸、妈妈的两个人的四柱里已经注定了将要生出来何品人物，人为的操作是于事无补的。如果即将为人父母的夫妇四柱中储存了能有优秀子女的信息，即使在生产时不找"大师"选择吉日吉时，无论顺产还是剖腹产，都会生下一个四柱组合好的子女；反之，如果父母的四柱中储存了子女不才之信息，不论做父母的于生产前找哪个"大师"帮助选黄道吉日吉时，即使按照"大师"给指定的时间如期做剖腹产了，仍旧会生下一不肖子女。原因何在？

很简单，因为命中存有子女不才之信息的父母，根本就不可能遇上真正的"明师"给予指点，只能遇上骗人的"名师"帮其选择子女的出生时间。有句古语说得好：有福之人不落无福之地，无福之辈难落有福之乡！

上面我所讲到的这些内容，如果多数人都能从内心深处看懂了的话，相信那些专门以给新生婴儿造四柱的"大师"们必定会丢了饭碗。

十一、大庆市函授学员邢志伟来信问

请问刘老师，我学四柱有10多年时间了，有些四柱日元旺衰比较容易判断，而有些四柱日元旺衰不好判断。我曾买过某某老师的四柱教学光盘，他在教学过程中将一个人的四柱都给打上分数，比如天干为多少分，地支为多少分，然后根据分数来定日元旺衰，但我不知道这些干支的具体分数是如何来的？刘老师你认为用打分的方法来判日元旺衰准确性怎样？你平时给人预测的时候是否用打分的方法来帮助判断日元的旺衰？对于一些旺衰难以判断的四柱，刘老师有没有更好的方法能够使我们一眼就能够准确地判断出日元的旺衰？

答：许多易友与你一样，都犯一个通病：就是过于在意日元的旺衰，好像断准了日元旺衰，一切问题都能迎刃而解了似的。其实这是一个很大的误区，因为即使你将日元旺衰判断正确了，但你将用神取错了，照样断不准事情，一切等于零。反之，有些四柱的日元旺衰不容易一眼看出来，此时你无须考虑日元旺衰，重点考虑整个四柱全局的流通、平衡，取准用神，照常能够断准事情。

其实，取用神并不完全是根据日元旺衰来进行定位的，更多的是考虑到整个全命局的流通与平衡，凡是能够令整个命局处于最佳平衡状态的这股力量，便可将其定为全命局的用神。用神一旦确定，则一生之吉凶祸福一目了然。

至于将一个四柱的天干、地支都给打上分数，然后根据分数来定位日元旺衰的方法，于传统经典命理中我没有见到过，从根本上我是否认这种用法的。现代新派的一些庸师喜欢标新立异，自创理论，不经过大量实践来考证便妄自推出自己的"新理论"。试问，每个天干、地支的分数由何来定？理论依据是什么？相信创编干支分数的"大师"自己也说不出个子午卯酉来，如此蓄意编造出来的"新理论"到底有多高的预测准确率？估计"大师"自己也不会知道。

其实给四柱中的天干、地支进行打分的做法，是毫无意义之举。因为中国是一个人口大国，四柱相同的人比比皆是，但由于每个人生存的地域各有不同，尽管其四柱相同，但禀赋的天地之气肯定是各自迥异的。南方出生的人与北方出生的人其差异更为明显。如卯月丙午日出生的人，若其在三亚（海南省）出生的，则其必为身旺，日干丙所秉承的天地之火气必然旺而足。若同样的卯月丙午日生人出生在漠河（黑龙江省），则不能断日主身旺了。因为卯月的漠河一带依然天寒地冻的，日干丙所秉承的天地之火气必然不足。

由此可知，给四柱干支打分的方法，是不能从根本上帮助易友正确地判断出日元之旺衰的，是不可取的，是"大师"造出来的。我平时给人预测的时候从来不用打分的方法来帮助判断日元的旺衰，也"不会"用。

对于一些日元旺衰难以判断的四柱，在这里告诉你一个方便法门，于短时间内很快就能断准日元的旺衰：即看年柱、月柱、日柱、时柱的纳音分别是什么。整个四柱中纳音五行为日干的印、比时，日元以旺来论。反之，整个四柱中纳音五行为日干的食伤、财、官杀时，日元以衰来论。

十二、四川成都函授学员赵杰来信问

尊敬的刘老师，您好！自参加了您的四柱函授学习之后，我的实战水平有了长足的进步，在此，我向刘老师表示深深的感谢！同时，我在学习四柱预测过程中，经常遇到如下的问题，不知如何解决：1. 有很多求测者的出生时间在半夜零点左右，其日柱干支很可能是前一日，也可能是下一日，致使我无法准确定位其正确的日柱干支。刘老师有没有好的办法能够让我一下子就能确定准求测者是零点前出生的，还是零点后出生的？2. 有很多求测人（特别是年纪较大的人）出生的年、月、日记得准确，而出生的时辰记不得了，刘老师有无好方法能够帮助这些记不准时辰的人推出其正确的时辰来？

答：你所提到的问题，是每个易学工作者都会经常在预测过程中面临到的。的确如你信中所提到的，如果求测者的出生时辰在半夜零点前后，在求测者不能准确地报准到底是在零点前还是零点后出生的这种情况下，从而导致预测者不能正确地排出日柱干支来，使预测无法正常进行。我个人的经验是：凡在预测过程中遇到上述情况，分别起出两个日柱干支来，即按半夜零点前出生的日子起出一个日柱干支来，再按半夜零点后出生的日子起出一个日柱干支来，然后通过断一个流年的方式便可确准求测者是半夜零点前还是零点后出生的了，从而日柱干支便得到了确定。现举例说明：某求测人的日柱为甲戌日与乙亥日交界时刻（半夜零点左右），但求测人及家属记不清楚是半夜零点前出生的还是半夜零点后出生的。若求测人是在半夜零点之前出生的，则其日柱干支为甲戌，若是在半夜零点之后出生的，则其日柱干支就为乙亥，那么我们通过什么方法能够帮助求测者锁定确准其正确的出生日呢？

我经过多年大量的实践，总结出一个非常实用的、准确率非常高的判断方法，于此将该方法不保留地介绍给你：分别找出与日柱干支发生天克地冲的流年，然后断求测人于该年发生较大的变动（如搬家、调动工作、外出远门等等），由此便可确定求测人的日柱干支了。如上边所举的例子，与甲戌天克地冲的是庚辰，与乙亥天克地冲的是辛巳，于是根据这个，便可断求测者于2000年（庚辰）搬家、调动工作、或出行远门了等等，若求测人证明有这些事情发生了，则可以确定其生于半夜零点之前，为甲戌日所生。

若求测者说2000年（庚辰）没有发生搬家、调动工作、外出远门等这些事，而是于2001年（辛巳）有这些事发生，由于辛巳与乙亥为天克地冲，则可以确定求测者生于半夜零点之后，为乙亥日所生。

掌握了上述方法，对于准确地判准求测者日柱干支，具有重要的意义。

至于对那些只知道出生年、月、日，而不知道时辰的人，若要推算出其准确的时辰，难度较大。若求测者能给出一个大概的范围，这样推起来相对较容易。如求测人报出准确的出生年月日之后，其时辰只知道是上半夜出生的，至于是几点钟生的，搞不太准。我们可以以戌、亥这两个时辰为重点来推断求测人的一些事情，同时兼顾夜子时（23点至0点），通盘考虑后最终锁定求测人的正确时辰。判断过程中重点断求测人的子女情况（时柱为子女宫）以来帮助最终锁定其准确时辰。

对于那些只知道出生的年、月、日，而不知道具体时辰，且又不知道本人是白天出生还是晚上出生的人，要想推算出其准确的出生时辰，难度最大。我平时在预测过程中凡遇这种情况，则干脆按求测人来求测的时间起一个六壬课，或起一个奇门局，或起一个梅花易数卦，来为其断终身运，其效果是一样的。四柱学并非是预测人一生命运的惟一方法。如果求测者只知道出生年、月、日，不知道自己是白天出生的还是晚间出生的，并且还要求预测师帮助其推出准确的出生时辰，这是一个巨大的工程，预测者必须排出从子时起至亥时止共12个四柱来，然后一一对照求测者过去的人生经历，逐个对照，逐个排除，最后锁定一个与求测者人生经历最为吻合的年月日时定为其四柱。这种方法的最大特点就是十分烦琐，并且对预测师的技术水平要求很高。

十三、西安函授学员程亦娟来信问

刘老师您好！自从参加您举办的四柱命理函授学习班之后，我的四柱实战能力有了明显的提高，预测准确率也较过去有所提高。现有一问题向刘老师请教：从刘老师所著的《四柱命理正源》内部资料来看，刘老师的四柱命理预测体系特别重视对命局用神的抓取，并且强调必须于原命局四柱中找取用神，不允许到大运、流年干支中去找取用神，这种观点我是十分赞同的。但是单独于原命局八个字中定准用神，并非易事。过去我没有学刘老师的四柱命理预测体系之前，经常在原命局中找不到用神的时候，便会到大运、流年中去选取用神，这样找起用神来十分容易。现在只能定位在原命局八个字中选取用神，难度大大地增加了，有时看这个天干像用神，有时看那个地支也像用神，找来找去，也说不准自己找到的用神是否正确？刘老师，您有没有方法能够让我于短时间内快速、准确地在一个四柱的原命局中定准用神？能否将您平时在实践中取用神的一些经验、技巧给我们这些学员介绍一下呢？

答：你信中提到的问题，也是众多易友与函授学员们常常问的一个常见性问题。首先我们必须肯定地说：找准用神是断四柱过程中最主要、最关键的一步。用神找错，全盘皆错。

由于四柱种类繁多，不同类型的四柱有不同的取用神方法。因而想用一两句概括性的语言将取用神的方法描述清楚，是不大可能的。在这里，我只能将自己在平时大量实践过程中总结出来的一些确准用神的经验方法、技巧等介绍如下：

1. 首重流通。一个四柱排好之后，首先看原命局中干支五行的流通情况。五行流通指的是五行之间的相生情况。由于四柱中每个干支的旺衰各异，再加上组合的不同，因而导致五行的流通过程不会处处均匀、顺畅，于四柱中找出五行流通过程中阻力最大的点，针对这一点，能够使这个阻力最大的点得以化泄、制约的力量（干或支），便是整个命局的用神所在。

2. 尽量于原命局中找寻与日柱干支通气、同气、通根的干或支为命局用神。因为日柱干支代表了求测者本人。凡命局中与日柱干支通气、同气、通根的干或支均与日干、日支同气相求，容易相互引动，为命主所用，对求测者本人影响甚大，故取用神时尽量首先考虑之。

3. 尽量选取能够通关、化泄原命局旺相有力忌神的五行（干支）为命局用神。由于原命局中忌神旺相有力的时候，若采取强行克制的方法来定位用神，往往会事倍而功半，欲速则不达。因旺相有力之忌神不容易被克制住，反而对用神有耗损之患。远不如取能够化泄旺相有力忌神的五行（干支）为命局用神。因为如此取用，既能使旺相有力之忌神得以化泄、消耗，又能使用神气数得以增强，可谓一石二鸟也。

4. 必要的时候，可以直接取日元本身作为全命局的用神。有些四柱中日元比较旺相或有气，同时原命局中无一个比肩劫财，并且原命局中枭印多，此时可以直接取日元本身为命局用神。此即相当于枭印多取比劫为用神之道理一样。这是我于多年实践中总结出来的一种特殊的取用神方法，应用起来准确率很高。

5. 深究易理，精研太极学说、阴阳五行学说是取准用神的一大法宝。许多易友学习易经多年，只知道于干支、组合、信息类象上下功夫，却很少涉猎易理方面的研究。须知精通易理是找准用神的最为核心、最为关键的一步。可以肯定地说，欲找准用神，没有什么捷径可走，要一步一个脚印地将太极学说、阴阳五行学说、干支学说、纳音等掌握得纯熟、精到，才有望于原命局中一眼看准用神。正所谓：台上一分钟，台下十年功。

十四、北京瀚林学院易友郭万春赋诗三首

北京易友郭万春在收到本研究会内部学术资料《四柱命理正源》后，经过反复阅读，颇有感慨，曾多次赋诗表达其内心感想，现原文摘录如下：

确有真知灼见，
自悔相识恨晚！
八字解读不一，
幸君以本正源。
篇篇皆有新意，
例例都是神断。
廓清是非曲直，
又是碧海蓝天。

北京瀚林学院　郭万春
2007 年 3 月 28 日

之后不久，郭万春易友在阅读《四柱命理正源》之后再次由感而发，赋诗一首，原文摘录如下：

再读"命理正源"，
仿佛救星再现。
八字纳甲大六壬，
铸就易坛魁元。
八字瀚海多沉浮，
全赖巨手擎天。
固本清源显真谛，
千舟正扬帆。

北京瀚林学院　郭万春
2007 年 4 月 10 日

多次反复阅读《四柱命理正源》，郭万春易友第三次赋诗表达其感想，原文摘录如下：

三读命理正源，
回望易道弯弯。
皓首穷经十三载，
举步正维艰。
丁亥春风起辽南，
送来雄文一卷，
去伪存真是非晓，
希望一灿然！

郭万春躬献刘老师
2007 年 4 月 30 日

第七章 百年诀

一、推算日辰干支

1. 推算日辰干支必须首先熟记每年正月初一的干支及立春的日子时辰、以及每年的小月、闰月（至少必须熟记80~100年）、请参看并背熟百年诀。

2. 熟记百年诀后以每年正月初一天干地支为准，天干不变，用逢双（月）冲、逢单（月）对的办法来定每月初一的干支。"冲"是指推算时与日辰地支的六冲，"对"是指与日辰地支相同的地支。意即：天干不变，在所推月份都是大月的情况下，凡逢双月均以冲正月初一的地支来定双月初一的地支，凡逢单月均以与正月初一相同的地支来定单月初一的地支。因推算时是以30天为一个周期来定日辰干支的，故凡逢所推月份前面有小月，则需在所推月份的初一上加上前面小月少去的天数，有几个小月就要加几天，加1就是初二的干支，加2就是初三的干支，加3就是初四的干支，依此类推，须知初一是什么干支，只需从所推出的日辰干支倒推至初一即可。

3. 遇上有闰月的年份，闰月本身及闰月以后的双月作单月推，单月作双月推。所以，有闰月的年份须着重记忆，否则会出现推算错误。

1. 百年诀

97202丁酉辛卯初二亥·2131·1468012
98122戊戌乙酉十四寅·0320·2638012
99210己亥己酉廿四巳·0909·246911
00131庚子甲辰初五未·1458·1346118

第七章 百年诀

01 219 辛丑戊辰十六戌·2046·1346812
02 208 壬寅壬戌廿七丑·0231·24579
03 129 癸卯丁巳初八辰·0819·13575811
04 216 甲辰庚辰二十未·1403·2568912
05 204 乙巳甲戌初二戌·1949·367911
06 125 丙午己巳十二丑·0125·1457911闰4
07 213 丁未癸巳廿三辰·0701·1358012
08 202 戊申丁亥初四午·1247·236811
09 122 己酉壬午十四酉·1833·1325711
10 210 庚戌丙午廿六子·0028·1346812
11 130 辛亥庚子初七卯·0611·245760
12 218 壬子甲子十八午·1154·2457811
13 260 癸丑戊午廿九酉·1743·3568911
14 126 甲寅壬子初十子·2329·3568911闰5
15 214 乙卯丙子廿二卯·0526·25791112
16 203 丙辰庚午初三午·1114·358012
17 123 丁巳乙丑十三申·1658·2427012
18 211 戊午己丑廿三亥·2253·23570
19 201 己未甲申初五寅·0440·134679闰7
20 220 庚申戊申十六巳·1027·134679
21 208 辛酉壬寅廿七申·1621·245780
22 128 壬戌丙申初八亥·2207·257580
23 216 癸亥庚申十二寅·0401·1468911
24 205 甲子甲寅初一巳·0950·14791112
25 124 乙丑戊申十二申·1537·246911闰4
26 213 丙寅癸酉廿二亥·2139·1246912
27 202 丁卯丁卯初四寅·0331·23579
28 123 戊辰壬戌十四巳·0917·132568

29 2 10 己巳丙戌廿五申·1509·134679
30 1 30 庚午庚辰初六戌·2052·14576912
31 1217 辛未癸卯十八丑·0241·3578012
32 2 2 06 壬申丁酉廿九辰·0830·468911
33 1 26 癸酉壬辰初十未·1410·1468011 闰5
34 2 14 甲戌丙戌廿一戌·2004·136811
35 2 04 乙亥辛亥初二丑·0149·1246912
36 1 24 丙子乙巳十三辰·0730·2345812 闰3
37 211 丁丑己巳廿三未·1326·2356812
38 131 戊寅癸亥初五戌·1915·3467811 闰7
39 219 己卯丁亥十七丑·0114·3467911
40 2 08 庚辰辛巳廿八辰·0708·3578012
41 127 辛巳乙亥初九午·1250·3678012 闰6
42 2 15 壬午己亥十九酉·1849·257911
43 2 05 癸未甲午初一子·0041·1358012
44 125 甲申戊子十二卯·0623·24570 闰4
45 2 13 乙酉癸丑廿二午·1220·1245711
46 2 02 丙戌丁未初三酉·1805·2356811
47 122 丁亥辛丑十四子·2351·325680
48 210 戊子乙丑廿六卯·0543·2467911
49 129 己丑己未初七午·1123·2579711
50 217 庚寅癸未十八酉·1721·1478012
51 206 辛卯丁丑廿八子·2314·257911
52 127 壬辰壬申初十寅·0454·1356911 闰5
53 2 14 癸巳丙申廿一巳·1046·1347012
54 2 03 甲午庚寅初二申·1631·24570
55 124 乙未乙酉十二亥·2218·134579 闰3
56 212 丙申己酉廿四寅·0413·135680

57 1 3 1 丁酉癸卯初五巳·0 9 5 5·2 4 6 7 0 8 1 2
58 2 1 8 戊戌丙寅十六申·1 5 5 0·4 6 7 9 1 1
59 2 0 8 己亥辛酉廿七亥·2 1 4 3·1 4 6 8 0 1 2
60 1 2 8 庚子乙卯初九寅·0 3 2 3·2 4 8 6 0 1 2
61 2 1 5 辛丑己卯十九巳·0 9 2 3·2 4 6 9 1 1
62 2 0 5 壬寅甲戌三十申·1 5 1 8·1 3 4 6 9 1 2
63 1 2 5 癸卯戊辰十一亥·2 1 0 8·2 4 6 4 8 1 2
64 2 1 3 甲辰壬辰廿二寅·0 3 0 5·2 4 5 7 9
65 2 0 2 乙巳丁亥初三辰·0 8 4 6·1 3 5 6 8 9 1 2
66 1 2 1 丙午庚辰十五未·1 4 3 8·5 3 6 8 9 1 2
67 2 0 9 丁未甲辰廿五戌·2 0 3 1·3 6 7 9 1 1
68 1 3 0 戊申己亥初七丑·0 2 0 8·1 3 6 9 7 1 1
69 2 1 7 己酉癸亥十八辰·0 7 5 9·1 3 5 8 0 1 2
70 2 0 6 庚戌丁巳廿八未·1 3 4 6·2 3 5 8 1 1
71 1 2 7 辛亥壬子初九戌·1 9 2 6·1 3 4 7 5 1 1
72 2 1 5 壬子丙子廿一丑·0 1 2 0·1 3 4 6 8 1 1
73 2 0 3 癸丑庚午初二辰·0 7 0 4·2 4 5 7 8 1 1
74 1 2 3 甲寅甲子十三未·1 3 0 0·3 5 4 7 8 1 1
75 2 1 1 乙卯戊子廿四酉·1 8 5 9·3 5 6 8 9 1 1
76 1 3 1 丙辰壬午初六子·0 0 4 0·3 5 7 9 8 1 1
77 2 1 8 丁巳丙午十七卯·0 6 3 4·2 5 7 9 1 1 1 2
78 2 0 7 戊午庚子廿九午·1 2 2 7·2 5 8 0 1 2
79 1 2 8 己未乙未初八酉·1 8 1 3·2 3 5 7 0 1 2 闰6
80 2 1 6 庚申己未十九子·0 0 1 0·2 3 5 7 0
81 2 0 5 辛酉甲寅三十卯·0 5 5 6·1 3 4 6 7 0
82 1 2 5 壬戌戊申十一午·1 1 4 6·2 4 6 4 7 9
83 2 1 3 癸亥壬申廿二酉·1 7 4 0·2 4 5 7 8 0
84 2 0 2 甲子丙寅初三子·2 3 1 9·2 5 6 8 0 9

85220乙丑庚寅十五卯·0512·1468911

86209丙寅甲申廿六午·1108·14791112

87129丁卯戊寅初七申·1652·24961112

88217戊辰壬寅十七亥·2243·246912

89206己巳丁酉廿八寅·0427·23579

90127庚午壬辰初九巳·1014·134658

91215辛未丙辰二十申·1609·134679

92204壬申庚戌初一亥·2149·145780

93123癸酉甲辰十三寅·0337·15378012

94210甲戌丁卯廿四巳·0931·468911

95131乙亥壬戌初五申·1533·1469811

96219丙子丙戌十六亥·2108·13681112

97207丁丑庚辰廿七寅·0302·246912

98128戊寅乙亥初八辰·0853·238511

99216己卯己亥十九未·1442·2356812

00205庚辰癸巳廿九戌·2032·3467912

01224辛巳丁亥十二丑·0220·3647911

02212壬午辛亥廿三辰·0808·3578012

03201癸未乙巳初四未·1357·368911

04122甲申庚子十四戌·1946·1527911

05209乙酉甲子廿六丑·0134·1358012

06129丙戌戊午初七辰·0725·24607

07218丁亥癸未十七未·1314·1245711

2. 应用说明

1. 百年诀是从 1897~2007 年算起的，如需记忆新的年份，可以参考万年历依此自编。

2. 诀中凡逢 1~14 日立春的日子都属当年正月，凡逢 15~30 日立春的日子都属头年十二月（1966年正月十五、1985年十二月十五除外）。

3. 口诀举例：如95131乙亥壬戌初五申·1533·1469811这一口诀，前2字代表1995年，后3字代表公历1月31日，乙亥是年份干支，壬戌是该年正月初一干支，初五申·1533·1469811是指该年交春日期是正月初五申时15:33分，后面的数字代表该年的小月。颠倒排列的月份，表示该年小月中的闰月，如8排在9后，表示该年小月中闰8月。闰月是大月的年份，一般在表示小月数字的后面列出，如：24570闰4，表示该年大月闰4月，前面5个数字代表小月。

推算时还需注意，闰月一般都在正常月份后面，例如闰八月，八月以后才是闰八月，所以闰八月作九月（单月）推算，故读者对有闰月的年份要下意识着重记忆，否则推算时不计上闰月会导致推算错误。

另外，代表月份的数字中，0代表10月，如24570，最后的0代表10月。

3. 阳历日推阴历日

阳历日推阴历日必须记住每年正月初一的阳历日期，然后再根据阳历及阴历的月份大小进行对比、推算，即知阳历日期是阴历什么日期。另外还须注意：

1. 阴历月大30天、月小29天。
2. 阳历年每逢13578012月月大（31）天、46911月月小（30）天。
3. 阴历凡逢申子辰的年份阳历2月份29天、其他年份2月份28天。

4. 推算日辰干支举例

按口诀：55124乙未乙酉十二亥·2218·134579闰3，推55年逐月初一干支：

推二月初一干支：已知正月初一乙酉、天干不变，二月为双月，逢双冲、冲酉者卯，故干支为乙卯，二月前有一个小月，所以要在二月初一上加上一天，即二月初二乙卯，从初二倒推一天，二月初一为甲寅日。

推三月初一干支：三月为单月，逢单对，与酉者相同者酉，故干支为乙酉，有一个小月，在初一上加一天，即三月初二乙酉，倒推一天，三月初一为甲申日。

推闰三月初一干支：闰三月作四月算，逢双冲，故干支为乙卯，因闰三月前面有2个小月，所以加2天，即闰三月初三乙卯，倒推2天，闰三月初一为癸丑日。

推四月初一干支：因前面有闰月，故四月作五月推算，逢单对，干支乙酉，有2个小月加2天，即四月初三乙酉，倒推2天，四月初一为癸未日。

推五月初一干支：五月作六月推算，故干支乙卯，有3个小月加3天，即五月初四乙卯，倒推3天，五月初一为壬子日。

推六月初一干支：六月作七月推算，故干支乙酉，有4个小月加4天，即六月初五乙酉，倒推4天，六月初一为辛巳日。

推七月初一干支：七月作八月推算，故干支乙卯，有4个小月加4天，即七月初五乙卯，倒推4天，七月初一为辛亥日。

推八月初一干支：八月作九月推算，故干支乙酉，有5个小月加5天，即八月初六乙酉，倒推5天，八月初一为庚辰日。

推九月初一干支：九月作十月推算，故干支乙卯，有5个小月加5天，即九月初六乙卯，倒推5天，九月初一为庚戌日。

推十月初一干支：十月作单月推算，故干支乙酉，有6个小月加6天，即十月初七乙酉，倒推6天，十月初一为己卯日。

推十一月初一干支：作双月算，故干支乙卯，有6个小月加6天，即十一月初七乙卯，倒推6天，十一月初一为己酉日。

推十二月初一干支：作单月算，故干支乙酉，有6个小月加6天，即十二月初七乙酉，倒推6天，十二月初一为己卯日。

读者只需熟记口诀，依此类推，久而久之自能运用自如。

二、推算阴历节气

1. 推节口诀（须熟背）

惊蛰减六清明一；

立夏加排十六位（或加 17~18 小时）；

芒种兼二及退四；

小暑加三、七（或加 8 小时）；

立秋进五减八随（或减 6 小时）；

白露兼六虚五位（或减 4 小时）；

寒露六加一十一（或加 12 小时）；

立冬六连十四位；

大雪逢六又加七（或加 6 小时）；

小寒兼五及十八；

立春十一添六为。

注：口诀中，除惊蛰、清明、立夏为小时数外，其余节气前数为天数，后数为小时数，也可将小时数折为时辰数，用小时数除 2 即可。文中进、添、兼、连为加的意思，退、虚为减的意思。

2. 详细解释

二月推惊蛰节：按立春的日子时辰减去 3 个时辰（即 6 小时），加小月少去的天数；

三月推清明节：按立春的日子减去半个时辰（1 小时），或不减，加小月少去的天数；

四月推立夏节：（同上）加 8 个时辰（即 16 小时），加小月少去的天数；

五月推芒种节：（同上）加 2 天减去 2 个时辰（即 4 小时），加小月少去的天数；

六月推小暑节：（同上）加 3 天、3 个半时辰（即 7 小时），加小月少去的天数；

七月推立秋节：（同上）加 5 天减 4 个时辰（即 8 小时），加小月少去的天数；

八月推白露节：（同上）加 6 天减 2 个半时辰（即 5 小时），加小月少去的天数；

九月推寒露节：（同上）加 6 天 5 个半时辰（即 11 小时），加小月少去的天数；

十月推立冬节：（同上）加 6 天 7 个时辰（即 14 小时），加小月少去的天数；

十一月推大雪节：（同上）加 6 天 3 个半时辰（即 7 小时），加小月少去的天数；

十二月推小寒节：（同上）加 5 天 9 个时辰（即 18 小时），加小月少去的天数；

推来年立春节：（同上）加 11 天 3 个时辰（即 6 小时）。

注：推立春节大多数日子不会有误差，但有时会误差一天，在此仅供参考，立春日期仍以口诀为准，不必推算。

3. 推算节气举例

按 95131 乙亥壬戌初五申·1533·1469811 口诀推九五年逐月节气：

二月推惊蛰：按立春时间正月初五 15:33 减 6 小时，加小月少去的一天，二月初六日 9 点左右巳时交惊蛰；

三月推清明：按立春时间减 1 小时，加小月 1 天，三月初六日 14 点左右未时清明；

四月推立夏：按立春时间加 16 小时，加小月 1 天，四月初七日 7 点左右辰时立夏（因加上 16 小时后超过了当日晚上 23 点，所以要另加 1 天）；

五月推芒种：按立春时间加 2 天减 4 小时，加小月 2 天，五月初九日十一点左右午时芒种；

六月推小暑：按立春时间加 3 天 7 小时，加小月 2 天，六月初十日 22 点左右亥时小暑；

七月推立秋：按立春时间加 5 天减 8 小时，加小月 3 天，七月十三日 7 点左右辰时立秋；

八月推白露：按立春时间加 6 天减 5 小时，加小月 3 天，八月十四日 10 点左右巳时白露；

九月推寒露：按立春时间加 6 天 11 小时，加小月 3 天，闰八月十五日 2 点左右丑时寒露；

十月推立冬：按立春时间加 6 天 14 小时，加小月 4 天，九月十六日 5 点左右卯时立冬；

十一月推大雪：按立春时间加 6 天 7 小时，加小月 5 天，十月十六日 22 点左右亥时大雪；

十二月推小寒：按立春时间加 5 天 18 小时，加小月 5 天，十一月十六日 9 点左右巳时小寒；

推来年立春：按立春时间加 11 天 6 小时，十二月十六日 21 点左右亥时立春。

注：

1. 推算节气时，顺推时（加）如果超过当天 23 点，那么就要加上一天的时间，倒推时（减）如果超过当天 23 点就要减去一天的时间。另外，如果头年十二月立春，推算节气时就要往前提前一月，并需计上十二月小月的日子，否则推出的交节月份、日期会出现错误。

2. 推节气时，推出的交节日期一般不会有误差，但有时交节时间在两个时辰之间，会误差一个时辰左右，此为正常现象。如果不是正好在交节时间出生，那么对于推四柱排大运就不会有什么影响，如果正好是交节时间出生，那么就需要借助一下万年历，确定一下准确的交节时间。

4. 推四柱举例

女命：一九七一年七月初四巳时生。按口诀 71127 辛亥壬子初九戌·1926·1347511 推算：七月前有一闰 5 月，所以七月作八月推算，逢双冲，故干支为壬午，七月前有 4 个小月，在初一上加 4 天，即七月初五的壬午日，从初五倒推一天，七月初四为辛巳日，故其女四柱为：

　　　　辛亥　　丙申　　辛巳　　癸巳

推节气排大运：八月推白露节，按口诀：白露兼六虚五位，正月初九 19:28 交春、（初九+6 天+小月 4 天）=19、（19:28-5 或 4 小时）=14:28 或 15:28 交节，所以是七月十九日未时或申时交白露节（实际是 15:30 交节）、排大运；女命阴年顺排，从初四到交节共十五天，除三商五，故该女五岁起大运。

三、百年诀编后说明

百年诀初看密密麻麻，似乎很难记忆，所以有的人一看就会产生畏难情绪，担心自己记不住，或想偷懒不愿去记，但实际上背熟了以后忘不掉，用来推四柱、排大运等非常方便，不需带万年历，随时随地都可以用，而且比翻万年历要方便和迅速得多，在熟练的情况下可在不到一分钟的时间内就能迅速排出一个人的四柱及大运，凡学预测的人是不可不下苦功把它学会的。

其实背熟百年诀并不是很难，饼要一口一口的吃，仗要一个一个地来打，如果采取各个击破的办法，哪怕以最慢 1 天只熟背 2 年的速度来计算，也只需 50 天就能记熟。实际上笔者不到一个月的时间就熟记并掌握了百年诀及推节气口诀，很快就能用百年诀推四柱排大运，相信你只要认真学习，也是很快就能学会的。

记忆力差的人，可以省略公历日期及交节钟点不记，只记每年初一干支、立春日期及闰月小月就行。

记忆力实在太差的人，可以采取一天只熟记一年的速度来进行记忆，那么一百年亦只需三个多月就能记熟。记熟了经常运用就不会忘记。一定要像小学生背乘法口诀一样花一番气力去将其记熟、如不熟记并经常运用，就很难达到运用自如的地步，所以希望初学者多花些时间、精力将口诀记熟，开始记忆时是要花些气力，但一旦记熟，就会永世不忘。外出预测就非常方便了，不像不懂推日辰干支节气的人那样，翻半天万年历还推不出一个四柱来。

后 记

　　我并没有很多时间来搞写作,这本《四柱命理正源》拖拖拉拉地写了两年多时间才脱稿。每天都要面对大量的易学爱好者及求测者,可以说一点闲暇时间也没有,整天忙得不亦乐乎。尤其自2003年经当地民政局、文化局批准成立周易文化研究会以来,工作就更加忙了。常年担负着讲学、对外搞企业策划、出席各种学术交流式的会议等大量社会活动。

　　原本我每天利用业余时间在写《奇门启悟》、《刘氏外应预测体系》、《大六壬预测学精义》、《梅花源本与六爻索真》等著作。四柱方面的著作写的人太多了,可以说是漫天飞扬了。很多十分了解我的易友们都来劝我说:你写一本四柱书,一定会引起绝大多数易学爱好者们关注的。因为你的立论、观点和国内所有的搞四柱的专家、学者们的都不一样。

　　为此,我考虑了一段时间,还是决定写我的奇门、六壬、外应。因为这些都是我的强项。况且这几项在国内写的人并不多。

　　2002年春节之后,在几位易友的帮助下,找来了几乎所有的近年来出山的易界新人撰写的四柱方面的著作。通读之后才发现,这些人所搞出来的东西离传统经典命理的本来思想相差甚远,甚至有些是盲目篡改、胡编乱造,根本不是在那搞学术,简直就是蓄意的商业炒作!鱼肉广大易学爱好者们!

　　鉴于此,我改变了主意,把奇门、六壬、外应方面的写作暂时放下来,决定写一本有关传统四柱命理方面的著作。力求把传统命理的原本思想毫无保留地展现给广大易学爱好者们。目的在于使广大四柱爱好者们尽早地走回传统经典命理学术体系的正轨上来。于是笔者自2004年下半年开始起草

后　记

《四柱命理正源》一书，一直到 2006 年年末初稿成形，后几经修改，于 2008 年 5 月正式定稿。至此，《四柱命理正源》一书公开出版前的筹备工作告一段落。笔者将继续《奇门启悟》、《刘氏外应预测体系》、《大六壬预测学精义》、《梅花源本与六爻索真》的写作工作，争取早日出版以飨读者。

易学同仁及读者们如有学术方面的交流与问题，可直接与我联系，通讯地址：辽宁省瓦房店市新华办事处阳春社区 66 号楼 105 室，邮编：116300，电话：0411-85620022（办）、0411-85584122（宅）、13478688100（手机）、网址：http://www.lwyoo.com

刘文元
2009 年 2 月于瓦房店市周易文化研究会